国家出版基金项目
NATIONAL PUBLICATION FOUNDATION

第一卷

论鲁迅（下）

王富仁学术文集

王富仁 ◎ 著

李怡 宫立 ◎ 编

山西出版传媒集团
北岳文艺出版社
·太原

鲁迅小说的叙事艺术

一

罗钢先生在其《叙事学导论》中谈到西方叙事学的开创者们的意图时指出:"结构主义的叙事家们的理想是,通过一个基本的叙事结构来观察世界上所有的故事。他们的设想是,我们可以从每一个故事中提取出它的基本模式,然后在此基础上建立一个无所不包的叙事结构,这就是隐藏在一切故事下面那个最基本的故事。"[1]"正如语言学家们从复杂多变的词句中总结出了一套语法规律,叙事家们相信,他们也一定能够从纷繁复杂的故事中抽象出一套故事的规则,从而把变化多端的故事简化为容易把握的基本结构。"[2]在这里,我们可以发现西方叙事学与中国新时期以来的鲁迅小说研究的内在矛盾。如果说西方叙事学是一种小说的"语言学",是指向抽象概括的,是在纷纭复杂的世界小说作品中寻找一个维系全部小说作品命脉的永恒、普遍的结构模式的,那么,中国新时期的鲁迅研究则与之相反。它不是小说的"语言学",而是小说的"言语学"。它研究的是小说的一种言语形式——鲁迅小说。我们之所以需要对鲁迅小说进行研究,不是因为鲁迅小说与其他所有的小说都是小说,而

---

[1] 罗钢:《叙事学导论》,云南人民出版社,1994,第22页。
[2] 同上书,第23—24页。

是因为鲁迅小说是与中外其他小说不相同的一种小说。叙事学是指向抽象概括的，它属于文艺学的研究范围，而中国新时期的鲁迅小说研究是指向分析的，它属于文学批评的范围。文艺学的研究重视的是异中之同，文学批评重视的是同中之异。文艺学家把他们的研究对象是作为一些有着确定不移的价值和意义的材料进行处理的，文学批评家把他们的研究对象是作为还没有一个确定不移的价值和意义评价的活动整体进行处理的。这决定了新时期中国鲁迅小说研究与西方叙事学相对疏离的状态。西方叙事学在中国文艺理论界的影响更大于在中国文学批评界的影响。但是，西方叙事学与鲁迅小说的研究也并非没有结合的可能，这种结合不可能是完整的、无条件的，但西方叙事学在研究过程中建立起的一些分析小说作品的方式和与之相联系的有关小说结构的观念，对于小说作品其中也包括鲁迅小说作品的分析研究，无疑也是有其方法论的意义的。它不能完全代替研究者对于鲁迅小说进行研究的具体的、现实的目的性以及由这目的性所决定的方法论体系，但它却可以同鲁迅小说的其他研究方式结合起来，形成一种方法论的变奏，并在其中发挥自己独立的方法论的职能。

　　叙事学的一些概念，是与叙事文学作品的评论相始终的，它们并不全都产生于西方从60年代才正式形成的叙事学理论，只是到了西方叙事学理论产生之后，这些概念才正式形成了一个较为完备的系统，有了一种完整的方法论的意义。在十七年的鲁迅小说研究中，占有更大比重的是当时的政治思想的研究，而只有在像许钦文的《语文课中鲁迅作品的教学》这样的面对中学鲁迅小说教学的著作中，才对鲁迅小说的诸如人称、叙事顺序（顺序、倒叙、插叙）等有关叙事艺术的因素予以注意，但那时只是作为一些技巧性的因素，并且不成系统，缺乏更深入的思考和研究。新时期初期的鲁迅小说研究，仍然承续着旧有的人物、情节、环境三要素的小说理论，但那时开始重视将思想意义的分析同艺术的分析结合起来，形成能从内容到形式，也能从形式到内容的相互贯通的统一的研究模式，所以对于鲁迅小说的叙事要素的分析也相应地加强起来。王富仁在其《中国反封建思想革命的一面镜子：〈呐喊〉〈彷徨〉综论》中，初步注意到鲁迅小说的叙事方式和叙事顺序的多样性以及它们与作

鲁迅小说的叙事艺术

品的反封建主题之间的内在联系，并且具体分析了鲁迅小说的各种不同的人称形式和叙事顺序，但他仍是把叙事作为人物、情节、环境三要素的组成成分来分析的，叙事学不是他的艺术分析的整体性结构框架。[①]首先把叙事学作为整体的艺术分析框架来运用的是汪晖先生，他在他的《反抗绝望》一书中，用整整第三编的篇章，对鲁迅小说进行了基本属于叙事学的分析。我认为，它也是中国新时期鲁迅小说研究中最成功地运用了叙事学研究的一部鲁迅小说研究著作。但是，它的成功不仅仅来自叙事学研究，更来自对鲁迅精神结构的人生哲学的分析。他更是通过对鲁迅小说的叙事方式分析研究鲁迅的内在精神结构的，而不是通过分析研究鲁迅的内在精神结构揭示鲁迅小说的叙事模式的，亦即揭示"形式"的意蕴，而不是揭示"意蕴"的形式。这恐怕也是热切关注着自己精神发展的中国当代知识分子不能不对西方叙事学做出的逆向性改造。[②]继汪晖的《反抗绝望》之后，把西方叙事学作为主要研究框架的是陈平原先生的《中国小说叙事模式的转变》，它主要探讨了中国小说从晚清到五四时期实现的叙事模式的转变，鲁迅小说的叙事模式自然也是他重点研究的对象。显而易见，陈平原先生也是对西方的叙事学理论进行了自己的改造的。如果说西方的结构主义叙事学家是把小说的叙事模式理解为一个内在地决定着不同民族、不同历史时期的小说作品的永恒不变的静态模式的话，陈平原先生则把小说模式理解为一个可变动的小说模式的体系，它是随着小说史的发展而不断变动着的。西方叙事学家进行的是文艺学的研究，而他进行的是小说历史的研究；西方叙事学家需要对小说这种艺术形式做出静态的本质性的把握，而他需要的是对动态历史过程的描述。如果说在汪晖先生的《反抗绝望》里，发生的是精神现象学研究与叙事学研究的变奏，在陈平原的《中国小说叙事模式的转变》中发生的则是文学历史学研究与叙事学研究的变奏。这种交叉在中国新时期鲁迅小说研究中都是一种需要，一种自然的趋势。叙事学在中国90年代的鲁迅小说研究里，没有取得本质上的进展，从整体上没有突破汪晖和

---

① 王富仁：《中国反封建思想革命的一面镜子》，北京师范大学出版社，1986。
② 汪晖：《反抗绝望》，上海人民出版社，1991。

陈平原上述两部著作的水平，并且表现出了更加泛化的倾向，即在鲁迅小说的叙事分析中运用的并不是严格的西方叙事学的研究框架，而是把各种固有的研究方式都加入到了叙事研究的行列里。而在叙事学的范围中，这时期仍然没有突破王富仁、汪晖、陈平原主要关注的人称形式和叙事顺序的范围。在更严格的意义上运用西方叙事学理论研究鲁迅小说的是一个在中国攻读博士学位的韩国留学生郭树竞。她运用罗兰·巴特对叙事作品"功能层""行动层""叙事层"的划分和托多洛夫关于叙事时间、叙事体态、叙事语式三个语法范畴的理论，结合惹内特的时态、语式、语态的提法，对已经改编成电影的《药》《阿Q正传》《祝福》《伤逝》等四篇鲁迅小说进行了详尽的文本分析，并以此为基础对每篇小说的"叙述单位及其相互关系""人物的分类"和"叙述话语"进行了综合性的考察。她对《药》的分析发表在《中国现代文学研究丛刊》上。这恐怕是迄今为止在中国学术刊物上发表的最严格地运用西方叙事学理论研究鲁迅小说的论文。但她的研究重心在于分析从小说到电影叙事形态的变化以及鲁迅小说电影改编者的得失，不在于对鲁迅小说作品做出新的阐释。单就对鲁迅小说本身的研究，尽管其中也有为人所未道的观点，但相对于这些新的发现，这种叙事学的文本分析形式则显得过于笨重和枯燥了，所以在中国鲁迅小说的研究中没有更多的后继者。①同是韩国留学生的奉仁英，也用叙事学的方式分析了中国20年代的小说创作，其中也包括对鲁迅小说的分析。她的硕士学位论文的一部分发表在《中国现代文学研究丛刊》上，但也没有引起更广泛的注意。②

　　本文试图在原有的叙事学研究的基础上进一步对鲁迅小说的叙事艺术做一些探讨，但我仍然不把鲁迅小说作为一种小说语言学的研究材料，而是把它作为一种小说的言语形式。研究的目的是感受鲁迅小说的独立的叙事艺术，而不是寻找小说叙事的普遍规律。在这个研究中，我使用的是文化分析与叙事学研究的双重变奏，意图通过鲁迅小说的文化批评

---

①郭树竞：《论〈药〉的叙事结构》，《中国现代文学研究丛刊》1996年第4期。
②奉仁英：《庐隐的书信体和日记体小说的叙事分析》，《中国现代文学研究丛刊》1999年第4期。

鲁迅小说的叙事艺术

的意义发掘鲁迅小说叙事艺术的特征,也通过鲁迅小说叙事艺术的特征更深入地感受鲁迅小说的文化批评的意义。这是我不想严格按照像普罗普、罗兰·巴特、惹内特等西方叙事批评的模式进行我对鲁迅小说的叙事艺术的分析,而是按照我感到方便的方式尽量纳入西方叙事学的理论成果。

二

在正式分析鲁迅小说的叙事艺术之前,我想先从我国五四时期一个著名的哲学家张东荪提出的一个汉语语言学的问题谈起。他在《从中国言语构造上看中国哲学》这篇文章中提出了这样一个观点:中国言语的主语不分明。他说:"在中国言语构造上主语(subject)与谓语(predicate)的分别极不分明,换言之,即可以说好像就没有这个分别。这是中国言语构造上的最特别处,而其影响则甚大。"[1]在谈到它在中国人思想上的影响时他举出了四点:"第一点是因为主语不分明,遂致中国人没有'主体'(subject)的观念;第二点是因为主语不分明,遂致谓语亦不成立;第三点是因没有语尾,遂致没有tense与mood等语格;第四点是因此遂没有逻辑上的'辞句'(proposition)。"[2]任何的价值判断都有偏颇的一面,但从比较语言学的角度,我们不能不承认张东荪的这个观点有值得重视的理由。主语不分明,就是话语的主体性不明确。话语不是明确地作为特定人在特定时空条件下特定思想愿望、意志情感等的特定表现形式,而更像所有人在所有的时空条件下都"会"或都"应"如此的表达方式,它可以随时转换到另一个人的口中或笔下,其意义不会发生本质的变化。关键不在于谁在说,而在于他说了什么。"子曰:'学而时习之,不亦说乎?有朋自远方来,不亦乐乎?人不知而不愠,不亦君子乎?'"(《论语·学而》)这句话表面看来是有主语的,是孔子说而不是别

---

[1] 张东荪:《从中国言语构造上看中国哲学》,载《理性与良知——张东荪文选》,上海远东出版社,1995,第334页。

[2] 同上书,第337页。

人说，但在实际上主语极不明确。它可以是孔子说的话，也可以是颜渊说的话，发话人改变了，这句话的意义并没有改变，它可以自由地转移到任何人的口中而不失其本来的意义。孔子这句话的本身更没有明确的主语，"谁"在"什么情况下"学而时习之，不亦说乎？"谁"在"什么情况下"有朋自远方来，不亦乐乎？"谁"在"什么情况下"人不知而不愠，不亦君子乎？这里没有一个明确的说明。它没有确定的主语，似乎也不需要一个明确的主语。为什么？因为它是"道"，是适于一切人的。宣"道"的人是"圣人"，"圣人"说的话体现的不是他个人独有的思想意愿或情感意志，而是有永恒价值、适于所有人的话语。其实，按照张东荪的观点，这里的"子曰"也是没有明确的主语和谓语的区别的。它既可以把"子"作为主体，也可把"曰"作为主体，不像西方语言那样主语无词尾变化，谓语有词尾变化。"客随主变"，主语的主体地位和谓语的从属地位是十分确定的。中国文化中这种"人"和"文"的特殊关系，形成了中国几乎无法克服的"文以载道"的文化观念。话语的主体性不明确，"话语"就可以脱离开说话人而独立存在，以"道"的形式在所有人的口中广泛流传，而失去了它作为"言语"的特定的意义。直至现在，中国的语言文学作品仍然没有完全逃出这样一个语言的网罟。说话的人是特定的，但说的话不能是特定的，而是普遍的，一个人的话语与一个人的特定的时空条件以及在这种特定的时空条件下的个人的特定思想感情、意志愿望没有必然的连带关系。大话到处有，空话满街走，就是很少听到发自个人肺腑的由衷之言。我与张东荪先生不同的一点看法是：中国知识分子的主体意识在中国语言本身的特征中无法产生，但在某种情感体验的高峰状态中则能够存在。像屈原，像司马迁，像李白，像曹雪芹，在他们的情感体验使他们达到了一种"忘乎所以"的状态的时候，他们的话语也就有了强烈的主体性。在这时候，他们才不以传"道"者自足，表达的是自己独立的思想愿望和感情情绪。"满纸荒唐言，一把心酸泪。都云作者痴，谁解其中味？"（曹雪芹：《红楼梦》第一回）曹雪芹为什么感到他的话语是"荒唐"之言而又不能不说呢？就是他的人生感受使他不能再说那些在社会上广为流传的俗话套话，他要人感受和理解的是通过这些"荒唐言"所表现着的作者的真实心曲，是其中那深长的情味。但是,这种在强烈情感体验基础之上建立起的主体性是不稳定的,旋生旋灭的。因为人不能永久处在高峰的感情体验状态。而一旦情感上复归于平静,这种靠激情维持的主体性就不存在了。我们看到,不但在中国古代人那里,即使在中国现当代人中间,这种主体性意识的薄弱也是一个普遍存在的现象。郭沫若的诗歌、曹禺的戏剧、巴金的小说,靠的都是青年时的内在激情,一旦这种青年时的激情消失了,其作品的主体性也薄弱下来。当一个作家通过自己的作品力图表达的只是一种普遍认同的道德伦理或思想感情的时候,其作品就不再是一种言语形式,整个创作过程就成了一个"无主句"。鲁迅小说在中国文学史上的突出地位首先表现在它们的强烈鲜明的主体性特征,并且这种主体性是在中国近现代意识变动的过程中建立在理性自觉上的主体性。它不是靠着一时的激动而是在一种极为冷静的心境中创作出了富有个性色彩的小说、表达了自己对社会人生的独立的感受和认识的。鲁迅小说是"有主句",而不是"无主句"。

词语的意义来源于它的区别性能。"主语"不但区别于"谓语",而且同其他的"主语"相区别。鲁迅小说的主体性特征,首先区别了它与其他所有小说家的作品。鲁迅小说是有自己独立的个性的,这种个性使我们不论在任何情况下、不论以任何的理由都不能把它同其他小说家的作品混淆起来。它不但区别于那些不成功的小说作品,同时也区别于那些同样伟大的、甚至比鲁迅小说有着更广泛、更深入的世界影响的小说作品。我们研究鲁迅小说不是研究它与其他小说的相同点,而是研究它与其他小说的不同处。与此同时,鲁迅作为作者的主体性,不但表现在他对自己作品的主体性的明确意识,同时也表现在他对自己读者的选择的主体性。毫无疑义,小说作为一种艺术形式是最为通俗的艺术形式,它在现代世界上拥有最广大的读者群,但这毫不意味着一个小说作家在创作一部小说的时候是面对全世界每一个人的。它是一种"言语"形式,言语形式永远是有相对确定的对象的。它不是为所有的人写作的,而是为作者意识到的一个特定的读者群写作的。第三,作者的主体性又赋予了自己假想中的读者以强烈鲜明的主体性。作者是独立的,他的假想中的读者也必然是独立的。读者不可能完全地等同于作者,否则,就不需要言语的沟通。有差异才有沟通。但这种差异不应影响二者的相互理解和同情。没有这种理解和同情，也就无法沟通。无法沟通，也就没有说话的必要，也就不需要任何作品的文本。"小说文本"就是在作者和读者之间架起的一座言语的桥梁，作者希望读者能通过这座桥梁进入作者的精神世界。小说作品的个性特征，在过去普遍被认为是作家个人的标记，我认为，它反映的实际是作者和读者关系的特定性以及作者对这种关系的特定感受和理解。

一旦作者意识到了自己的主体性，一旦作者依靠对自己主体性地位的意识把自己同自己假想中的读者严格区别开来，同时意识到了自己读者的主体性地位，那么，他的小说文本也就同时弹离了作者本人而具有了自己的主体性。这里的原因是十分简单的。假若读者是不完全等同于作者的，假若读者是有自己的主体性的，他们就不会无条件地听从作者的指挥和教训，他们对作者的同情和理解就是有条件、有限制的。小说作者不可能在所有的愿望和要求上都获得读者的理解和同情，他也不可能一次性地让读者了解他的全部人生感受和思想愿望。作者必须通过他与读者的相同或相近的愿望和要求使读者进一步理解和同情作者那些尚不为人知或尚不为人理解的思想和愿望。作者在创作自己的小说文本的时候有其主体性，但却没有随意性，他必须同时考虑到读者的感受和理解，必须在自己的表现和读者的接受之间找到一种合力，一种交叉，一种有我也有他，没有明确边界划分的浑融的模糊地带。他的任何一个小说文本都不能完全地体现自我，只能相对地、有条件地表现自我。这样，作者的小说文本就开始有了自己的独立性——不完全等同于作者也不完全等同于读者的独立性。它是被作者发射到天空的一颗人造卫星，而不是作者本人飞上了天空。小说文本与作者、小说文本与作者假想中的读者都是有距离的。它是一个转播系统，具有自己的独立性，具有自己的主体性地位。

鲁迅说他创作小说是"聊以慰藉那在寂寞里奔驰的猛士，使他不惮于前驱"（鲁迅：《〈呐喊〉自序》），是"对于热情者们的同感"。"自然，在这中间，也不免夹杂些将旧社会的病根暴露出来，催人留心，设法加以疗治的希望"（鲁迅：《南腔北调集·〈自选集〉自序》），"我的取材，多

鲁迅小说的叙事艺术

采自病态社会的不幸的人们中，意思是在揭出病苦，引起疗救的注意"（鲁迅：《南腔北调集·我怎么做起小说来》）。在这里，鲁迅说的是他创作小说时的假想中的读者以及他与这些读者的关系。他假想中的读者是那些"在寂寞里奔驰的猛士"、是热心于社会改革的人们，他之所以认为这些读者能够接受他的小说，是因为鲁迅是站在同情他们、理解他们并且支持他们的立场上的，他的小说可以使他们减少些寂寞，知道他们在自己的奋斗中并不完全是孤单的。但是，他与他假想中的读者也不是完全等同的，他自己不是行动中的"前驱"和"猛士"，但却对"病态社会的不幸的人们"有更多的了解，知道他们的"病苦"，从而可以把"旧社会的病根"暴露出来，让那些实际的改革者注意加以"疗治"。鲁迅小说就是在鲁迅和他的这样的读者的关系中形成的，是他们之间的精神的桥梁。在这里，产生了鲁迅小说主题的高度的社会严肃性。如果说强烈鲜明的主体性是鲁迅小说的第一个鲜明的特征，这种高度的社会严肃性则可以说是它的第二个鲜明的特征。它的严肃性不是为了吓跑他的假想中的读者，而是他对自己的读者有着特殊的要求，有着严格的规定。他们必须是对现实人生有些不满的，并且必须是有着改善这人生的愿望的。因这不满，因这愿望，他们内在地希望更细致、更深入地感受和了解中国的社会，中国人的精神状态，并且能在这种感受和了解中产生阅读的趣味性。时至今日，中国的鲁迅研究者总是努力让社会所有的人都热爱乃至崇拜鲁迅的小说，我认为，这是不可能的，也是不合理的。鲁迅小说不仅不是写给那些做奴才已经做出了瘾的人们看的，不是写给那些在别人的大纛的保护下一路杀过来的"闯将"们看的，不是写给那些沾沾自喜于一点蝇头小利从而蜷缩在自己的鸟笼里吟唱些甜美的小曲的人们看的，不是写给那些钻在故纸堆中抚摸着我们祖先的伤口而自满自足的人们看的，同时也不是写给那些还做着自己人生幻梦的天真烂漫的青少年们看的，不是写给那些已经找到了自己发挥社会作用的广阔空间并正在专注于自己某项事业的人们看的，不是写给那些还没有阅读能力或根本没有文学鉴赏能力的善良的人们看的。他们有时也会在鲁迅小说中获得某些启示，但鲁迅小说却不是以他们为主要读者对象的。鲁迅一生不希望普遍的赞扬，他的小说也不需要全民的认可，它只到他希望得到理解的读者那里去获得理解。他对读者选择的这种严格性，产生了鲁迅小说的少有的社会严肃性。

叙事学考察的是小说文本的内部构造，但我认为，它的内部构造又是无法脱离开它的外部的关系的。只有首先弄清作者和他假想中的读者的关系，我们才能实际地进入到小说文本内部构造的考察中来。

三

西方的叙事学是研究小说文本内部的结构模式的，所以它的视角理论也主要集中在小说文本的内部。我认为，假若我们不完全从内部结构着眼，而遵循着从外部到内部的全部创作过程，那么，小说文本的基本视角就有三个：一、作者的视角；二、读者的视角；三、叙述者的视角。"作者的视角"是从作者的角度对小说文本的观照。作者在创作中和创作后都要对小说文本进行整体的观照，要从自己的作品中获得自己审美观照上的满足或相对的满足，这种满足或相对的满足是从自我表现中获得的，是在将自我对象化的过程中获得的。"读者的视角"是作者从自己假想的读者的角度对小说文本进行的整体观照，他要在这样一个角度上使自己假想中的读者感到审美观照上的满足或相对的满足，这种满足是接受者的审美满足，是借助文本获得自我发现的乐趣的过程。并且在这个过程中，与作者在思想感情上发生共鸣；"叙述者的视角"是具体完成小说文本的叙述任务的叙述者的视角，它要把从作者和读者两个视角上都能获得审美满足或相对满足的人物、场景、事件等散碎的素材构成一个完整的文本，完成文本的创造。具体到鲁迅小说中，在作者的视角上，要通过小说文本宣泄自己在现实人生中积淤着的内心的精神苦闷，表现他对现实人生的感受和理解，表现他对那些"在寂寞里奔驰的猛士"的理解和同情；从读者的视角上，要使作者假想中的读者感到现实人生的荒诞和无序，感到自己改革现实人生愿望的合理性和困难性，并在所有这些发现中获得深层精神上的愉悦即审美上的快感；"叙事者的视角"是要具体地构成小说的文本，以满足或相对满足在以上两个视角上对小说文本的期待。也就是说，在叙事的视角上，同时容纳了作者和读者的两

鲁迅小说的叙事艺术

个视角,并体现着二者对立统一的辩证关系。

在我们研究中国现当代小说的论著或论文中,有意与无意地提高了第一人称在现当代小说中的地位,认为只有它才体现了现当代小说与中国古代小说的区别。实际上,这并不利于现当代小说的研究。现当代小说不仅需要第一人称,同时也需要第三人称,它不是区别中国现当代小说与中国古代小说的根本标志。它的根本标志是小说叙事者地位的整体变化。我认为,小说叙事者有没有权利以及有多大权利按照自己特定的观念叙述小说中的事件、人物和场景是中国现当代小说与中国古代小说相区别的根本标志。在中国古代大多数的小说中,小说的叙述者几乎只有叙述故事的权利,而没有自由评价叙述对象的权利,从而使故事和故事的理性阐释常常是互相矛盾的,在趣味性中发现不了意义,在意义中发现不了趣味,并且常常因此改变故事的叙述,违背了故事本身的逻辑结构。鲁迅在谈到中国古代才子佳人小说时指出:"中国婚姻方法的缺陷,才子佳人小说作家早就感到了,他于是使一个才子在壁上题诗,一个佳人便来和,由倾慕——现在就得称恋爱——而至于有'终身之约'。但约定之后,也就有了难关。我们都知道,'私订终身'在诗和戏曲或小说上尚不失为美谈(自然只以与终于中状元的男人私订为限),实际却不容于天下的,仍然免不了要离异。明末的作家便闭上眼睛,并这一层也加以补救了,说是:才子及第,奉旨成婚。'父母之命媒妁之言'经这大帽子来一压,便成了半个铅钱也不值,问题也一点没有了。假使有之,也只在才子的能否中状元,而决不在婚姻制度的良否。"(鲁迅:《坟·论睁了眼看》)由此可见,作者对叙述者主体性的压抑,同时也是社会霸权话语对作者主体性进行压抑的结果,作者无法承担或不想承担的社会环境的压力,一定会转嫁到叙述者的身上,并由叙事者的叙述直接转嫁到文本构造的身上,最终则转嫁到读者的身上,因为小说作者和小说叙述者是无法截然分开的。在小说中,叙事者实际是作者最信赖的一个人,也是他认为他假想中的读者能够信赖的人,作者要依靠叙事者具体展开小说的叙述,并把自己的价值评价带入到小说的全部叙述之中去。即使叙事者与作者是彼此不同的两个人,叙事者的主体性至少也是作者包括他假想中的读者能够理解的。

在鲁迅小说中，第三人称的小说依然占有绝对大的比重，其中包括《故事新编》的全部和《呐喊》《彷徨》接近半数的小说。西方叙事学把作者同第三人称小说中的叙述者区分开来是十分必要的。如上所述，任何一篇小说都不是作者本人所有思想愿望和情感意志的表现，在一篇小说中，叙述者只能暂时地、部分地体现作者本人的精神愿望，二者不能混为一谈。与此同时，在写作的过程中，与其说作者调动着叙述者的思想感情，不如说是叙述者在调动着作者的思想感情。作者在开始写作的时候是处于感情相对平静的精神状态之中的，他靠着叙述者的叙述才逐渐进入到小说所展开的一个个具体的情景之中去，并且随着这些情景的变化而发生着思想感情的变化。但是，在鲁迅小说研究中，我们绝对不能够把鲁迅第三人称小说中的叙述者同作者本人绝对对立起来，似乎这个叙述者与作者本人是不相干的另外一个人。恰恰相反，在这类小说中，我们只能通过小说的叙述者来理解鲁迅本人对小说所叙述的事件以及各个人物及其关系的价值评价。舍此之外，我们没有任何其他的途径。因为整个的小说都是在这个叙述者的叙述中被构成的。一部小说之所以采用了第三人称的叙述方式，不是因为别的，而是因为作者与第三人称小说中的人物都有着更大的距离，作者对其中任何一个人物、包括它的主要人物都不够信赖，也不能信赖。这种不信赖不一定是不尊重，而是认为他们没有能力或没有可能把自己身边发生的事情依照作者现在所需要的方式叙述出来。《故事新编》中的所有那些古人都不知道一个中国的现代人会怎样和应当怎样看待他们，他们不会把中国的现代人作为叙述自己的读者对象，他们找不到与我们对话的方式；《肥皂》中的四铭、《高老夫子》中的高老夫子、《弟兄》中的张沛君不但无法正确地意识自己的存在，同时也不可能把自己的内心世界公开袒露给别人，他们对我们不说实话；《阿Q正传》中的阿Q、《药》中的华老栓、《白光》中的陈士成、《明天》中的单四嫂子、《离婚》中的爱姑根本没有能力叙述自己的命运，即使能够诉述，也无法依照作者所希望的那样进行诉述；《长明灯》中的"疯子"在他要吹熄长明灯的事件中没有叙述这个事件的余裕。总之，作者不能把叙述的任务主要交付给这些小说中的人物。从叙事学的角度看来，形式即意义，鲁迅小说的第三人称体现着鲁迅与第三人称小说所叙

鲁迅小说的叙事艺术

情景、事件和人物在不同程度上的现实的思想感情距离。作者在那样一个情景和事件中找不到自己合适的代理人，他必须亲自出面充当叙述者。至少在这个时候，作者和叙述者发生着大面积的重合。作者通过叙述者，直接面对小说的事件、情景和人物。但是，作者同时也必须接受叙述者的主体性的限制，作者绝对不能把与本篇小说无关的生命体验和思想感情纳入这篇小说中来表现，他绝对不允许作者因自己的贪得无厌而破坏自己对小说事件、人物和情景的叙述，他有权以自己的意志重新开拓这个小说的世界，这是作者在动手写作之前所未曾完全料到的。这时的叙述者需要带领作者走进一个想象的世界并且依照叙述者的需要在里面漫游。"将在外，君命有所不受"，他必须独立承担作者交付给他的特殊使命，并以自己的方式实现并修正作者原来的创作意图。平时的作者是不必考虑他的读者的，而这个叙述者却必须同时照顾到读者的接受。"但既然是呐喊，则当然须听将令的了。所以我往往不恤用了曲笔，在《药》的瑜儿坟上凭空添上一个花环，在《明天》里也不叙单四嫂子竟没有做到看见儿子的梦，因为那时的主将是不主张消极的。至于自己，却也并不愿将自以为苦的寂寞，再来传染给也如我那年青时候似的正做着好梦的青年。"（鲁迅：《〈呐喊〉自序》）但所有这一切，都不妨碍作者与小说叙述者之间的默契，二者处在最亲密、最能相互理解的位置上。叙述者实际就是作者中的另一个作者，只不过他具体担任着特定小说的叙述任务。这种第三人称与传统全知全能的第三人称叙述方式之间的根本差别在于，这里的叙述者有限度地限制了作者，使第三人称的叙事成了有限制的第三人称叙事。这同时也体现了作者自我意识的内在转变：他不再相信自己能像上帝或圣人那样可以看到世界上的一切，任何一个人的视野都是受到自我的限制的。他打破自我限制的方式只有通过有别于自己的另外一个人，但一旦把叙述的权利转交给另外一个人，另外一个人也就有了自己的自由性，他代替你完成了你无法完成的任务，但同时你也要受到他的限制。从宏观的意义上，小说就是作者和叙述者在对立统一的关系中共同完成一个艺术的建筑，二者都在其中注入了自己的意愿，但又都不可能完全合乎自己的意愿。任何一个作品都是相对的完满的，而不可能是绝对的完满的。

在第三人称的小说叙述中，叙述者不能不更多地把叙述的任务转交给小说中的人物、特别是主要人物，但这种转交是在叙述者对人物感到信赖时发生的，它曲折地表现着作者对他们的信任。在这时，产生的是小说中人物的主体性。小说人物在自己的生活范围中有以自己的方式对待生活、对待自己的权利。作者和读者对他们的感受和评价必须按照他们本来的样子进行，任何别的人都没有权利把不属于他们的言行强加在他们的身上。他们怎样看待他们周围的世界有他们的自由，有他们自身的逻辑性，不能依照作者、读者和小说叙述者的愿望和要求。这在理论上是为我们所广泛接受的，但在实际上并不容易做到。它是作者主体性的投射，只有作者自己意识到自己的主体性，只有作者承认读者和小说叙述者的主体性，他才能实际地赋予小说人物以主体性，而那些失去了自我主体性的作者，为了屈从社会外在的压力或有意讨好读者，就一定要把自己的意志强加在人物的身上，使他们完成他们自己无法完成的任务。正是在鲁迅小说与大量这类中国小说的比较中，我们感到只有鲁迅小说才在最深度和最高度的意义上体现了文学创作的现实主义原则。但这并不意味着鲁迅小说就是客观现实的反映。我们必须同时看到，在作者和人物之间，还有一个叙述者。这个叙述者一方面限制了小说的主观性，同时也限制了小说人物、包括小说中所有那些似乎纯客观的描写都是在这个叙述者的监控下进行的，作者的主体意志已经通过这样一个监控者注入到了小说文本的全部描写之中。巴赫金在谈到作者和主人公的关系时说："主人公及其感受，他对事物的情感意志的总体取向，并不是直接地就取得了纯粹审美的形式，而是首先受到作者的认识和伦理的界定；换句话说，作者在对其做出形式上的直接审美反应之前，先要在认识伦理上做出反应；然后再把认识伦理上（指道德上、心理学上、社会学上、哲学上）经过判定的主人公，从纯粹审美方面加以最终完成。……这一认识伦理上的界定，与随后的审美构成是如此紧密而深刻地联系在一起，即使在抽象的分析中也几乎难以区分开来；……"[①] 正是因为

[①] 巴赫金：《审美活动中的作者与主人公》，载《巴赫金全集》第1卷，河北教育出版社，1998，第91页。

鲁迅小说的叙事艺术

这样,鲁迅第三人称小说所具有的对现实人生的批判力并不比他的第一人称的小说更差,像《药》,像《风波》,像《阿Q正传》,像《肥皂》,像《离婚》,都是第三人称的小说,它们与《呐喊》《彷徨》中的第一人称小说的差别仅仅在于,他的第三人称的小说对现实人生的批判带有更冷静的性质,而他的有些第一人称小说对现实人生的批判则带有更明显的情绪性色彩。他的《故事新编》中的所有小说,都透露着作者更强烈的主观性,这是在小说对中国古代神话传说和历史人物的不同寻常的表现方式中直接呈现出来的。但是,鲁迅小说的这种批判性又是受到人物自身主体性的限制的,他要求鲁迅小说的批判性不能超越于他们自身的现实性。在这里,存在的是三种不同的关系:作者、叙述者、人物,作者限制着叙述者,叙述者也限制着作者;叙述者限制着人物,人物也限制着叙述者。他们都有自己的自由性,但他们的自由又都是受到限制的。我认为,这就是鲁迅小说充满了内在张力的原因。鲁迅的小说不同于郁达夫的小说,郁达夫的小说主观性更强;它也不同于茅盾的小说,茅盾的小说客观性更强。鲁迅小说是在主观性和客观性的强烈对抗性中显示其艺术的魅力的。

第三人称小说的叙述者是在小说文本之外的,他极大地靠近了小说文本,但却没有进入小说文本。他把作者和读者领到了出事现场,并给我们述说着事情发生的原委和情景,但他却不是这个事件的参与者。当小说的叙述者把叙述的具体任务转交给了小说中的一个人物,就成了第一人称的小说。叙述者把我们领到了出事现场,就把我们转交给了小说中的"我",他一面引导我们在小说的世界里漫游,一面亲身参与小说的事件,影响着事件的发展。假若说鲁迅小说在人称形式上的第一个特点是完成了从中国古代小说全知全能视角向第三人称限制视角的转变,那么,它的第二个特点就是第一人称的大量运用了。在鲁迅第一人称的小说中,又分为两大类,《孔乙己》《一件小事》《故乡》《社戏》《祝福》《伤逝》《孤独者》属于单层次的第一人称小说;《狂人日记》《头发的故事》《在酒楼上》属于双层次的第一人称小说。在这些小说中,作者、叙述者和人物的关系,首先体现在作者、叙述者和小说中"我"的关系中。从另一个角度说,他们实际都是小说的叙述者,这三种声音都在小说文本的构造中起着关键性的作用。必须看到，在鲁迅小说中，一旦作者把叙述的任务交给了叙述者，叙述者又把叙述的任务交给了小说中的"我"，这个"我"就具有了自己的主体性。如果说郁达夫的第一人称小说与第三人称小说并没有明显的区别，他小说中的"于质夫"仍被读者当作作品中的"我"来看待，并且不会发生对小说感受和理解上的严重失误，鲁迅小说中这两类小说则有了明确的差别。其原因就是这个"我"是有自己的主体性的。在《孔乙己》中，担任具体叙述任务的是一个十二三岁的孩子，小说就严格按照这样一个十二三岁的孩子的眼光（意识）看待他周围的世界，看待包括孔乙己在内的所有其他人物；在《伤逝》中，作者让涓生这样一个独立的虚构人物担任主要叙述任务，作者就完全以他的手记的方式构成整个小说。在这类小说中，"我"不但以自己的眼光看待自己周围的世界，看待自己周围的人物，是一个"看者"，同时也被作者和读者看，是一个"被看者"。但是，我们必须看到，他们在这些小说中，仍是与作者在思想感情上最接近的人物，是作者最信赖的人物。他们不但为作者实际地叙述了这篇小说，同时也最大程度地体现了作者对小说所描写的事件、情景和人物（包括其中的"我"）的感受和评价。在这里，我们需要提出一个在鲁迅小说中担任叙述任务的各种不同的叙述者到底是一些怎样的人的问题。我认为，假若我们直接提出这个问题，我们很容易误认在鲁迅小说中给我们讲故事的是一个"精神界的战士"，一个"思想家"，一个"反叛者"，但这个回答并不正确，并且这个不正确的回答很可能就是我们过往所有鲁迅小说研究中存在的一个症结问题。在这里，我们首先应当注意的是《孔乙己》这篇小说中的"我"。我们过去注意到的只是它的第一人称叙述方式在创作这篇小说时带来的方便，但却没有注意这样一种叙述方式与这篇小说主题意义的严肃性的关系。它是以一个十二三岁的孩子的眼光看待世界的，但它构成的却不是一篇童话作品，也不是一篇儿童小说，而是一篇地地道道的有着严肃主题的社会小说。在这里就产生了一个问题：即它的主题意义的严肃性为什么会在这样一个叙述者的叙述中呈现出来的问题。《孔乙己》第一人称叙述方式的意义何在呢？就在于它把包括孔乙己在内的一个中国的成人社会直接呈现在了一个十二三岁的孩子的眼睛里（即意识中）。

无独有偶,《社戏》也有一个儿童的眼光的问题。"我"回忆中的世界是一个儿童的世界,那个世界是美的,成年后的"我"对都市戏剧的不满就是在儿时这个经验世界的基础上形成的。如果没有这样一个经验中的世界,没有这样一颗童心做基础,他对这样的都市戏剧是感受不到不满的。他可能同周围那些都市观众同样迷恋于这样的演出。《故乡》的结构实际是《社戏》结构的转化形式。"我"在回忆中储存了儿时与闰土的关系,他现在对故乡现实的不满,实际是在儿时感受的基础上发生的。如果没有儿时与闰土的交往,"我"对闰土也就无所谓满与不满了。既然鲁迅反复地使用着这样一个儿童的视角,我们就不能不注意它与艺术创造的内在联系。小说是什么?小说是一个想象中的世界,小说创作就是建构这个想象世界的过程,它要在人的意识中建构一个新的世界。这个建构过程与整个人类世界的建构过程实际是相同的。人类世界是从童年开始的,是随同人类的成长一起成长的。它的最初的形成不是在人类具有了明确的世界意识和自我意识之后开始的,而是在人类还没有明确的意识形态和明确的世界观念的基础上开始的。在这时,人类开始与外部世界进行交流,人类的意识形态和它对外部世界的观念是在这种交流中产生的。外部世界开始具有了自己的意义,同时也具有了自己的形式。它是一种意义的构成过程,同时也是一种审美的构成过程。人类发现了外部世界,同时也在外部世界中发现了自我,发现了乐趣,发现了美或丑。这两个过程是重合在一起的,没有任何明确的区分。在这时,人类的整个世界就是一个艺术的世界,神话的世界,是人类艺术的起源。人类发展起来了,人类有了自己的文化,文化分裂了人类和人类的世界,人的欲望、情感、意志、理智各向不同的方向发展,人与人在行为上发生了难以克服的矛盾和斗争。但是,每一代人仍然重复着人类发展的全过程。每一代的人都必须从童年开始,重构自己和自己周围的世界。他仍是在无意识状态中接受外部世界的影响的,他看不到自己,对他面前的世界也没有任何的先入之见。外部世界的差异是在他这种无差别的朦胧心灵中逐渐展开的。它展开了外部的世界,也展开了这个童贞的心灵。这是一个意义的构成过程,也是一个审美的构成过程。同原始人类最初构成自己世界的方式是一样的。二者的不同仅仅在于原始的人类面对的是一个自然的世界,他们的意识形态同自然世界的形式同生共存,"神话"是这种共存形式的文化表现。而这时的人面对的却是一个早已人化也分化了的社会,它在童年的意识中构成的主要不是神话,而是一个人化了的世界。童年的艺术世界很容易被这个人化了的世界所破坏。但不论这个世界毁坏得是多么的快,但在它形成之初仍然具有艺术的性质,它的意义的构成和审美的构成还是紧密交织在一起的,没有发生严重的分裂。这恰恰也是一个艺术家构造自己的艺术世界的方式。"长歌当哭,是必须在痛定之后的。"(鲁迅:《华盖集续编·记念刘和珍君》)任何一个艺术家的创作过程,任何一个欣赏者的欣赏过程,都不是先有紧张的情绪、强烈的感情,他们不能对将要创作或将要欣赏的对象抱有任何的先入之见。他们是随着艺术作品的逐级展开而逐渐形成自己的感受和认识的,他们是随着艺术作品的形成过程逐渐进入一种情感和情绪的状态的。也就是说,艺术世界不是建立在人类欲望、情感、意志和理性的山巅上,而是建立在它们尚没有发生明显分化的童年或有类于童年心理的基础上。正像一座建筑物不论最终达到何等的高度,但必须从地基盖起一样,不论一部艺术作品最终把作者和读者带到怎样一个思想高度和情感情绪的高度,但它的基础必须建立在童心或有类于童心的纯真无瑕的心灵状态上。只有在这样一个基础上,一部艺术作品才能够同时建构起自己的意义世界和审美世界,并且使这两个世界自始至终都紧密地交织在一起,成为一个浑然的思想艺术整体。所以,我认为,不但鲁迅小说,而且所有杰出的小说作品中的"叙述者"都是一个儿童或有类于儿童心灵状态的成年人。他是作者和读者都能够接受的向导,他能够带领二者重新去感受世界,重新构造一个新的想象的世界,同时也重新去构成自己,构成一个与其他人不同的自己。这个世界不论是什么样子的,但由于他与这个世界是初次相遇,这个世界对他是新鲜的,活动的,没有板滞在一起的,因而也是有意义也有趣味的。发现它的意义是有趣味的,感到趣味也就感到了意义。这就是艺术,这就是所有真正艺术的本质。鲁迅小说的成功不仅仅在于他是一个"精神界的战士",而同时在于他也是一个伟大的艺术家,在于他始终能以一颗童贞的心灵感受我们这样一个被几千年的旧文明污染了的世界,在于他始终无法在情感上接受这样一个世界,始

鲁迅小说的叙事艺术

终没有放弃对一个更完美的世界的追求,而这也是他能够成为一个"精神界的战士"的根本原因之一。他的小说是始于单纯终于复杂的,而不是始于复杂终于单纯(这时的单纯就是浅薄)的。他的每一篇小说都是一个精神的历程,而不是一个思想的结论。《孔乙己》中的"我",在开始时对他周围的世界没有明确的感受,但他逐渐发现了这个世界的差别,发现了人与人之间的矛盾。他朦胧地感到了孔乙己的缺陷,但也朦胧地感觉到了他的善良和痛苦。所有这一切都还处于浑融一体的状态,笼罩在一种艺术的氛围中,但他到底感受到了这个世界的不完满,不幸福。他在咸亨酒店的环境中,在对孔乙己的直感感受中开始长大了,变得复杂了一些,成熟了一些。与此同时,他又是小说中的一个人物。他是"看者",又是"被看者"。当他为读者讲述了这一切,当读者也像这个孩子一样看到了小说中的人物和情景,他们还能在这个孩子的感受的基础上继续感受,继续思考,甚至这样一个孩子的命运也包含在我们感受和思考的范围之内。但这时的感受和思考,不是在我们现实名利心基础上的感受和思考,而是在一个纯真心灵基础上的感受和思考。我们重建了一个想象的世界,同时也重建了我们的叙事艺术自己对这个世界的感受和认识。

《孔乙己》这篇小说在第一人称小说中是具有一定的典型意义的。它实际是处在第三人称小说和第一人称小说的边缘上。作品当中的"我"基本上还只是一个"叙述者",是一个"看者",他没有实际地介入到小说人物的矛盾关系之中去,没有构成情节发展的一个主动性的角色。到了《社戏》中,"我"就成了一个主要人物。他开始介入人的关系之中。但这种关系却是与同样单纯的儿童和农民一起构成的。在那样一个环境中,他没有失去童年的纯真,他是带着童年的纯真进入都市社会的。但在这个都市社会中,他也只是一个"看者",一个"感受者",不是这个都市社会的直接参与者。在这篇小说中,童心对我们精神世界和现实世界的重建作用表现得更加明确而具体。我们习惯了一个嘈杂的世界,我们习惯了一种热闹的而并非艺术的演出。我们把一种非艺术的生活当成了一种艺术的生活。小说的叙述者把我们重新领回了童年,领到了童年的心境之中去。让我们重新体验了童年的生活,体验了一种自由的艺术的演出。正是在这样一种重建了的精神基础上，我们也重建了我们对现实人生的认识，重建了我们对艺术的感受；《故乡》中的"我"是一个成年人的"我"，但他在重回故乡的时候，却也在精神上回到了童年，他是以童年的回忆重新感受现在的故乡的。正是在童年回忆与故乡现实的反差中，使"我"更深刻地感受到了"故乡"的现实，感到了对这样一种现实的悲哀。他重建了对故乡的感受和认识，也重建了自己的思想和感情。从《故乡》到《祝福》《孤独者》，鲁迅第一人称小说在形式上的变化并没有一个不可逾越的界限。《故乡》中的"我"已经介入了成年社会的矛盾关系中，但即使这时，这个叙述者的性质和面貌仍然带有明显的童年的特征。他在自己的环境中已经不是一个童年人，但在现在的"故乡"仍然是一个孩子。他像一个孩子一样对现在的"故乡"懵懂无知，他像一个孩子一样不知道怎样应付周围的人，他像一个儿童一样对周围世界中的任何一个人、一件事都感到新奇、敏感。也正是依靠这样一种懵懂无知的心境，他重建了对"故乡"的整体感受和理解，也重建了一个小说的世界。在《祝福》中，虽然已经没有童年生活的描写，但当"我"回到鲁镇之后，也正像《故乡》中的"我"回到"故乡"一样，对这个世界是完全陌生的，他仍然只能感受它而无法改变它，他仍然只能把这感受到的世界留给它自己。在我们再从《祝福》转移到《孤独者》的时候，我们对其中的"我"与魏连殳的关系也就有了一个更明确的观念。在这里，"我"仍然是作者最信赖的一个角色。这种信赖并不意味着他是一个比魏连殳更坚定的"精神界的战士"，而是他是魏连殳命运的一个最适宜的讲述者。他能感受和理解魏连殳的命运，他对魏连殳没有先入之见，他对魏连殳的感受和理解是在与魏连殳的接触和了解中逐渐建立起来的，而不是从一开始就有了一个固定不变的看法。与此同时，这种构图方式也使作者和读者与魏连殳保持了更明显的思想距离，尽管我们不能像以前的研究者那样认为作者对他进行了思想的批判，但作者也没有把魏连殳的人生道路绝对化。甚至一个革命者，也只是在他的社会条件和生活环境中值得同情和理解的人物，而不是人类的理想，大众的楷模。我们要消除产生魏连殳的社会，同时也要消除这个社会生产出来的革命者。革命者的意义是对于他的时代的意义，而不是人类理想的人格。小说中"我"的作用，不但是具体构成小说文本的活动的摄影机头，同时也是魏连殳这个人物的过滤器。通过"我"对魏连殳的同情和理解，作者过滤掉了魏连殳身上不能不带有的阴气和毒气，同时保留了他的追求和理想。也就是说，尽管这个"我"也不是一个作者理想中的人物，但他还是需要这样一个没有先入之见的人物做他的代理人，具体实现对魏连殳命运的有距离的观照。

在鲁迅第一人称的小说中，《孔乙己》是一种典型，《伤逝》是另一种典型。《孔乙己》处在第一人称与第三人称小说的边缘地带，《伤逝》则完全摆脱了第三人称小说的影响，而处于单纯的第一人称和双重的第一人称小说的边缘地带。如果作者像写《狂人日记》那样，虚构出一个发现涓生手记的"我"（这在中国现代小说中是常见的），它就成了一篇双重的第一人称小说。这种第一人称的形式，反映了作者对"我"的完全的信赖，这种信赖是因为他对自己爱情的悲剧有着最高的发言权，别人的揣测只能是别人的揣测，无法像他自己那样有着亲身的感受和细腻的了解。其次，他是一个能够真诚地记叙这个过程并对之有着反思能力的叙述者，虽然他不能不以自己的感受和理解向我们叙述他的痛苦的历程，虽然他的感受和理解也不能不打上他自己局限性的烙印，但到底他不会像《肥皂》中的四铭、《高老夫子》中的高老夫子那样故意掩盖事实真相。

小说的叙述者是一个传感器，是一个能够以童年的心灵感受小说所要描写的人物、事件和情景的人物。假如他叙述的主要是自己的所见所闻，那么，小说就是一个单层次的第一人称小说；如果他叙述的主要不是自己的经历或直接的见闻，那么，就又有两种不同的情况：假如这个叙述者不能信赖小说的主人公，认为小说的主人公无力或不能转述自己的经历，他就会以第三人称的形式叙述主人公的经历，在这时，小说中的"我"成了主人公经历的第三人称中的叙述者。这就是《祝福》的结构方式。所以，《祝福》中的第三人称，与《药》等小说的第三人称是有根本不同的。我们无法实际指出《药》的叙述者是谁，而《祝福》中祥林嫂一生境遇的第三人称叙述者则是清楚的，他就是小说第一部分中的第一人称"我"；如果"我"能够信赖小说主人公对自我或对他人经历的叙述,小说中的主人公就成了小说中的第二个"我",小说就成了双重的第一人称小说。在这时,第一个"我"仅仅成了一个"转述者",而第二个"我"才是小说的真正的叙述者。这就是《狂人日记》《头发的故事》和《在酒楼上》。在这里,必须指出,这类小说中的第一个"我"仍然是作者和读者在感情上和思想上更亲近的人,是他们最信赖的叙述者。这就有了一个如何看待《狂人日记》中的"狂人"、《头发的故事》中的N先生和《在酒楼上》中的吕纬甫的问题。也有了一个如何理解鲁迅的思想的问题。中国人好讲精神和气质,但往往脱离开特定的环境条件和人的处境讲精神和气质,从而把某种精神和气质抽象化,绝对化,使之构成一种话语暴力,强行向所有的人灌输这种精神气质的东西,从而扼杀了大多数人的个性和自由。鲁迅小说的这种叙述方式的本身,就向我们表明,"狂人"的狂傲,N先生的愤激,吕纬甫的软弱,都不是人的一种正常的思想情绪,只有在他们的环境条件下,他们的这种表现才成了可以理解的,可以同情的。这里的第一个"我"就是一个更了解小说主人公"我"的具体处境的人,是一个能够在主人公自身的性格逻辑中理解主人公的思想感情和外在表现的人。《狂人日记》中的"我"与"狂人"的大哥有什么区别?他们唯一的区别就在于"狂人"的大哥根本不想了解他的弟弟的"病因",而"我"则是愿意了解他发病的原因的一个人。他取走了"狂人"的日记,并且读了他的日记,随后又发表了它。这里的一切都是一种艺术的设计,但这个设计却不是没有意义的。而一当涉及"狂人"的"病","我"就只能信赖"狂人"自己的叙述。他认为任何别人的转述、甚至"狂人""病愈"后的追述都不如"狂人"日记中的记述更加可靠。在这时,"我"就把叙述的任务转交给了"狂人"自己。"狂人"成了小说的主要叙述者,他给人提供了感受和理解自己的材料,同时也把作者和读者引入了自己看待周围世界的视角,至少在阅读中用"狂人"的视角感受并理解一下周围的世界。在这时,"狂人"的狂傲仅仅成了他的外在表现形式,作者和读者所感受和理解的是他的狂傲表现的内在心理根据。不难看出,在这类小说中的第一个"我"起的仍是《孤独者》中的"我"的过滤器的作用,他过滤掉了影响人们感受和理解"狂人"的外在表现形式,而把他的内在的心理逻辑呈现在了人们的眼前。《头发的故事》《在酒楼上》也是这样。前者过滤掉了N先生的愤激，后者过滤掉了吕纬甫的软弱，而剩下的就是一个沉滞落后的社会以及它对人的精神压抑。而起到这种过滤作用的就是一颗近于儿童的、没有先入之见的，因而也有一种本能的同情心的心灵。这是一颗艺术的心灵，而不是一颗粗糙的现实社会的心灵，而"狂人"的狂傲，N先生的愤激，吕纬甫的软弱，都不是这颗心灵所期望的，所理想的。但一当进入粗糙的现实人生，一当进入"狂人"、N先生、吕纬甫实际生活着的世界里，这颗心灵就失去了自己的作用。在这时，倒是这些人物自身，保留了更多的真诚和纯洁，保留了更多的童心。他们不虚伪，不势利，有正义感，有责任心，爱生活，爱人类，只是粗糙的现实社会磨损了他们心灵的表面。他们的一切，包括他们的狂傲、愤激和软弱，只不过是他们单纯心灵在一个粗糙社会环境中的具体表现形式。不难看出，正是因为如此，他们自己担任了自己人生经历的叙述者，同时也使鲁迅的小说具有了反抗性和革命性的意义。这种意义我们只能这样进行理解：反抗、革命不是人类生活的理想状态，也不是人类美好心灵的正常表现形式，只有在一种不正常的社会生活环境中，它们才成了可理解、可同情并且值得敬佩的人生选择，因为正是他们，在一个不正常的环境中保留了更多的真诚和纯洁，保留了更多的对生活、对人类的爱。在一个扭曲了的社会里，最可怕的不是那些被"正常"人看来是"不正常"的人，不是那些反抗者，那些革命者，而是那些看来很"正常"的人们自己。他们依靠奴性的服从，依靠自觉的或不自觉的虚伪，维持着这个被扭曲了的社会生活环境，同时也维持着自己"仁义道德"的外表。我们甚至可以说，鲁迅小说在人称形式上的复杂性，体现着作者与各类人物的复杂的并且随着具体语境的变化而时刻变动着的思想感情的距离，也体现了中国人乃至整个人类人性复归道路的艰难性和曲折性。鲁迅小说同时为社会上各种不同的人铺设了精神引渡的桥梁：把愚昧、巧滑、虚伪的国民性引渡到自觉、正直、真诚的人性轨道，把敏感、狂傲、痛苦的少数觉醒者引渡到自然、平常、朴素的人生境界。这架桥梁就是小说各类叙述者的各种不同的童贞、真纯、富有同情心的表现。在鲁迅小说里，革命性和朴素性、反抗性与宽容性，就是这样结合在一起的。人称形式的多层次性,思想情感距离的适当配置,为小说思想空间的开拓起到了很好的保证作用。

总之,不论是第一人称还是第三人称,都是一个小说叙述者的问题,因这个叙述者在小说中所处地位的不同,才有了诸种不同的人称形式。而叙述者的最本质的特征是具有童贞般的心灵,他对所叙述的事件、人物和情景都没有先入之见,因而也表现着对周围世界感受和理解的主动性,对别人或对自我悲剧处境的真诚同情。只有这样,他才能提供给作者和读者一个能够感受和理解的小说文本。

四

小说叙述者说到底只是作者和读者的眼睛,它起到的是"看"的作用。除了"看"之外,小说还有一个"看什么"的问题。小说让我们看的是一些人物、情景和事件。在这三者之中,事件是根本的。人物是构成事件的,情景是在事件发展过程中被呈现的。小说是叙事文学,所以,这个"事件"是最重要的,是小说的根本命脉之所在。

西方叙事学家把每一篇小说都看作是一个大句子,依照我的理解,这个大句子实际是用一个事件概括起来的。例如,《狂人日记》说的是"狂人"发"狂";《药》说的是华老栓买人血馒头为儿子治病;《孔乙己》说的是孔乙己受人嘲笑;《风波》说的是赵七爷对七斤的寻衅报复;《示众》写的是一个人被示众;《补天》写的是女娲补天造人;《奔月》说的是嫦娥奔月;《铸剑》写的是眉间尺为父报仇;《理水》写的是大禹治水;《出关》写的是老子出关等等,等等。所有这些事件都可以归结为一个有主语有谓语的句子,而整篇小说则是充分展开了的这个句子。这从鲁迅的创作实践也可以得到证实。鲁迅《故事新编》中的所有小说都是首先有一个中国古代神话传说或历史人物故事,但鲁迅不是把这些神话传说或历史故事整体地搬入自己的小说,也不是它们的现代白话译本,他根据的只是它们提供的一个事件。只有在具体创作过程中,这个事件才得到充分地展开,这个展开过程就是鲁迅的创造过程。在小说创作中,"胸有成竹"就是胸有事件,胸有概括这个事件的一个完整的句子,而绝不

鲁迅小说的叙事艺术

是胸有整篇小说。鲁迅小说叙事艺术上的总体特征,我们可以从分析这些概括事件的单句的特征开始。

西方叙事学是从索绪尔等人的语言学获得其基础观念的。根据索绪尔、雅各布森等人的语言学理论,语言作为符号,具有二重性的特征。它具有共时性和历时性两个向度。在共时性的向度上,每一个语言单位都是选择的结果,与它相似的有大量的语言单位,它们隐藏在被选择的语言单位背后,靠着人的联想而同时得到呈现,其性质是隐喻的;在历时性的向度上,一个语言单位与另一些语言单位组合在一起,这些语言单位的关系是邻近性的,其性质是转喻的。"广义地说,隐喻是以人们在实实在在的主体(汽车的运动)和它的比喻式的代用词(甲壳虫的运动)之间提出的相似性或类比为基础的。而转喻则以人们在实实在在的主体(总统)和它'邻近的'(总统生活的地方)之间进行的接近的(或'相继的')联想为基础。用索绪尔的概念来说,隐喻从本质上讲一般是'联想式的',它探讨语言的'垂直'关系,而转喻从本质上讲一般是'横向组合的',它探讨语言的'平面的'关系。"[①]在这里,我们首先思考鲁迅小说作为一个句子在共时性这个向度上的特征。只要我们从这样一个角度观察鲁迅小说中所叙的事件,我们就会看到,鲁迅小说与中国古代和近现代的大量小说是截然不同的。这种不同在于,中国古代和近现代绝大多数小说所叙事件本身就是意义和趣味的综合体,它们把作者和读者引向自身,使他们沉浸在这个事件中。进入事件就是进入小说世界;离开事件,就离开了小说世界。这些事件好像是一个个游乐场,所有有意义的游戏活动都是在这个游乐场中进行的。在这里,作者和读者都有一种忘我的感觉,我们完全被这个事件所吸引。我们愿意看孙悟空大闹天宫,愿意看诸葛亮草船借箭,愿意看鲁智深倒拔垂杨柳,愿意看卖油郎独占花魁,白娘子永镇雷峰塔,小二黑结婚,智取威虎山,就是因为这些事件本身就吸引着我们,它们本身就是既有意义又有趣味的综合体,而鲁迅小说所叙述的事件就其本身几乎是既没有意义也没有趣味

[①] 特伦斯·霍克斯:《结构主义和符号学》,瞿铁鹏译,上海译文出版社,1987,第76—77页。

的。即使有意义，有趣味，也不是这个事件本身的意义和趣味。作者和读者并不真正关心鲁迅小说所描述的事件本身。我们并不真正关心《狂人日记》中"狂人"的病情，我们不是精神病医生，他的病情如何与我们没有任何关系；我们并不真正关心华老栓为儿子治病这件事，像华小栓这样一个死于疾病的平常人，每天都有成千上万，再博大的人道主义者也不会牵挂着他们中的每一个人。我们关心的是那些做出了不平常之事的平常人，或做出了平常之事的不平常的人。唯独像华小栓这样一个普通病人的正常的疾病死亡，我们是不会真正地关心的，更不会感到有趣；我们甚至不会真正关心孔乙己、阿Q、祥林嫂等人的生和死。生死人皆有之，他们不是拯救世界的英雄，也不是毁灭世界的奸雄；不是乐善好施的君子，也不是唯利是图的小人；不是才貌双全的才子，也不是花容月貌的佳人。像他们这种平平常常的生和死，引不起人们的真正同情和怜悯。鲁迅小说事件本身的这种特征在他的《故事新编》中表现得更为明显。就其事件本身的意义和趣味，它们远不如中国古代神话传说和历史人物故事的本身。只要我们从这个角度感受鲁迅小说，我们就会感到，鲁迅小说从其基本的倾向上，就不是现实主义的和浪漫主义的，而是隐喻的，象征主义的。它的隐喻的意义远远超过了这些事件本身的意义。在鲁迅小说中，事件的"所指"恰恰只是它的"能指"；事件的"能指"恰恰是它的"所指"。在《狂人日记》中，这个"狂人"的病情与我们实在没有多大关系，但一个脱离开固有传统的先知先觉者在自己社会生活环境中的思想感受则是极为重要的，有意义也是有苦趣的。小说的"所指"在小说所叙事件的背后，是作者和读者依靠自己的联想力联想到的，而小说所叙事件本身倒是它的"能指"，人们开始怀疑"狂人"发狂到底是不是一个真正的精神病患者的发病，因为只有当它是"先知先觉者"的思想感受的变化过程时它才是有意义也有趣味的。《狂人日记》这种隐喻手法实际是贯穿于鲁迅小说的始终的。在《孔乙己》中，孔乙己受嘲笑实际并不是一个多么严重的事件，但嘲笑孔乙己的却是一个只崇拜权力和金钱、不需要知识、不重视知识的价值、因而也分不清一个人有无真知的社会。就"孔乙己"这个人，谁也难以断定他是不是真正地有知识，有能力，但在咸亨酒店这样的文化环境中，即使一

鲁迅小说的叙事艺术

个真正的知识分子肯定也是要受到像孔乙己这样的待遇的。联想关系是"把不在现场的（in absentia）要素联合成潜在的记忆系列"[①]，所以，所有无权无钱的有知识和无知识的知识分子都与孔乙己有相似性，都能同时出现在作者和读者的记忆系列中，也都可以替换掉这个人物。由孔乙己的命运可以联想到中国所有非官僚知识分子的命运，有的甚至可以联想到自己。在这时，也只有在这时，《孔乙己》的叙事才有了现实的意义，也有了艺术的趣味。《孔乙己》同《狂人日记》一样，主要是一个隐喻，一个寓言，它在写实层面的意义远不如在象征层面的意义来得重要，来得富有苦趣。同样，《故事新编》所有小说中的事件，就其本身，都是一些失去了现实意义的过往的故事，但作为对现代社会的一种隐喻性的描写，则是重要的，有趣味的。《补天》主要不是"女娲"的故事，"女娲"的故事我们早已熟悉，鲁迅写的更是创造者与其创造物的关系；《补天》主要不是对弈的怀念，而是英雄与俗众关系的描写；《理水》不是为了重塑禹的圣贤形象，而是一个伟大的实践者与那些旁观文人关系的揭示；《出关》不是为了宣扬或批判老子的哲学，而是表现了玄学家的玄学与实利社会的实利之间的关系。所有这一切，都是建立在隐喻结构的基础之上的。如果说所有成功的小说作品都有它的隐喻功能的话，鲁迅小说则把自己的几乎全部思想意义和艺术价值都建立在这种隐喻的功能之上。

根据西方叙事学家的观念，所有语言都有隐喻和换喻两种形式的组合，因而所有小说也都有隐喻的和换喻的两种性质。但我认为，我们仍不能混淆鲁迅小说与大多数中国小说的区别。在中国的小说传统中，更多的小说是依照小说事件本身的逻辑展开小说的情节的，它们也有隐喻的性质，但这种隐喻并不或极少直接参与小说的整体设计，而在鲁迅小说中，其隐喻功能是直接参与小说的整体设计的。隐喻意味着多义性，联想到的是一个系列，并且因人而异，即使一个词，我们也无法开列出它的全部隐喻意义的清单，但我们可以从它们的抽象的意义上，给它们

[①] 费尔迪南·德·索绪尔：《普通语言学教程》，高名凯译，商务印书馆，1985，第171页。

以一个高度概括的名称，给以一个超于言语范围的语法性质的说明。在这时，鲁迅的小说就表现出了高度的哲理性的特征。这种哲理性不是创造社浪漫主义小说由作者直接讲述出来的哲理性，也不是像许地山、废名等人由固有的宗教、哲学学说中接受来的哲学观念的表达，而是构成小说文本的哲理性结构图式。这种哲理性的概括是具体参与鲁迅小说的整体设计的，依靠它们的作用，事件具体转化为小说的整体结构图式。例如，在《狂人日记》中，小说《药》所叙之事被具体表述为："去年城里杀了犯人，还有一个生痨病的人，用馒头沾血舐。"显而易见，鲁迅对这个真实事件的了解也就停留在这样一个事件的梗概上。但仅仅只有这样一个事件的梗概，是无法成为一篇小说的。鲁迅要在这个事件的基础上创作出小说《药》，依靠的不是对这个事件本身的调查取证，而是一种小说的"语法"。这种"语法"是以对这个事件的哲理化概括为基础而展开它的整体结构图式的，而不仅仅以一个人的性格特征为根据。在这里，首先有一个病人，但假若他仅仅作为一个病人，《药》这篇小说的结构图式就可能完全不是现在这个样子的，它很可能成为像吴趼人《瞎骗奇闻》那样的反迷信的小说。鲁迅构思自己的小说时，华小栓就已经不仅仅是一个"病人"，而同时是一个"被拯救者"，后者只是前者一系列隐喻意义的一种概括的表现形式，一种带有人生哲理意义的词语。有"被拯救者"，才有"拯救者"，在小说中，夏瑜作为一个"革命者"就同时成为"拯救者"，真正的革命者是为了拯救人类、拯救民族、拯救人民的，所以"拯救者"是"革命者"的一种隐喻义。"革命者"是用自己的生命和鲜血为代价拯救人类、拯救民族的，所以作为一个"拯救者"，为社会贡献出的是自己的"血"，"血"就是他的生命，也是他治疗社会病症的"药"。这个"药"，在夏瑜这里，是"革命"的隐喻义，而在华小栓、华老栓这里，则是治疗身体疾病的"药剂"。刽子手是以杀人为职业的，是靠革命者的"血"赚钱为生的，所以他是卖"血"者，小说中的康大叔就是这样一个依靠卖血为生的人。而被拯救者正是需要用革命者的"血"来拯救自己的，革命者的"血"就是他们的"药"，所以康大叔卖血就是卖药，在这里，"药"又是"血"的隐喻义。华老栓关心的是自己儿子的生命，别人儿子的生命不在他的关心之列，他是买"药"者，也是买

鲁迅小说的叙事艺术

"血"者。华小栓吃了夏瑜的血,就是"被拯救者"吃了"拯救者"的生命,没有了"拯救者","被拯救者"当然也就得不到"拯救","拯救者"与"被拯救者"同归于尽也就是这个事件的必然结局。正是有了这个隐喻义的参与,所以小说中华小栓的死也就成了小说唯一合理的安排。不难看出,在《药》的整个布局中,隐喻意义同事件本身的意义始终是交织在一起的,是始终参与了小说的整体设计的。它与罗贯中的《三国演义》、施耐庵的《水浒传》、郁达夫的《沉沦》、沈从文的《边城》、曲波的《林海雪原》的构思方式都有根本的不同。这样一个事件与其隐喻义同时参与小说整体构思的特征,不是只有《药》和类似于《药》的鲁迅小说,它几乎是所有鲁迅小说的构思方式。鲁迅《故事新编》中的小说与原来的中国古代神话传说和历史人物故事的根本差异在哪里?我认为,它们之间的根本差异就是中国原来的神话传说和历史人物故事是以"事件"本身为表现对象的,它们的隐喻义是读者自己在阅读时联想到的,因而也是没有更明确的性质的,而鲁迅则是在充分意识到它们可能有的隐喻意义之后对这些"事件"的再表现,它们的隐喻义已经注入到了小说创作的本身。在《铸剑》里,"剑"在中国文化中早已成了权力的象征,中国古代众多关于雌雄剑的故事在鲁迅这里分明具有了社会权力分配的意义。人的权力最初是在征服自然中获得的,是人的生命力的象征。但在社会关系中,政治统治者在维护社会安定的名义下获得了统治整个社会的权力,人民必须把权利转交给政治统治者,才能获得政治权力对自己的保护。但是,如果人民完全把自己的权力交给政治统治者,政治统治者就具有了绝对的政治统治权,就能够把人民置于自己完全的控制之下,就可以无视人民的自由和权利,从而返转来压迫人民,毁灭人民,从而把权力完全变成自己的私有财产。在这类传说中,铸剑者为了不让政治统治者获得绝对的权力,为了在自己交出剑(权力)之后仍有力量保护自己或自己的后代,总是私自铸造两把剑。一只是交给政治统治者的"雄剑",而另一只则是留给自己或自己后代的"雌剑"。不难看出,鲁迅是在明确意识到中国古代铸剑传说的隐喻意义的基础上重建这个传说的。眉间尺的父亲是铸剑者,大王为了"保国""杀敌""保身",让他用王妃生的一块铁(它是大王的强旺生命力的产物)铸剑。他铸成了雌雄二剑，把雄剑交给大王，把雌剑藏匿起来。大王为了独霸权力而杀掉了他。在这时，鲁迅开始描写的不是一个单纯的复仇故事，而是人民权利与专制权力的斗争。大王掌握着公开的、"合法"的国家权力（"雄剑"），眉间尺掌握着隐蔽的、不"合法"的反叛权力（"雌剑"）。但也正因为如此，鲁迅没有把眉间尺直接塑造成一个复仇的英雄，因为恰恰是在这两种不同的政治权力的斗争中，鲁迅就不能不发现眉间尺是没有独自承担复仇事业的能力的。他要报的是父仇，他的敌人仅仅是大王一个人。但支持着大王权力的却不仅仅是他自己，而是还有他的王公大臣和他的无数的顺民们。眉间尺无法穿过保卫着大王的这重重的人群。他生于爱中，他还不具有"憎世"的勇气和独战社会的力量。他的本质就不是反叛的。他只有自己的真诚和牺牲精神。他是以放弃自己的生命为代价实现自己复仇的目的的。"宴之敖者"分明是体现"民魂"的一个抽象的精神力量的象征。他自身并没有权力，他的权力是从被独裁统治实际地残害了的生命中获得的，是从眉间尺这样的复仇者的牺牲精神中获得的。他在独裁统治下没有存身的余地，他憎恨的是整个独裁统治，因而也不顾惜那些维护着独裁统治者的王公大臣、奴才顺民们。只有他，才能代替像眉间尺这样的个人的复仇者实现复仇的目的。但是，一当实现了复仇的目的，他也就同时在社会上消失。没有了独裁统治，也就没有了反对独裁统治的革命。革命是与专制统治共存亡的。鲁迅利用"三王墓"的传说，所要表现的分明是：在人类的历史上，专制君王、个人复仇者、社会反叛者，实际是极难分清的，他们进行的都是政治权力的斗争，并且都是毁灭生命的。但在以政治权力为中心的中国历史上，真正表现出了强旺生命力的也只有这三类人，他们都是中国社会的"王"，都是中国历史的主宰者，也是中国历史的牺牲者。《铸剑》表现的就是这三个"王"的关系。

在这里，我们不可能将鲁迅全部小说的哲理模式全部总结出来，但肯定地说，这种事件的隐喻义同事件本身同时参与小说结构图式构成的特征，是全部鲁迅小说的一个根本的特征。这使鲁迅小说在中国小说史上成了一系列新的小说模式的创造者，这些模式几乎就是中国现当代小说的各种原型模式。鲁迅小说长盛不衰的生命力，大半因为它的这些结构模式的建立。

五

　　鲁迅小说的哲理意义是在小说的整体结构模式中呈现出来的，是因其共时性的隐喻意义拓展开来的。但小说是一种语言的艺术，语言的艺术则是一种时间的艺术，语言的结构功能是在纵向的组合关系中被具体地构成的。在这里，存在的是一个艺术的时空结构的问题。

　　在我们具体运用西方叙事学理论分析鲁迅小说之前，我认为，首先注意到中国固有的时空观念与西方时空观念的不同是十分必要的。关于这一点，张东荪曾有一个概括的说明：

> 　　中国人所追求者不是万物的根底，而是部分如何对于整体的适应。这就是所谓天与人的关系。所谓适应就是天人通，中国思想始终可以"天人关系"四字概括其问题。
>
> 　　中国人既承认整体，故对于空间不会认为是普泛的，所谓空间乃只是"相对的位置"（relative positions）而已。时间亦决不会认为是永远直流下去的，而只是周期性的变化罢了。我在上文已说过，空间成为"中外等级的程序"（heirarchical order），时间成为周期轮换的秩序（pereodical order）。这些都与社会政治有直接关系，前者足以助社会之有阶级与身份，后者足以解释政权之有代替（即革命）。故严格讲来，中国思想上只有"转换"（alternation）而没有变化（change）。因此中国思想不注重于"进展"（progress）。其故由于中国人不视时间为直流下去的，乃只是分期轮替出现的。同时空间亦不是均同普遍的，故不能把空间从时间上抽除出来。因此进展颇有困难，致不可能了。
>
> 　　根据中国思想上不重个体之故，所以中国政治上没有民主。且中国始终承认有轮替的变化，故不怕人民受压迫。民主的要求（须知

立宪政体在其初乃是君民共治）自不会起来。①

我认为，只有认识到中国传统时空观念的特点，我们才能更清晰地感受到鲁迅小说时空结构的特点。可以说，鲁迅是追求变化，追求发展的少数近现代知识分子之一，他对自己读者的选择也是在这样一个意义上设定的，这就使作者和读者在感受上找到了同一的时间尺度，但他们共同面对的却是一个只有"轮换"没有"发展"的社会群体。在这里，就有了两种时间观念的冲突和纠缠。一个是企盼变化与发展的作者和他的读者的时间观念，这种时间观念通过小说的叙述者以不同的形式带入到小说的叙事之中去，而另一个是只有"轮换"意识没有"发展"观念的社会群体的时间观念以及由他们构成的现实社会现实状况。这两种不同的时间观念始终在鲁迅小说中纠缠着，冲突着。它具体表现为小说中的两条情节线，这两条情节线是在不同的时间向度上以不同的速度、节奏和频率进行的。在这两条情节线中，有一条是转换迅速、发展迅疾、节拍细碎、频率很高的情节线，它的起讫全部包含在小说的内部，其时间的长度与小说叙事时间的长度是基本相等的，带有很强的客观色彩，它体现的是有转换但没有发展的社会状况；另一条线是转换缓慢或根本没有转换，发展迟滞或根本没有发展，只有很少的一二个节拍，频率极低的情节线，它的起讫并不全部包含在小说之内，甚至只有极少的几个线头，其时间的长度是不确定的，其结局是模糊不清的，至少是无法计量的，其长度极大地大于叙事时间的长度。这是体现作者和读者的时间观念的一条情节线，是他们对于真正发展变化的一种企盼，一种渴望，带有很强的主观性色彩。从小说叙事的角度，后一条情节线是包含在前一条情节线之中的；从小说的意蕴的角度，前一条情节线是包含在后一条情节线之中的。这种互相包含的关系体现的是作者和读者被社会现实所约束同时社会现实又必须被作者和读者所改造的关系。我们过去分析较多的是《药》，实际上，几乎所有鲁迅小说中都有或明或暗的这么两条情节线。

---

① 张东荪：《中西思想之根本异点》，载《理性与良知——张东荪文选》，上海远东出版社，1995，第289—290页。

鲁迅小说的叙事艺术

《药》中的两条情节线分别是：

1. 华小栓病死的情节线：华老栓买人血馒头——华小栓吃人血馒头——茶客们谈人血馒头——华小栓死了，华大妈去上坟；

2. 夏瑜为革命献身的情节线：夏瑜被杀——追叙夏瑜在狱中的表现——夏大妈上坟，提出害死夏瑜的人"将来总有报应"的问题。

前一条情节线是自我封闭的，华小栓吃了人血馒头，没有治好自己的病，死了，连他的母亲也感到事情已经结束，没有留下需待解决的问题；第二条情节线则是开放的，这条情节线上的事件还刚刚开了个头，如果说情节的作用之一就是使"真相大白"，这里实际上还远远没有达到真相大白的程度。一切都还是模糊的，不清晰的，不但小说中的人物对夏瑜都还没有一个起码的了解，就是作者和读者也很难预测这件事的最终的结局是什么样的。它反映的是作者和读者对于真正变化的企盼，对于真正发展的渴望。

从整个小说的叙事特点来看，在前一条情节线上转换迅速，描写细致，在每个大段落之中时间是前后蝉联的。后一条情节线只是这条情节线上的几个环节。夏瑜被杀是从华老栓拿到人血馒头的一个细节中暗示出来的。他的被捕和在狱中的表现是在茶客谈论人血馒头的过程中附带交代出来的，只有到了最后一段，它在小说中的地位才超过了前一条情节线中的华小栓，但也只是包含在两个老妈妈上坟的共同行动中。但从小说的意蕴的角度，前一条情节线又是包含在后一条情节线之中的。夏瑜革命——夏瑜牺牲——革命者在未来的命运，前一条情节线在作者和读者的关注中只属于中间这个环节上的一个插曲，小说提出的问题远没有结束。

要分析鲁迅小说的时空结构，《药》是典型的，《示众》更是典型的。《示众》简直可以认为就是一个赤裸裸的时空结构。它实际也是两种时空观念的变奏，也有两条情节线索。一条是"看者"的情节线，一条是"被看者"的情节线。从作者和读者的角度，"看"，就是要从对象中看出意味来，这里的"看者"始终没有从"被看者"身上发现出什么有意味的东西来，小说叙述得更多的倒是"看者"和"看"，"看者"反倒成了作者和读者的"被看者"。从"看者"的活动而言，这篇小说是有时间的，画面迅速转换着，时间迅速流逝着，动作一个接着一个，而从"被看者"的意味的发现而言，它则是没有时间的。那个被示众的人的"形象"始终还是一种"形象"，他的动作极少，但每一个动作都似乎要显示出某种意味来，这种意味到最后也没有呈现出来。他简直是一个没有内容的凝固了的时间的象征。是一个只有开头没有结尾的时间，没有长度的时间，人们到最后对这个"被看者"仍然是一无所知。在这条情节线上，小说已经开始了叙述的事件并没有结局，而在另一条情节线上，事件却是有起有迄，已经完成了的。小说的开头和结尾直接相连，构成了一个密闭的系统。但结尾只是开头的直接的回归形式，似乎小说所描写的事件并没有占有任何的时间。它的起迄对于这个生活环境没有任何的意义。从艺术创造上而言，鲁迅在《示众》中所做的，正像一个画家在创作图画时所做的。画家一笔一笔画下去，是有时间先后顺序的，但最后完成的却是一个没有时间先后顺序的画面。这个画面没有时间性，而只有空间性。与《示众》极为相似的还有《风波》，"风波"发生前与"风波"发生后的鲁镇没有任何的变化，它完成的只是一个场景描写，构成的只是人物与人物的关系图。其实连这种关系也和平时没有区别，只是在这时得到了公开的表现罢了。《风波》的两条情节线一是赵七爷报私仇的情节线，一是张勋复辟的情节线。就小说的叙事结构而言，张勋复辟是包含在赵七爷报私仇的过程之中的，就小说的意蕴而言，赵七爷报私仇又是包含在张勋复辟的过程之中的。这种互相包含的关系实际也是小说隐喻义与转换义的相互包含的形式。在《阿Q正传》中，有一条阿Q的"行状"的情节线，也有一条革命的情节线；在《肥皂》中，有一条四铭潜意识心理的变化线，也有一条由旧学到新学、由皂荚子到肥皂的变化线；在《补天》中，有一条女娲补天造人的情节线，也有一条"人"毁灭女娲创造成果的情节线；在《补天》中，有英雄羿落魄的一条情节线，也有嫦娥奔月的一条情节线……我们之所以把所有这一切都视为两条情节线而不视为对立统一的一条情节线，是因为它们分别处在两个不同的层面上，构不成直接对立的关系；它们是不同时空中的事件，而不是同一时空中的事件。夏瑜的革命是在民族时空中发生的事件，华小栓的病死是在家庭时空中发生的事件。在这两个时空结构中，有着完全不同的价值观念和价值标准，它们既没有同一性也没有直接的对立性；在

《补天》中，女娲与那个讲道学的"小人儿"无话可说，二者所关心的不是同样的东西。我认为，只要认识到这一点，我们就会感到，鲁迅小说的叙事方式在表面看来是非常简单的，而在实质上是非常复杂的。它的复杂性首先是由两个不同层面的情节线的交织造成的。

六

对于鲁迅小说的叙事顺序，我们过去谈得是比较多的。但我认为，至今我们还更多的是着眼于它的形式的本身，着眼于它的纯技巧的意义，而较少考察这种"形式"本身的意义。

首先，鲁迅小说在叙事顺序上的变化体现了中国小说在时态上由过去时向现在时的基本形态的转变。

汉语的句法结构，不像西方语言那样有着十分明确的现在时、过去时和将来时的划分。它的时态是通过篇章结构表现出来的。一般说来，中国古代的诗歌（包括那些吊往怀古的诗歌）和散文（包括除历史散文之外的大多数文学散文和论说文）是现在时的，抒现在之情、议现在之事是中国古代诗文的主要特征，而中国古代小说则和中国古代的历史作品一样，大都属于过去时。在中国古代，小说和故事是不可分的，而汉语中的"故事"就是"过去发生的事"，是过去时的。这和西方小说的观念有相同之处也有相异之处。西方小说既与历史有关，也与戏剧有关。小说和戏剧同属叙事文学，而戏剧不论是现实剧还是历史剧，都是现在时的，是在舞台上作为即时性的事件进行演出的。当小说把所叙之事不是作为过去发生的事件而是作为即时性地予以叙述的事件来意识的时候，不是仅仅作为实在发生的事件而是作为由作者虚构出来的一个想象中的世界进行叙述的时候，小说的基本形态就不再是过去时的，而成了现在时的了。毫无疑义，鲁迅小说是直接受到西方小说的影响的，他对中国小说的革新是在西方小说的影响下实现的。这同时也把中国古代以过去时为主要叙事时态的小说变成了以现在时为主要叙事时态的小说。鲁迅小说已经不是作为已经发生过的实在事情的"真实"的转述，而是作为作者艺术地建构起来的一个个想象的世界。在这里，已经不存在事先早已存在的某个"故"事，即使有，那也只是作者赖以进行小说创作的素材，而不是作者所必须真实地进行转述的对象。作者不是处在一个真实事件和小说成品的中转站上，而是作者的想象就是小说的发源地。作者就是小说的生产者，他从事的是由无到有的创造，而不是由有到有的加工。从这个意义上，我们同时也可意识到，中国古代有叙事技巧，而没有叙事学。当故事是已有的，作者的任务只是如何把它讲得更生动、更吸引人的时候，存在的只是一个叙事技巧的问题。只有小说在整体上被视为作者的艺术创造的时候，才有一个小说的叙事学的问题。对于前者，作者只是一个修理工，他需要的是修理技术而不是整体的建筑学；对于后者，才有一个建筑学的问题，因为作者要对建筑物进行整体的设计与构造。也就是说，只有到了鲁迅这里，叙事顺序的问题才真正被提高到了一个叙事学的高度。它不再仅仅是技巧，而同时还是贯彻整体设计"思想"的一种"形式"。在鲁迅小说里，不论是顺叙、倒叙或插叙，都不再只是事件自然发生发展的流程，而是艺术家为了表现的需要而进行的一种艺术的设计。它是"艺术"的，不是"实在"的。我认为，认识到这一点，是理解鲁迅小说叙事时间特点的一个关键。

中国古代小说主要是过去时的，所以它们的叙事的始点在过去，终点也在过去，是从更远的过去向更接近现在的过去迤逦而来的形态。它们一般首先交代事件发生的时间，哪个朝代或哪个年代，而后依照时间的先后叙述故事的来龙去脉，只有作者和讲述者才立于现在时的时态上对所叙人物和事件进行评论或介绍，而事件本身都只是在过去的时态中进行的。在很少的情况下，作者也用倒叙和插叙，但在过去时的背景上，倒叙反映的只是作者或讲述者与过去已经发生的事件的关系，而不是小说主人公与事件的关系。它们的插叙更多的只是对故事牵涉到的人或物的来由的补充交代，而不是小说主航道的构成成分。鲁迅小说的基本时态是现在时的，所以它的叙事顺序是依照从现在或向过去、或向将来伸展的形态。从现在回向过去，就是倒叙；从现在到现在的伸展，与时间同步发展，就是顺叙。插叙不再主要是离开小说的主航道对小说人或物的来由的补充说明，而成了主航道的组成部分之一。

要说明鲁迅小说中的顺叙的意义，我们最好以《故事新编》中的小

鲁迅小说的叙事艺术

说为例。它们是以中国古代神话传说和历史人物故事为题材的。就其题材，它们是过去时的。但这只是它们的题材，而不是小说本身。小说本身的叙事则是现在时的。

> 女娲忽然醒来了。
> 伊似乎是从梦中惊醒的，然而已经记不清做了什么梦；只是很懊恼，觉得有什么不足，又觉得有什么太多了。煽动的和风，暖曛的将伊的气力吹得弥漫在宇宙里。
> （鲁迅：《补天》）

> 聪明的牲口确乎知道人意，刚刚望见宅门，那马便立刻放慢脚步了，并且和它背上的主人同时垂了头，一步一顿，像捣米一样。
> （鲁迅：《奔月》）

> 这时候是"汤汤洪水方割，浩浩怀山襄陵"，舜爷的百姓，倒并不都挤在露出水面的山顶上，有的捆在树顶，有的坐着木排，有些木排上还搭有小小的板棚，从岸上看起来，很富于诗趣。
> （鲁迅：《理水》）

> 这半年来，不知怎的连养老堂里也不大平静了，一部分的老头子，也都交头接耳，跑进跑出的很起劲。只有伯夷最不留心闲事，秋凉到了，他又老得很怕冷，就整天的坐在阶沿上晒太阳，纵使听到匆忙的脚步声，也决不抬起头来看。
> （鲁迅：《采薇》）

> 眉间尺刚和他的母亲睡下，老鼠便出来咬锅盖，使他听得发烦。他轻轻地叱了几声，最初还有些效验，后来是简直不理他了，咯吱咯吱地径自咬。他又不敢大声赶，怕惊醒了白天做得劳乏，晚上一躺就睡着了的母亲。
> （鲁迅：《铸剑》）

老子毫无动静地坐着，好像一段呆木头。

(鲁迅：《出关》)

子夏的徒弟公孙高来找墨子，已经好几回了，总是不在家，见不着，大约是第四或者第五回罢，这才恰巧在门口遇见，因为公孙高刚一到，墨子也适值回家来。他们一同走进屋子里。

(鲁迅：《非攻》)

这是一种现在时的叙事，而不是过去时的叙事。作者是把它们作为"现在"正在发生的事件进行叙述的，而不是作为"过去"已经发生的事件进行叙述的。其中的人物像在舞台上的历史人物一样，进行的是即时性的演出，其动作是现在时的。"女娲忽然醒来了"而不是"女娲在当时醒了过来"；"老子毫无动静地坐着"而不是"当时的老子正毫无动静地坐着"，它们没有交代事件具体发生的客观时间，它们在小说里都是正在发生着的，而不是已经发生过了的。像"这时候""这半年来"一类的词语都使作者、叙述者、读者共存于同一时空，共同注视着眼前正在发生的事件，并随着小说从现在到现在一步步地看完事件的整个过程。正像在日常生活中我们永远活在今天，在鲁迅的顺叙小说中，我们也永远立于现在。这里没有任何思古之幽情，只有对小说世界的体验和观赏。它们不再是古代的神话、传说和人物故事，而是当代人想象中的世界。它们不再是历史性的，而是戏剧性的，像是古代人在我们面前的舞台上给我们表演自己。这种戏剧性的叙事方式更因《起死》给了我们一个确切的证明。《起死》的戏剧性的改编同以上的小说性的改编在性质上没有什么不同。《起死》是戏剧也是小说，另外七篇是小说也是戏剧。想象中的空间是小说人物的舞台，小说中的行动描写是戏剧中的表演，小说中的人物语言是戏剧中的对白。它们的顺叙方式就是随着时间的推移逐渐展开戏剧情节的方式。所有这一切，都不再是古代小说的讲故事的方式了。

鲁迅小说的这种永远现在时的时态特征，并不是说没有过去、当前和未来的区别，而是它们都有了新的不同于过去的内涵。在我们的现实人生中，我们永远不可能生活在过去，也永远不可能生活在未来，我们

鲁迅小说的叙事艺术

只是生活在现在。但这并不说明我们没有过去、当前和未来的观念。我们的过去实际只是现在的过去,我们的未来实际只是现在的未来,我们的当前实际只是现在的当前,是我们立于现在而产生的不同时间感受。过去就包含在现在,未来也包含在现在,当前更是包含在现在的。它们是由现在的不同事物、由人的不同言语、行动和思维活动产生的不同的时间感觉。我认为,鲁迅小说时序变化的特征就是这样建立起来的。在鲁迅小说里,不论是过去和未来,都是现在时的时间流程中的一个内容,一个有机组成部分,而不是离开现在而独立存在的。

> 我回到四叔的书房里时,瓦楞上已经雪白,房里也映得较光明,极分明的现出壁上挂着的朱拓的大"寿"字,陈抟老祖写的;一边的对联已经脱落,松松的卷了放在长桌上,一边的还在,道是"事理通达心气和平"。我又无聊赖地到窗下的案头去一翻,只见一堆似乎未必完全的《康熙字典》,一部《近思录集注》和一部《四书衬》。
>
> (鲁迅:《祝福》)

这是现在时的,但在现在中却充满了过去的遗迹。你感到了过去对现在的压迫和现在对过去的嘲讽。这种现在与过去的冲突也正是这段现实环境描写充满艺术韵味的主要原因。

> 我要向着新的生路跨进第一步去,我要将真实深深地藏在心里的创伤中,默默地前行,用遗忘和说谎做我的前导……
>
> (鲁迅:《伤逝》)

这也是现在时的,但在现在中充满的是对未来的期待。未来似乎就要冲破现在的束缚而冒出自己的新芽,但现在仍是现在,它压抑着未来,束缚着未来,使这未来仍然只是涓生的一种愿望,一种决心,一种未必真能实现的理想。这种未来即将涨破现在的禁锢喷薄而出的感觉也正是鼓涨了我们心灵的东西。它的艺术性是在现在与未来的紧张关系中孕育着的。

在鲁迅的小说里，现在实际只是过去、当前和未来的角逐场。如果说过去是黑色的，当前是灰色的，对未来的理想是光亮的，那么，在鲁迅小说的"现在"的画布上则有所有这些光点的跳跃闪烁。也正是这些光点的不同组合在鲁迅小说中构成了两条或多条的情节线。如上所述，在《风波》中，存在着"张勋复辟"同"赵七爷报私仇"两条不同的情节线，但这两条情节线上的各个不同的时点又都是撒落在现在时场景叙述的不同皱褶之中的，它们在读者的意识中被重新组合起来，就有了两个不同的时间系列，一条是张勋复辟的时间序列，一条是赵七爷报私仇的时间序列。这两个时间序列之间有一个时间差，它就是发生在社会政治中心的政治变动的信息传到鲁镇所需要的时间。它们的时间关系如下图：

革命	张勋复辟	复辟失败
七斤被剪了辫子	风波（赵七爷来报私仇）	风波停息
七斤曾骂赵七爷是"贱胎"		

小说的实际叙事时间实际只是"风波"（赵七爷来报私仇）——风波停息。其余的各种不同的时间因素都是在这样一个现在时的时间中追述出来的。整个张勋复辟的过程在《风波》中都是倒叙出来的，而七斤被剪了辫子和七斤喝醉了酒，曾骂赵七爷是"贱胎"则是插叙出来的。只不过这些时间因素比较散碎，只是一些时间的光点，没有占用更多的叙事时间罢了。当倒叙的内容成了小说的主体部分，需要更长的叙事时间，顺叙便变成了倒叙；而插入的内容需要较长的叙事时间，也就成了我们所说的插叙。总之，至少在鲁迅小说里，倒叙和插叙只是顺叙的变化了的叙事形态，它们的作用只是把过往的事件转化为现在时态的方式。

我们过去常常笼统地谈论《祝福》的倒叙手法，实际上，《祝福》既可说是倒叙的，也可说是顺叙的。就其表现祥林嫂悲剧命运而言，它是

鲁迅小说的叙事艺术

倒叙的,但《祝福》却并不仅仅是表现祥林嫂的悲剧命运的。这我们可以从鲁迅的小说与夏衍的电影改编的比较中感受得出来。当夏衍把《祝福》仅仅作为祥林嫂悲剧命运的表现的时候,它的意蕴单薄化了,它的主题与后来大量反映下层人民苦难生活的作品没有了根本的区别,其中的基本人物关系也发生了重大的变化。"我"与祥林嫂的关系不存在了,鲁四老爷只成了压迫、剥削祥林嫂、导致她悲剧命运的地主阶级的代表人物,一个完完全全的反派角色。而在鲁迅的小说中,整个小说的构图却复杂得多,它不是由祥林嫂一个人的经历构成的,同时也是在"我"、鲁四老爷和祥林嫂三个主要人物的关系中构成的。正是在这三个主要人物的关系中,酝酿着小说的一个隐喻性的主题,即中国妇女苦难的拯救乃至人类苦难的拯救的主题。小说写了祥林嫂的苦难,但小说却不仅仅在于表现祥林嫂的苦难以引起读者的同情,同时还提出了她的苦难的拯救的问题。在这个意义上,"我"和鲁四老爷都是与祥林嫂自己同样重要的人物。祥林嫂不仅仅是一个苦难的被动的承受者,她始终反抗着自己的命运,企图自己拯救自己,但她却没有力量自救。最后她把自救的希望寄托在"知书达理"的知识分子"我"的身上,希望他能给她指出一条摆脱自己精神苦痛的道路,但"我"无力拯救她。在整个小说的过程中,他始终处在希望拯救祥林嫂但却无力拯救她的困惑动摇彷徨的心情之中。束缚着祥林嫂、决定着她的命运的不是"我",而是鲁四老爷所代表的整个鲁镇的思想观念。"我"对笼罩在鲁镇上空的这种自私、狭隘、保守、守旧的精神氛围没有办法,对祥林嫂的苦难也就没有拯救的力量。"解铃还需系铃人",只有鲁四老爷才能真正地拯救祥林嫂。他在鲁镇是有权威、有经济实力、"说话算数"的人,但他却是自私的,狭隘的,虚伪的,他根本不关心祥林嫂的命运。他关心的只是自己的财富、权力和威望。有权的能够拯救人民,但不关心人民的苦难,有良知的知识分子关心人民的苦难,但他们又没有拯救人民的实际力量。不难看出,人民需要拯救,但他们没有自我拯救的力量,有良知的知识分子同情人民的苦难,但找不到拯救人民的途径,有权有势的社会统治者能够拯救人民,但他们重视的只是自己的权力地位而并不真正关心人民的苦难。《祝福》表现的就是中国社会的这个根本矛盾。从这个意义上,《祝福》的倒叙就不仅仅是倒叙，它的第一部分不只是为了引出祥林嫂的悲剧的一生，祥林嫂悲剧的一生倒是对这个中心画面的必要的刻画和描绘。它是祥林嫂的一生经历，也是"我"对她的苦难一生的关切和同情的表现，同时也是鲁四老爷自私狭隘心理的写照。它出现在"我"的心理图像中，就事件本身，它在小说中是倒叙出来的，而就这个心理图像，却是顺叙过程中的一种精神现象，是"我"在得知祥林嫂死讯后的心理活动，它直接与小说的结尾相连，时间的流向并没有发生折转式的变化。小说始终是现在时的，祥林嫂的一生也只是"我"现在的回忆。

《狂人日记》的倒叙也不是纯粹意义上的倒叙。纯粹的"倒叙"是一种叙事策略，它是小说叙事结构的一个有机组成部分，但不是小说意义结构的构成成分。但《狂人日记》不是这样。我们常常争论小说中的"狂人"是不是一个疯子的问题。实际上，《狂人日记》没有前面的序言，小说中的"狂人"就不是一个疯子，而一旦有了前面的序言，小说中的"狂人"就是一个疯子。在这里，是一个从何种角度对他进行价值判断的问题，而不是纯粹的是与非的问题。在任何时代的任何种类的社会反叛者，在其自我对自我的意识中，都不是一个疯子；在现实社会的"顺民"的意识中，都是一个疯子；在一个尚没有形成固定的社会立场而仍在感受和理解社会的过程中逐渐形成自己的社会观念的人们的意识中，都无法确切地判定他是不是一个疯子。"大哥"就是一个现实社会的"顺民"，序中的"余"（"我"）就是一个尚没有形成固定的社会立场而仍在感受和理解社会过程中形成自己的社会观念的一个人，亦即我们前面所说的带有童心倾向的人。在《狂人日记》中，"狂人"是在"大哥""余"和"狂人"自己三种人的意识中的"狂人"，他们都在感受着他，也都有权对他做出自己的判断。当然，在小说中最有力的是"狂人"的日记，但日记本身仍不能全面呈现出他的社会面貌。只要意识到这一点，"大哥""余"这两个视角的作用就是不可忽视的了，而只有在小说的序言中，这两个视角才被独立出来，而后面的"日记"则是"狂人"自己意识中的自我。从时间上，"日记"所记自然是一种倒叙，但从"余"对日记的展示，则是序言叙事时间流程中的一个环节，一个"余"的动作行为，只是这个动作占用了更长的叙事时间。

鲁迅小说的叙事艺术

《伤逝》的倒叙也可以从两个角度进行把握。从纯粹叙事的角度，涓生的手记当然用的是倒叙的叙事方式，但这个倒叙却不等同于一般的倒叙，因为它是在涓生和子君的爱情悲剧结束之后由涓生自己对这个过程进行回忆，它的情感的色彩是以涓生现在的情绪为基调的，它的过程是在涓生现在的感受和认识的基础上得到呈现的，从这样一个角度，它的全部过程都是涓生现在情感、情绪和思想认识的表现，它是现在时的，不是过去时的。在这里发生的仍是过去、当前和未来的错综交织，而不仅仅是过去事件的客观追述。这正像一个小说家的创作活动，就其事件，他描写的是过去，就其创作，他的创作是一个当前的行为，是表现他现在的思想感情的。《在酒楼上》简直就是"我"和吕纬甫的一篇对话，只是吕纬甫说得多而"我"说得少，吕纬甫说的是他过去的经历和感受。作为对话看，它只是顺叙的，作为吕纬甫的回忆看，它才是倒叙的。《社戏》的倒叙和顺叙更是小说的两个不同的有机组成部分，前者写对都市戏剧的感受，后者写对民间戏剧的感受，二者只是在"我"的经历中有先后之分，而在意义上却是共时性的对照，而不是历时性的发展。插叙在鲁迅小说中更是被紧密地组织进现在时的顺叙过程之中的。在《故乡》中，假若"我"只是在回乡路上想起少年时的朋友闰土而并不展开具体的描写，它就只是"我"的心理描写而不被认为是插叙，而现在具体展开了对它的描写，就被我们视为一种插叙的写法。实际上，它仍然只是"我"的心理活动的展开的描写。与此同时，这个描写在整个小说中绝不是一种脱离小说主航道的补充交代，而是小说的主要的组成部分。

总之，在鲁迅小说中，叙事顺序成了整体小说设计的一种重要手段。它不仅仅为了叙事的方便，更因为小说意义的表现。它的总体特征是把过去、当时和未来都纳入现在时态加以表现，从而也加强了三个时态既在矛盾中统一，又在统一中斗争的张力关系，构成了紧张的平衡感和平衡的紧张感。而这恰恰是鲁迅小说的独有的魅力所在。

七

叙事时间是一种独立的时间概念，我更把它视为一种作者和读者感觉和感受中的时间。"要素的时间次序在我们心理生活中所起的重要作用，几乎不必特别强调指出。这种次序差不多比空间次序更重要。时间次序的颠倒比空间形式的上下颠倒在更大的程度上歪曲了一个过程。时间次序的颠倒简直造成一种不同的新经验。因此，言语与诗词中的词汇只能在体验到的次序中再现出来，而不能在它们一般具有迥然不同的意义、甚至丝毫没有意义的那种颠倒次序中再现出来。"①在这里，有一个故事时间与叙事时间的差别。在鲁迅小说中，实际是把已经发生的故事纳入现在的统一的感受中重新加以组织并予以叙述的，在小说中的过去、当前和未来的观念已经与现实生活中事件的时间顺序有了根本的不同，它揭示了现实生活本身所不可能揭示出的东西。与此同时，我们还必须区分主观的时间和客观时间。小说中的时间是感觉、感受中的时间，而不是外在于作者和读者心灵的时间。"既然我们只要有意识，就总是有时间的感觉，所以，很可能时间感觉是与那种必然同意识结合的有机消耗相联系的，我们感觉到注意力所做的功是时间。在努力注意时，时间对我们变长，在轻松工作时，时间则对我们变短。在知觉不敏的状态中，当我们几乎不注意我们周围的环境时，时间飞快地过去了。当我们的注意力完全用尽时，我们就入睡了。在不做梦的睡眠中也缺乏时间感觉。在昨天与今天之间通宵熟睡，昨天只是通过理智的纽带同今天联系起来，而不顾及不变的共同感觉。"②小说与所有的文学作品一样，是对读者现实生活中的时间感觉的一种麻痹，它重新组织时间，并使读者在小说的叙事时间中感到一种精神上的轻松愉悦。我认为，这其实是小说艺术最集中的体现。在艺术中，作者和读者更是通过这种主观时间的感觉联系在一起的。当作者关注的事物读者没有关注的兴趣的时候，读者感到疲惫，感到小说冗长拖沓；当作者不予关注的事物读者感到强烈的兴趣的时候，读者感到意犹未尽，感到小说逼促干燥。小说的雅俗是从什么中感到兴味的问题，小说的艺术是在同样严肃的题材中能不能唤起读者的

---

①马赫：《感觉的分析》，洪谦、唐钺、梁志学译，商务印书馆，1986，第189—190页。

②同上书，第193页。

鲁迅小说的叙事艺术

兴味的问题。小说的艺术就是时间的艺术，这个时间的感觉的问题是头等重要的问题。

叙事时间是由小说作者在空无中用言语创造出来的时间，它是在麻痹了读者对自己所在的现实环境和现实事物的时间感觉之后重新产生的，是由作者的叙述活动重新创造出来的。在这里，艺术的手段其实就是创造时间的手段。小说的描写是把空间的感觉转化为时间的感觉。小说的抒情和议论是把心理的活动转化为时间的感觉。在实际生活中，空间环境是不占有时间的，心理活动只占有极短暂的时间，并且是跳跃闪烁的，而在小说中，它们都必须通过言语的时间性被表现出来，而言语的时间是彼此蝉联的，没有间断的。叙述的内容在现实生活中也是占有时间的，它有时间的长度，但在小说中，它已经不是行动所需要的时间，而是言语所需要的时间。它用言语及其时间给读者造成实际活动所需时间的幻象。这三种不同艺术手段的交替使用，作者把小说的叙事构成一个时间的过程，构成一个时间感觉中的乐章。其中有止有行，有缓有急，有强有弱，有直泻有旋流，有连续有跳跃，造成小说流动的美。在我们回想鲁迅小说时，它们是一幅幅图画，我们感到的主要是空间感，是静态中的动态，而在我们实际阅读鲁迅小说的时候，它们则是一首首的乐章，我们感到的主要是时间感，是动态中的静态。鲁迅小说像所有优秀的小说创作一样，实际是在时间中构成的空间的图画，而这些空间的图画又具有流动的美感。

> 这园大概是不属于酒家的，我先前也曾眺望过许多回，有时也在雪天里。但现在从惯于北方的眼睛看来，却很值得惊异了：几株老梅竟斗雪开着满树的繁花，仿佛毫不以深冬为意；倒塌的亭子边还有一株山茶花树，从暗绿的密叶里显出十几朵红花来，赫赫的在雪中明得如火，愤怒而且傲慢，如蔑视游人的甘于远行。我这时又忽地想到这里积雪的滋润，著物不去，晶莹有光，不比朔雪的粉一般干，大风一吹，便飞得满空如烟雾。
>
> （鲁迅：《在酒楼上》）

老梅、山茶树、积雪都是在空间中共时性存在的事物，在视觉中是一次性呈现的画面，但在小说中，它们的呈现却是历时性的。这种历时性的呈现同时造成了时间的感觉。画面转移的缓慢，句式的悠长，给人造成的不是时间上的急促变化，而是时间的悠长舒缓。它用言语创造出了一段时间，这个时间是与"我"进酒楼后最初的那段等待的时间相对应的。但这个时间却不是实际的时间，也不是阅读这段描写所需要的时间，而是这段描写令我们产生的时间感觉，是在作者和读者主观感受中存在的时间。

抒情和议论在现实生活中是人的心理活动，它实际只占有极短暂的时间，并且它们在心理活动中往往是无序的，其时间的表现是极不稳定、极难把捉的。而在小说中，它则取得了有序性，取得了确定的时间长度。也就是说，它已经不是现实生活中的实际时间，而是作者在小说中用言语创造出来的时间。鲁迅《故乡》结尾一段的夹叙夹议，既不是"我"离开故乡时所占有的实际时间，也不是他的心理活动所占有的实际时间，而是作者重新创造出来的。它的节奏、韵律、长度、强度，造成的是悠长沉郁的音乐感觉。显而易见，它是《故乡》这篇小说整个乐章中的一部分。没有这个部分，《故乡》这篇小说就像是被淤塞了的一个河道，而一旦有了这个结尾，好像小说所叙事件的意义就顺着这个河道继续流动起来，并且流向了我们看不到的地方。这是叙事时间的作用，正像一首歌，即使我们忘了它的歌词，只要哼哼出它的曲调来，就感到了一种心理上的满足感。《故乡》结尾这段夹叙夹议的文字，起到的是同样的效果。也就是说，作者创造出了这段时间与没有创造出这段时间是大不一样的。

"先生今天好像不大高兴，"庚桑楚看见老子坐定了，才站在旁边，垂着手，说，"话说得很少……"

"你说得对。"老子微微地叹一口气，有些颓唐地回答道。"可是你不知道，我看我应该走了。"

"这为什么呢？"庚桑楚大吃一惊，好像遇着了晴天的霹雳。

"孔丘已经懂得了我的意思。他知道能够明白他的底细的，只有我，一定放心不下。我不走，是不大方便的……"

鲁迅小说的叙事艺术

"那么,不正是同道了吗?还走什么呢?"

"不,"老子摆一摆手,"我们还是道不同。譬如同是一双鞋子罢,我的是走流沙,他的是上朝廷的。"

"但你究竟是他的先生啊!"

"你在我这里学了这许多年,还是这么老实,"老子笑了起来,"这真是性不能改,命不能换了。你要知道孔丘和你不同:他以后就不再来,也再不叫我先生,只叫我老头子,背地里还要玩花样子呀。"

"我真想不到。但先生的看人是不会错的……"

"不,开头也常常看错。"

"那么,"庚桑楚想了一想,"我们就和他干一下……"

老子又笑了起来,向庚桑楚张开嘴:

"你看,我牙齿还有吗?"他问。

"没有了。"庚桑楚回答说。

"舌头还在吗?"

"在的。"

"懂了没有?"

"先生的意思是说,硬的早掉,软的却在吗?"

"你说得对。我看你也还不如收拾收拾,回家看看你的老婆去罢。但先给我的那匹青牛刷一下,鞍鞯晒一下。我明天一早就要骑的。"

(鲁迅:《出关》)

这主要是一段人物间的对话。这个对话过程本身就需要一定的时间,它同读者阅读它时需要的时间基本相同。它是记叙性的,而不是描写性的。它记叙的就是一个在时间过程中有序地发生的事情,而不是在空间中一次性地展开的东西。但即使如此,它仍是由作者创造出来的时间。在这里,时间的创造就是艺术的创造。显而易见,假若仅仅为了表现老子对孔子的看法,小说是可以有多种表现形式的。它可以用概括介绍的方式,可以用老子的心理描写的方式,可以用间接引语的方式,也可以用现在这种对话的方式。即使运用对话的方式,其实也有多种不同的设计,例如当中插入更多的景物、环境、人物动作和表情的描写,把两个人物间的对话间隔成不相连贯的过程，也可省略掉一些对话从而把叙事时间缩得更短；可以用二人对话的方式，也可用多人对话的方式。这诸种处理的方式在思想意义上是可以基本相同的，它们之间的差异仅仅在一点，即时间感觉上的不同。任何一种其他的表现方式都不会造成像现在这样的时间的感觉。它不是更长，就是更短；不是更舒缓，就是更迅疾；不是更微弱，就是更高亢；不是更流利，就是更涩滞。总之，小说的叙述应是言语的乐章，而不仅仅是言语。在小说中，言语要为自己谱上曲子。

鲁迅小说风格的多样性，在很大的程度上就是这种音乐感觉上的多样性。《狂人日记》和《长明灯》是不同的，《孔乙己》和《白光》是不同的，《药》和《风波》是不同的，《明天》和《祝福》是不同的，《肥皂》和《高老夫子》是不同的，《在酒楼上》和《孤独者》《伤逝》是不同的，《补天》和《铸剑》是不同的，《奔月》和《理水》是不同的……所有这些不同，不仅仅是思想内涵的不同，同时也是音乐曲调的不同。有的小说家一生只写一种曲调的小说，他们把所有的歌词都纳入一种曲谱之下来演唱，甚至一个时代的小说家共用一种曲谱，而鲁迅不是这样的小说家。他是为中国小说创造新曲谱的作家。

八

西方的叙事学家不是把小说视为一种确定不移的结构，而是视为由各种不同的"符码"编织起来的一个网络。"在符号学中，符码就是符号系统中控制能指与所指关系的规则。所谓符号是指信息的发送者按照一定的规则（符码）把他要传达的意义转换成某种特定的信息，而符号信息的接受者又依据同一套符码把这一信息转换成他能够接受和理解的意义，发送者进行的工作称为编码，接受者进行的工作称为解码。"[①]巴特在其《S/Z》一书中把符码分为行动符码、义素符码、阐释性符码、象征符码和指涉性符码（又称文化符码）等五种。在鲁迅小说中，它们之间

[①] 罗钢：《叙事学导论》，云南人民出版社，1994，第236页。

的区分是非常困难的。有的行动符码同时也可能是象征符码,有的阐释性符码同时也可以是指涉性符码,不同的读者可能有不同的解读方式,因而同样一个符号或符号系统有可能被接受者当作不同的符码来解读。在这里,我只以一个读者即解码者的身份对鲁迅《孔乙己》的信息转换成我能够理解的意义,并以此感受鲁迅小说之能够被不同时代的读者按照自己的方式进行理解的奥秘。

《孔乙己》是以"鲁镇的酒店"为背景的。它同时也是这篇小说创造的一个完整的艺术世界。整个鲁镇的人物除妇女之外都可以被集中到这个酒店中,它是一个男性的社会,而中国古代社会也就是一个男性的社会。我作为一个当代中国的读者,在潜意识中关心的就不是鲁迅那时"鲁镇"这样的小镇,更不是鲁镇的这个"酒店",它使我同时想到现代都会的大饭店、大酒楼。在规模上,在繁华程度上,"鲁镇的酒店"当然无法同现代都会的大饭店、大酒楼同日而语,但它作为一种符码,是卖者—商品—买者三者关系的结合形式,使我可以通过我的实际人生感受和社会感受理解《孔乙己》这篇小说中的"鲁镇的酒店",使这个酒店在我的头脑中闪现出它可能有的意义,而当我把"鲁镇的酒店"作为当时鲁镇整个社会的一种缩影形式的时候,我也就可以把作为当代社会的一种缩影形式的现代都会的大饭店、大酒楼作为"鲁镇的酒店"的转换形式了。鲁镇的酒店是个小酒店,现代都会的大酒店、大饭店是规模更大的酒店和饭店,二者的联系在哪里呢?在于作为酒店、饭店的这样一些商业机构的结构形式。鲁迅在《孔乙己》中首先交代了"鲁镇的酒店"的"格局"。这个"格局"就是它的"结构"。在构成"鲁镇的酒店的格局"中起着关键性作用的是"当街的一个曲尺形的大柜台"和"隔壁的房子"的"壁"。它们共同把"鲁镇的酒店"分割成了截然不同的三个部分:一是柜台外的部分,它是"短衣帮"顾客站着喝酒的地方;二是柜台里放热水的地方,它是酒店经营者——酒店"掌柜"和他的伙计们活动的地方;三是"店面隔壁的房子",那是"穿长衫"顾客坐着喝酒的地方。这三个部分,在小说里的表现是不一样的。小说主要写的是短衣帮站着喝酒的柜台外的情景。这个部分我们看得最清楚,这里的人的活动,他们的言行表现都是直接呈现在我们面前的。柜台里和柜台外是不一样的，在柜台外我们有时无法发现卖酒人在酒里做的手脚，但我们知道它是会做手脚的，在酒里是常常羼水的，只是我们不容易发现罢了。那个小伙计就是因为往酒里"羼水"的技能不过关而无法得到掌柜的器重而只能专管"温酒"的工作的。至于"店里隔壁的房子"里那些"穿长衫"坐着喝酒的人们，在小说里是没有具体的描绘的，它被一堵墙壁永远隔在了我们的视线之外。我们看不到屋里的布置，听不到里面的人说话的声音，我们只能通过短衫顾客的议论知道那些理应属于长衫顾客的人们（例如丁举人、何大人）的点点滴滴的消息。甚至连这些消息的确实性也是无法得到证明的。我没有在鲁迅生活过的那个年代生活过，没有去过"鲁镇的酒店"，但我对"鲁镇的酒店的格局"却并不陌生。因为直至现代都会的大饭店、大酒楼，在总体格局上仍有这么三个不同的部分。一个部分是一般顾客可以进出的地方，一个部分是饭店、酒楼的经理和他的工作人员活动的场所，而像总统套间和被要人预租下的"包间"，我们是进不去、也无法看到内里的真实情况。它留给我们的是一点神秘，一种想象，一个无法洞穿的黑洞。在这里，仍然存在着一些有形或无形的"曲尺形的大柜台"，仍然存在着一些有形或无形的"墙壁"。"曲尺形的大柜台"的特点是把不同的人隔离在不同的空间，但又使你可以通过柜台与之进行接触，发生实际的关系。它的隔离作用是半遮半掩的。而"墙壁"则不但把不同的人隔离在不同的空间，而且使他们彼此无法看到和听到，是全遮全掩的。在这时，我们同时又会感到，这也是我们感受中的整个世界、整个社会的结构。在我们的世界上，在我们的社会上，也有这三个不同的世界。这三个不同的世界是被一些无形的"曲尺形的大柜台"和无形的"墙壁"隔成的。有一些场所我们是可以自由出入的，在这些地方生活着的是大量的普通社会成员，是农民，工人，职员，市民，我能生活在他们中间，在近距离上看到他们，听到他们，知道他们怎样生活，怎样说话做事，怎样对待自己周围的世界。不论我感到他们亲切也好，不亲切也好，对他们满意也好，不满意也好，但我却看得清，听得明。他们是无遮无盖的，即使他们想遮盖也遮盖不住。与这个世界相对的还有另一个世界，一个在无形的"曲尺形的大柜台"后面的世界。这个世界我能看得到，但却进不去。那是一个经济的世界，商业的世界，大亨们的世界。对它，我有一个明确的观念，即知道它是以经济利益为目标的，以追逐商业利润为准则的。我理解它，但却无法完全地信任它。它可能在卖给我的商品里掺了假，我从它那里买到的可能是一些假冒伪劣产品，但我却没有这么高的识别能力，不知道它是怎样实际地进行运作的，极力想发现而永远不可能发现它的所有的破绽。我们和它永远处于相互依赖而又相互进行智力斗争或智力游戏的关系中。普通社会群众和商业家时时发生着关系，但二者却不可能达到完全的相互信任。除此之外，还有一个我们根本无法进入也无法实际地看到或听到的世界。这个世界对我是神秘的，我不但不知道那个世界里的人怎样生活，怎样说话，怎样行动，怎样思考，而且对它也没有一个统一的整体的观念。它对我是完全封闭的，用四堵墙把我隔离在了它的外面。进出它的门要有一定的资格，而像我一样的绝大多数人却没有这样的资格。我只能知道这个世界的存在，只能从这个世界的外部看到它，但却看不到它的内里的情形。我也常常从老百姓的议论中听到关于它的点点滴滴的消息，但这也是靠老百姓对这个世界的想象传达出来的，由他们的观念过滤了的。我无法根据这些点点滴滴的消息形成对于这个世界的完整清晰的观念，也无法判断这些点点滴滴的消息的确实性和可靠性。我感到《孔乙己》对于"鲁镇的酒店的格局"的描写与我的这种世界感受和社会感受特别吻合，并且我是依照这种感受解读小说中的这些符码的。在这里，"鲁镇的酒店的格局"、鲁镇社会的结构、小说作者生活的那个时代的世界和中国社会的结构、现代都会的大酒店、大酒楼的格局、我们生活着的世界和社会的结构，都在基本形式上有了同一性，"鲁镇的酒店的格局"有了各种不同的解码方式。而我们也就可以用我们能够理解的形式对它进行解读了。通过我们的解读，小说中的"鲁镇的酒店的格局"才重新获得了实际的意义和价值。

"鲁镇的酒店的格局"是由这三个部分构成的，而在这三个部分中活动着的则是三种不同的人。那个"曲尺形的大柜台"后面的世界是属于"掌柜"的。他是一个商业的经营者，是以追逐利润为主要目标的人。在"隔壁房子里"坐着喝酒的是"穿长衫"的顾客，是一些"阔绰"的有权有势的人。"掌柜"需要权力的保护，也需要从他们的消费中赚取更多的利润，他们不但"要酒"，而且"要菜"，所以"掌柜"对他们有特殊的尊重也有特殊的招待，那个小伙计因为"样子太傻"而没有资格侍候这些长衫的顾客。而柜台外站着喝酒的则是一些"短衣帮"的顾客，他们是以出卖劳力为生的人，是"做工的人"。他们也是消费者，但消费水平有限，有的只花几文钱买碗酒喝，有的多花一文买一碗"盐煮笋"或者"茴香豆"，至多再花十文买一样"荤菜"。"掌柜"对他们不用特殊地照顾，还要在他们的酒里"羼水"。因而他们对"掌柜"也是不信任、不客气的："他们往往要亲眼看着黄酒从坛子里舀出，看过壶子底里有水没有，又亲看将壶子放在热水里，然后放心。"他们对酒店掌柜并不那么敬畏，而从他们的谈话中则可以听得出，他们对像丁举人、何大人这样一些穿长衫的人则是有着更多的敬畏之心的。从这三种人的关系中我感到，"穿长衫"的人是在鲁镇有权有势的人，他们得到包括酒店掌柜和短衣帮顾客的普遍敬畏。"掌柜"是做买卖赚钱的人，他的经营要获得穿长衫人的权势的保护，也需要穿长衫人的"高消费"，所以对他们要有特殊的尊重和照顾。"短衣帮"是靠劳力养家糊口的人，他们需要消费，但是消费水平极低，只是靠人数众多为酒店掌柜所无法忽视。穿长衫的靠"权力"，酒店掌柜靠"金钱"，短衣帮靠"劳动"。所以这三种不同人的关系实际也是权力、金钱和劳动之间的关系。到了我们的生活里，这三种人已经不是依照长衫、短衣这些过去的符号形式标志出来的，但我仍然能够感到这三种人的区别和联系。在现代的大款们的面前，所有的人都是他们的"顾客"，但这些"顾客"又是不同的，他们被自然地分成两种人，一种是有着高消费标准的，一种是只有极低消费标准的。他们更重视前一部分顾客，但他们也不能忽视后一部分顾客，因为这部分顾客人数众多，是他们商业利润的主要来源。普通老百姓对商人是不信任、不客气的，他们虽然有钱，但并不受到格外的尊敬。老百姓敬畏的是有权势的人。这使我有可能用现实人物和现实人与人的关系解读《孔乙己》中的这些符码，并使之有了我所能够理解和接受的意义。我可以联想到很多很多我所认识的人，并对所有现实的人进行这种分类。他们作为"典型"不再是鲁迅那时的人的典型，同时成了我所实感中的人物的"典型"。

鲁迅小说的叙事艺术

上述三种人生活在三个不同的世界里,他们有自己的生活方式和思维形式。他们在自己的世界里好像不同的鱼生活在不同的水里,只要没有特殊的灾难发生,至少在精神上是没有严重的苦痛的。穿长衫的人获得人们的普遍的敬畏,并且有实际的权力可以维持自己的权威。孔乙己偷了丁举人家的东西,被丁举人打折了腿。不论短衣帮还是酒店掌柜,都提不出任何异议,因为这是他们的权力,是鲁镇社会的惯例。他们有"文化",并由这"文化"换得了"金钱"和"权力",实现了他们的"文化"的实际价值,在精神上也获得了基本的满足;"掌柜"靠卖酒赚钱,他对长衫顾客的特殊招待是经营的需要,往短衣帮的酒里羼水也是经营的需要,以经营的原则获得经营的利润,在精神上再也没有什么严重的缺憾;"短衣帮"靠做工维持生计,他们用自己的劳力,换取生活的资料,靠"勤劳",靠"节俭",虽然无权、无势也没有更多的金钱,但他们能够尽量避开与权力的冲突,也没有非分的物质享乐欲望,只要他们的这种生活方式还能继续维持下去,他们在精神上就没有不可忍受的苦痛。在鲁镇,几乎只有"孔乙己"没有属于自己的世界:"孔乙己是站着喝酒而穿长衫的唯一的人"。"穿长衫"是"有文化"的标志,但在"隔壁的房子里,要酒要菜,慢慢坐喝"的顾客那里,"文化"是和"权力""金钱"结合在一起的,当"文化"同"权力""金钱"结合在一起的时候,"文化"似乎有着神圣的性质,它被人尊重,被人敬畏,受到全社会人的崇拜,但全社会的人尊重、敬畏、崇拜的是什么呢?是"文化"呢,还是"权力"和"金钱"呢?在那种三位一体的形式中是被人所难以直观感到的。只有到了孔乙己这里,"文化"才从"文化""权力""金钱"的三位一体的形式中被提取出来,"文化"成了一种赤裸裸的"文化",这样的"文化"在中国社会上还被社会所尊重、敬畏、崇拜吗?不能了!那么,社会对"穿长衫"的人的尊重、敬畏和崇拜的是什么呢?是"权力"和"金钱",而不是"文化"!"文化"在中国社会里只是一种票证,持有这个票证可以领到"权力"和"金钱",而一旦它没有了领取"权力"和"金钱"的功能,它就毫无用处了。所以,孔乙己的"长衫"是同那些长衫顾客的"长衫"迥然不同的:"穿的虽然是长衫,可是又脏又破,似乎十多年没有补,也没有洗。"它没有含金量和含权量,既不威严也不阔绰。穿长衫的重视的是威权，酒店掌柜重视的是金钱，短衫顾客重视的是"劳动"，孔乙己重视的则是"话语"。如果说"长衫"是他的文化的象征，那么，他的"话语"形式就是他的"文化"的表现了："他对人说话，总是满口之乎者也，教人半懂不懂的"。"又脏又破的长衫"和"满口之乎者也"就是"文化"，这种"文化"同长衫顾客的"文化"没有不同，只是不再同"权力"和"金钱"相结合，它们仅仅在孔乙己的感受中还有其存在价值，是温暖他心灵的唯一的东西，但在周围所有人的眼中，它们是毫无意义的。因为周围的人能感到"权力"和"金钱"的实际用途，却感觉不到"文化"的用途。在"坐着喝酒的长衫顾客——站着喝酒而穿长衫的孔乙己——站着喝酒的短衫顾客"的鲁镇酒店的顾客序列中，孔乙己是"唯一的"、不入流的，因而也没有他自己的独立的空间，没有被社会所认定的一个确定的身份。就他的自我意识，他是属于隔壁房子里坐着喝酒的长衫顾客的，但从他实际的处境，却是属于短衫顾客群的，而在短衫顾客群中，他又是穿长衫的，又是"满口之乎者也"的一个尤物。在过去，我们把孔乙己作为一个受到科举制度毒害的知识分子，这当然是一种解码方式，但这样的人已经在我们的时代消失了。通过这种编码形式我已经无法把孔乙己编织进我的感受中去，无法使他在我的情感世界中占据一席之地。但是，他的那种"满口之乎者也"的话语形式，我却仍然随时随地都能够找到它的对应物。譬如我在自己的这篇文章中使用的"叙事、叙事方式、换喻、隐喻、视角、第一人称、第三人称、倒叙、插叙"等等词语，就是我们时代的一些"之乎者也"。对于它们，广大社会群众是"半懂不懂"的，它不具有权力话语的霸权性质，也不具有经济话语的实利性质，但又好像是很严肃的，在社会群众听来是十分可笑的。但我们却舍不得这些语言形式，舍弃了这些语言形式我们这些知识分子就没有任何的依靠了，就没有自己的特殊性了。孔乙己到底有没有知识呢？他知道"茴"字有四种写法。"茴"字是不是真的有四种写法呢？知道"茴"字有四种写法与不知道它有四种写法有什么区别吗？这恐怕只有孔乙己自己才能明白。别人自然不想听他的解释，不需要他的解释，当然也就无从知道。这正像我们说鲁迅小说有"社会学的研究方法""历史学的研究方法""心理学的研究方

鲁迅小说的叙事艺术

法",现在又有了什么"叙事学的研究方法",但这只是我们自己搞出来的一些区别,对于根本不关心鲁迅小说的广大社会群众来说,鲁迅小说是不是有这四种或更多的研究方法,或者有了这四种研究方法与没有这四种研究方法有什么不同,都是毫无意义的。我们如要硬给别人说这一套,别人是会感到异常可笑的。我们总是很宝贵我们的这些话语形式,没有了它们就没有了我们的存在,没有了我们的存在价值,也没有了我们的自我意识的形式,而在别人的眼中,这是可笑的,我们越是宝贵它们,我们越是显得可笑。由此,我感到我和与我类似的一些中国知识分子都像孔乙己。我们也穿着"长衫",像个"官",像个"阔人",但我们的"长衫"却"又脏又破",既不阔气,也无威仪,显得很可笑。在中国社会中,我们没有自己确定的"身份"。有时我们被划归"资产阶级",被称为"资产阶级知识分子"或"小资产阶级知识分子",有时我们被划归"无产阶级",被称为"无产阶级知识分子",但不论被划归于哪个阶级,我们都有些不像。在"资产阶级"当中,我们没有那么多的钱;在"无产阶级"当中,我们不那么单纯,别人对我们不如对"无产阶级"那么放心。

"长衫"是文化的象征,"之乎者也"是文化的表现,都还不是"文化"本身,因而也没有实际的用途,在社会上混不到饭吃。"文化"有多种用途,它可以掌权、用权,但在这方面,那些有权有势的人比孔乙己更有经验,更有"文化",不需要孔乙己的帮助;"文化"可以记账、算账,从事经营活动,但掌柜的自己也有"文化",也能记账、算账,不需要孔乙己的服务。而那些短衫顾客则是不需要文化的。孔乙己的"文化"也就只剩下"认字"和"写字":"幸而写得一笔好字,便替人家抄抄书,换一碗饭吃"。"抄书"就是孔乙己所能起到的唯一的作用。我总觉得,我们这些被称为"知识分子"的中国知识分子,到现在做的仍然主要是"抄书"的工作。把古代的书反复抄下去,把外国的书不断抄进来。我们就在这"抄书"的工作中"换一碗饭吃"。在过去,我总是相信鲁镇人所说的孔乙己因为"好喝懒做"而至于偷窃的说法,现在我开始觉得这个问题似乎并不这么简单。"他在我们的店里,品性却比别人都好,就是从不拖欠,虽然间或没有现钱,暂时记在粉板上,但不出一月,定然还清,从粉板上拭去了孔乙己的名字。"为什么他在酒店里如此讲信用，而对自己的主人却不讲信用呢？这里恐怕是有更隐秘的心理动机的：孔乙己在那些有权有势的人面前感到心理不平衡。他们都是"读书人"，都有"文化"，但那些有权有势的人成了"人上人"，而他独独成了"人下人"。他们成了"人上人"，实际上已经不需要"文化"，有了"钱"，有了"权"，就有了他们的一切，"文化"对他们只是一种点缀，真正需要"文化"的是孔乙己。但不需要"文化"的却拥有文化的权力，被社会认为最有"文化"的人，而需要"文化"的孔乙己却没有文化的权力，被社会视为没有"文化"的蠢材，到处受人嘲笑，并且不论如何辩白也是辩白不清的。"书籍纸张笔砚"是"文化"的工具，那些"人上人"实际是不需要文化的工具的，他们没有这些照样过活，照样威风，这些只是他们家的一些摆设，但他们却有"书籍纸张笔砚"；孔乙己是需要"书籍纸张笔砚"的，是依靠这些过活的，但他却没有。孔乙己在下意识中大概就觉得这一切实际是应该属于他的，所以尽管他知道偷走这些是不会有好结果的，但还是忍不住要偷。我在多半生的人生观察中发现，中国知识分子看不起商业大亨，但却与他们发生不了实际的纠葛，在商业关系中中国知识分子是很守信用的，倒是劳动阶级的人对商业大亨有着本能的忌恨，常常去揩商人的油，甚至绑架、偷盗他们。中国知识分子很胆小，很软弱，思虑多，有心眼，但却常常用自己的头去碰权力的铁壁，做出为人们所难以相信的蠢事。足见孔乙己不偷酒店掌柜而偷何大人、丁举人是有更深层的心理原因的。就其实质的意义，这是向权力的宣战，向社会权威的宣战，大概也正因为如此，何大人和丁举人才对孔乙己如此的残酷和凶暴。对于何大人、丁举人，"书籍纸张笔砚"未必那么重要，他们痛惜的也绝不是这点"财产"，他们愤慨的是孔乙己对他们权威地位的蔑视，是孔乙己内心那点说不出来的隐秘愿望。但孔乙己的这种隐秘的心理愿望，是无法被短衣帮顾客所理解的，他们知道的只是孔乙己的"偷"，而"偷"自然是不好的，是理应受到惩罚的。对"偷"的本身，他们也有一定程度的理解，他们更不能理解的是孔乙己为什么非要"偷"权力者的，这在他们看来是非常愚蠢的。"偷"的原则就是要避开惩罚而获得在正常情况下无法获得的经济利益，而孔乙己进行的却是只能招来更严重的惩罚而无法获得经济利益的行动，这不是很蠢的吗？"这一回，是自己发昏，竟偷到丁举人家里去了。他家的东西，偷得的吗？"

孔乙己这种以"偷"的形式进行的情感性发泄，获得的只是一点内在隐秘心理的满足，而在周围的社会群众看来，却只能是他从失败走向失败的一部耻辱的历史："皱纹间时常夹些伤痕""孔乙己，你脸上又添上新伤疤了！"……由"偷"到"打"，由"打"到"伤"，由"伤"而在身上、脸上留下"伤痕""伤疤"，这是一个自然的发展过程。

孔乙己在权力世界、经济世界、劳动世界里都得不到同情和理解，都无法获得精神上的安慰，只有儿童对他构不成精神的压抑，所以他对儿童便有着特殊的感情。这也是人性的必然：凡是在现实社会得不到理解和同情的人必然寄希望于未来，凡是自感对现实社会无能为力的人必然希望为未来服务，而体现未来的便是儿童："孔乙己自己知道不能和他们谈天，便只好向孩子说话。"但是，一个在成人的世界受不到尊重的人难道就会受到儿童尊重吗？一个对现实世界毫无力量的人就会作用于未来社会的发展吗？这在情理上是说不过去的，这只是像孔乙己这样的中国知识分子的自制的幻象。孔乙己教给酒店小伙计写字，酒店小伙计在下意识中就看不起孔乙己，也不认为他有教导自己的权力和能力。因为在鲁镇这样的世界上，一个儿童希望自己成为"穿长衫"的，希望自己成为酒店掌柜，或者根本没有想过成为什么样的人，但却绝不会希望成为像孔乙己这样的落魄的人。他们在本能中就是依照前两类人的形象塑造自己的，而不是依照孔乙己的形象塑造自己的，他们也不会相信孔乙己能够把他们塑造成自己希望成为的那种人，因为孔乙己自己就没有成为那样的人。"写字"无法把儿童吸引到孔乙己身边，孔乙己便拿茴香豆给他们吃。这引来了儿童，但他却不可能更多地满足儿童们的这种需要，因为他的经济收入连自己的需要也无法满足，又有什么余裕满足儿童们的需要呢？"不多不多！多乎哉？不多也。""孩子吃完豆，仍然不散，眼睛都望着碟子。孔乙己着了慌，伸开五指将碟子罩住，弯腰下去说道：'不多了，我已经不多了。'"

孔乙己的"偷"自然是发自于向社会权威挑战的隐秘心理，也就必然会呈现出这样一种发展趋势：他越是沦落到更深的悲剧境地，他的心理越不平衡；他的心理越不平衡，他就越是要向更高的社会权威挑战。这也是人性的必然。小不高兴骂爹骂娘，走投无路时就要骂天骂地了。这是人在内在意识中寻求心理平衡的一种方式。反对皇帝的人感到与皇帝是平等的，反对臣僚的人感到与臣僚是平等的。但这种平等是心理上的，而不是实际上的，实际上不平等地位的差距越大，这种寻求平衡的方法越是会遭到更惨重的失败。丁举人是鲁镇社会最有权势的人，是鲁镇人的最高权威，正是在孔乙己最落魄的时候，他偷到了丁举人的家中，结果是被丁举人的家人"打了大半夜，再打折了腿"。从此，他的生计更加艰难了："他脸上黑而且瘦，已经不成样子；穿一身破夹袄，盘着两腿，下面垫一个蒲包，用草绳在肩上挂住。"

孔乙己在鲁镇消失了，但社会仍然存在。权力世界少了一个挑战者，经济世界少了一个消费者，劳动世界少了一个笑料。

通过我自己的这种解码方式，《孔乙己》与我和我生活的世界才发生了有机的联系，它才成了触动我的感情和情绪的文本。当然，这绝不是唯一的一种解码方式，不同的读者可以用不同的方式，因而《孔乙己》在他们的感受中也会有不同的色调，不同的意蕴。但彼此不论多么不同，但像鲁镇—鲁镇的酒店；曲尺形的柜台—隔壁的房子的"壁"；曲尺形柜台前—曲尺形柜台后—隔壁的房子；掌柜—酒、茴香豆、荤菜—顾客；掌柜—小伙计—顾客；长衫顾客—孔乙己—短衫顾客；顾客—笑—孔乙己；孔乙己—抄书—何大人、丁举人；"偷"—打—伤痕、伤疤；孔乙己—写字—小伙计；孔乙己—茴香豆—儿童；打折腿—蒲包、草绳—死……小说中出现的这所有事物和过程，都只是作为符码而存在的，这些符码是在读者的解读中才重新呈现出自己的意义的。鲁迅小说的深刻性不在于鲁迅为它规定了什么样的主题，而在于他为读者开辟了异常宽阔广大的想象空间，它可以容纳异常丰富的乃至鲁迅自己也未曾经历过的人生经验和体验。

原载《中国现代文学研究丛刊》2000年第3期、第4期

关于鲁迅研究中马克思主义方法论的几个问题

在平时,为自己辩护是不必要的,因为任何批评都有利于自己对自己进行检查和反省,对于我这个刚刚毕业的学生来说,就更是如此。但是,在《鲁迅研究动态》召开的座谈会上,陈涌同志把我的某些观点同当前批判的"全盘西化"的某些提法等同起来,继之发言的孙玉石老师显然也这样理解我的观点。在这种情况下,我便不能不为自己做些辩护了。

为自己辩护是困难的,因为我自己确确实实存在着许多错误和缺点,在辩护中抹杀自己的弱点,把自己说得一无非处,是不客观也不正确的,但若只谈自己的错误和缺点,也就等于默认了批评者对自己的全部批评,从而也起不到为自己辩护的目的了。为此,我想从自己对马克思主义方法论的理解谈起。我认为,这样谈法有一个好处,即我们不要在批判非马克思主义的时候,连马克思主义的某些东西也丢掉。

一、关于绝对真理和相对真理

世界上存在不存在绝对真理?马克思主义回答是肯定的,这使马克思主义者与相对主义哲学区别了开来。但是,马克思主义者却反对把每一个具体的真理同绝对真理完全等同起来,否认每一个具体的真理就是绝对真理。在马克思主义那里，绝对真理只在两个意义上被理解：一、每一个相对真理都包含着绝对真理的成分；二、绝对真理是无数相对真理的总和。也就是说，每一个具体的真理，只要是真理，都包含着绝对真理的成分。但它自身并不等同于绝对真理，它自身必然还含有谬误的成分，绝对真理是在无限发展着的一个个相对真理的长河中存在着的，我们可以不断地趋近于它，而不可能达到它、完成它。恩格斯说：

> 思维的至上性是在一系列非常不至上地思维着的人们中实现的；拥有无条件的真理权的那种认识是在一系列相对的谬误中实现的；二者都只有通过人类生活的无限延续才能完全实现。
> 在这里，我们又遇到在上面已经遇到过的矛盾：一方面，人的思维的性质必然被看作是绝对的，另一方面，人的思维又是在完全有限地思维着的个人中实现的。这个矛盾只有在无限的前进过程中，在至少对我们来说实际上是无止境的人类世代更迭中才能得到解决。从这个意义来说，人的思维是至上的，同样又是不至上的，它的认识能力是无限的，同样又是有限的。按它的本性、使命、可能和历史的终极目的来说，是至上的和无限的；按它个别实现和每次的现实来说，又是不至上的和有限的。
> 永恒真理的情况也是一样，如果人类在某个时候达到了只运用永恒真理，只运用具有至上意义和无条件真理权的思维成果的地步，那么，人类或许就达到了这样的一点，在那里，知识世界的无限性就现实和可能而言都穷尽了，从而就实现了已经数出来的无限数这一著名的奇迹。①

马克思主义哲学这样认识绝对真理和相对真理的关系，对于实际的科学研究有什么指导意义呢？列宁说：

> 从现代唯物主义即马克思主义的观点来看，我们的知识向客观

---

① 恩格斯：《反杜林论》，载《马克思恩格斯选集》第3卷，第125—126页。

的、绝对的真理接近的界限是受历史条件制约的，但是这个真理的存在是无条件的，我们向它的接近也是无条件的。……一句话，任何思想体系都是受历史条件制约的；然而，每一个这样的发现都意味着"绝对客观的认识"前进一步，这是无条件的。你们会说：相对真理和绝对真理的这种区分是不确定的。我告诉你们：这种区分正是这样"不确定"，以便阻止科学变成恶劣的教条，变为某种僵死的凝固不变的东西；但同时它又是这样"确定"，以便最坚决果断地同信仰主义和不可知论划清界限，同哲学唯心主义以及休谟和康德的信徒们的诡辩划清界限。①

不难看出，马克思主义哲学关于绝对真理和相对真理的关系的问题，直接关系着"全面"和"片面"的问题。我们不能追求"片面性"，不能以自己的"片面性"自豪，我们应当追求"全面"，尽量做到"全面性"看问题，但同时也必须认识到，"全面"的真理是在无数个片面真理的总和中实现的，我们追求"全面"，但永远不可能达到它，它必须依靠时代人的共同努力。也就是说，"全面"是由无数个并不全面、并不完整的"片面"的研究成果共同趋近的。在这种情况下，我们对"全面性"的追求不能不具体表现为对各个并不全面、并不完整的具体研究成果的追求，只要一个研究成果提供了哪怕一丁点儿新的、不同于前人的、多多少少能给人一点启发的具体认识，它就是在我们向着"全面"发展的总认识过程中向前发展了一步，它就以原有认识相加的总和的形式比原有的认识更加"全面"了一点儿。而这个具体的研究成果自身，则可能是极不全面也极不完整的，它的"全面性"只能由它自身所要完成的任务来衡量，只要它达到了或基本上达到了特定的写作目的，把自己所应解决的问题还算没有完全落空地得到了部分的或整体的解决，我们就应当容忍它的存在，就应当说它是向着整体的"全面"认识接近了一步。如果我们用笼统的"全面"来要求这样一个个具体的成果，我认为则是不合理的，因为它不论如何努力，都不可避免自身的片面性，首先，它的所要

---

① 列宁：《唯物主义和经验批判主义》，载《列宁选集》第2卷，第135页。

解决问题的特定性（亦即相对性），就先天地决定了它不可能完全全面地展开对象自身的全部复杂性。在鲁迅研究领域，可以说只有史料的发掘和考证才部分地接近恩格斯所说的可以得到确凿性结论的"精密科学"的研究领域，即使在这样一个范围内，也常常并非一次性地完成对一件史料或史实的完整结论，而其他的鲁迅研究部门，则几乎全部属于恩格斯所说的第三类科学。他说："在第三类科学中，即在按历史顺序和现在的结果来研究人的生活条件、社会关系、法律形式和国家形式以及它们的哲学、宗教、艺术等等这些观念的上层建筑的历史科学中，永恒真理的情况还更糟。"①并说："谁要是在这里猎取最后的、终极的真理，猎取真正的、根本不变的真理，那么它是不会有什么收获的，除非是一些陈词滥调和老生常谈，例如，人一般地说不劳动就不能生活，人直到现在大都分为统治者和被统治者，拿破仑生于1821年5月5日，如此等等。"②当然，这并非说不应克服"片面性"，而是说对片面性的克服必须是具体的，必须用另一种研究成果去克服它，纠正它，补充它，乃至否定它，而在这样做的时候，这个克服了前一种片面性的研究成果，又毫无疑义地、必然地带上了自己的另外一种片面性，又需要用另一个具体的研究成果克服它、纠正它……正是在这样一个曲折复杂的链条中，一个研究领域才会有持续进行的可能性，一旦这个领域宣布或以为达到了完全全面的认识，这个研究领域也便自行消亡或中止了。总之，在鲁迅研究还是一个研究领域的过程中，我们不是具体地、为了提供新的认识而实际去克服某个研究成果的片面性，而只是笼统地、静态地要求作者达到全面性、克服片面性是无济于事的。这个道理，鲁迅也有不少的论述，他对完全、永久地要求所可能发生的恶果，有过极其尖锐的剖断。在另一处，他说："倘要完全的书，天下可读的书怕要绝无。倘要完全的人，天下配活的人也就有限"。（鲁迅：《译文序跋集·〈思想·山水·人物〉题记》）

我认为，我对陈涌同志的鲁迅小说研究和对我自己的文章的看法，是符合马克思主义关于绝对真理和相对真理的论述的。

---

①恩格斯：《反杜林论》，载《马克思恩格斯选集》第3卷，第128页。
②同上书，第129页。

关于鲁迅研究中马克思主义方法论的几个问题

早在我于西北大学读书时写的《鲁迅前期小说与俄罗斯文学》一文中，我就写过这么一段话：

> 鲁迅小说与中国革命运动的紧密联系我们不须再做详细说明，这在50年代初陈涌同志的《论鲁迅小说的现实主义》一文就做过相当深刻的阐发。从他的论述中得到的结论是，除了中国革命的领导权问题之外，几乎所有我国民主革命的重大问题都在它的艺术画卷里得到了形象的表现。我觉得需要补充说明的只是，它不仅是中国资产阶级民主主义政治革命的一面镜子，更是中国思想革命的一面镜子，而在这一方面的意义，将随着中国思想革命的广泛、深入的开展而逐渐显示出它的深刻性来。①

该文除收入陕西人民出版社出版的拙作《鲁迅前期小说与俄罗斯文学》之外，还曾收入湖南人民出版社出版的《纪念鲁迅诞辰百周年北京学术讨论会论文选》、西北大学鲁迅研究室编的《鲁迅研究年刊》纪念鲁迅诞辰百周年专集、陕西人民出版社出版的《纪念鲁迅诞辰百周年论文集》，我想，凡是想对我的鲁迅小说研究进行认真的、严肃的批评的同志或老师，都是不难找到它的。我认为，谁要注意到我这里的这段话，他至少可以得出以下三个方面的印象：一、我并没有完全否定陈涌同志的鲁迅研究，我是在承认陈涌同志在他的方向上已取得了比较完满的研究成果而认为重述这些成果已无多大必要的情况下才另找蹊径的。也就是说，我认为陈涌同志的研究成果是具有真理性的研究成果，是包含着绝对真理的内核的，但它像所有具体的真理一样，并不就是绝对真理，对鲁迅小说的思想意义还可以从另一些方面进行挖掘；二、我对鲁迅小说反封建思想意义的重视，并不是在后来发展起来的思想潮流的冲击下才产生的，不是"随风转"的结果，而是在研究鲁迅小说与俄罗斯文学关系的时候，从对鲁迅小说自身的学习自然产生的。再者，不论我后来的文章有多少错误和缺点，但我的态度是严肃的，我并非一有这么一点认

---

① 王富仁：《鲁迅前期小说与俄罗斯文学》，陕西人民出版社，1983，第26—27页。

识便匆匆写成了文章，而是在自己头脑中装了至少三四年的时间。当然，对其他同志和老师，这并不是一个多么了不起的新观点，但对于我这个还当学生的初搞鲁迅研究的后辈，我宝贵它，并且执拗地抱了它几年的工夫，我想，也是可以原谅的吧！三、我在那时、而不是在后来便说明了对鲁迅小说思想意义研究重心所可能发生的转移，并且说明了这种转移所依据的客观历史条件，不论它是否正确，都说明我后来的文章并非故作狂言，而是自己的思路发展的合逻辑性的结果。

公正的读者都会看到，这些基本看法在后来写的《中国反封建思想革命的一面镜子：〈呐喊〉〈彷徨〉综论》中并没有发生根本的变化。在谈到陈涌同志奠定了基础的这个研究系统时，我是这样说的：

> 从50年代开始，在我国逐渐形成了一个以毛泽东同志对中国社会各阶级政治态度为纲、以对《呐喊》《彷徨》客观政治意义的阐释为主体的粗具脉络的研究系统，标志着《呐喊》《彷徨》研究的新时期，反映了我国解放后《呐喊》《彷徨》在整体研究中取得的最高成果。这个研究系统帮助我们开掘了此前所未曾或较少开掘的思想意义，论证了《呐喊》和《彷徨》与中国民主主义政治革命斗争的内在有机联系，在较前远为广阔的历史背景和社会背景上衡定了《呐喊》和《彷徨》的思想艺术价值，在迄今为止的三十余年间实际规定着我们对《呐喊》和《彷徨》的主要研究方向。[①]

如果说我更多地谈到它的不足，不是因为我认为它不是真理性的认识，而是因为它已经贡献了自己所能贡献的大部分东西，对于这些成果，已成为鲁迅研究界众所周知的真理性认识，我没有必要重述这一切。而对我的写作所重要的，就是指出仅仅从这一个方面进行探讨，还会忽略另一个方面的重要内容，并且它自身也不可能不带有自己的片面性，不可能不包含着某些错误的成分。在这里，我不妨再谈一谈我对鲁迅小说

[①] 王富仁：《中国反封建思想革命的一面镜子：〈呐喊〉〈彷徨〉综论》，北京师范大学出版社，1986，第1页。

关于鲁迅研究中马克思主义方法论的几个问题

思想意义研究重心转移的一些看法。

当陈涌同志在50年代初对鲁迅小说进行考察研究的时候，正是中国新民主主义政治革命取得了伟大胜利并对这个革命的历史经验进行总结和认识的历史时期。陈涌同志亲自经历了这场革命运动，不论在理论认识上、还是在实践经验上，对这个革命都有充分的理解和深厚的感情基础。在那时，不论对于陈涌同志，还是对于诸位学术前辈，都合理地、也必然地把这个伟大的革命作为中国最高的价值标准，一部作品的思想意义若与这个革命毫无联系，它的价值和意义便是值得怀疑的，至少是不那么重要的。而鲁迅小说确实深刻地隐示着这个革命的若干重要内容，他们发掘了，研究了，并且做出了卓有成效的贡献，这是很容易理解的，也是必须给以崇高评价的。我们这一代人仍然重视这场政治革命，仍然重视它的宝贵经验，所以对陈涌等同志和诸位前辈的这方面的研究成果也是重视的，谁要简单抹杀这些，谁就不会更深刻地认识我们的今天，谁就不会对鲁迅小说有更深刻的理解，但在同时，我们又有了另一方面的变化。谁都会知道，我们重视曾经发生过的那场伟大的政治革命，但我们思考的重心却不再是如何进行政治革命，如何进行夺权的斗争，我们面临的是和平的建设，文学艺术的政治职能在这样的历史时期也不能不主要转化为社会思想建设的职能。在这时，我们重视鲁迅小说对于政治革命的巨大启示意义，但却不能不更多地注意到它的思想革命的意义。当然，在这方面，我们的情况也发生了很大变化，但它到底较之政治革命的意义具有更加切近的性质。并且恰好陈涌同志等学术前辈在前一方面已经有了充分的研究成果，而我们对这个政治革命的认识，特别是亲身的体验都不再可能达到陈涌同志和诸位学术前辈的程度，因而也很难在这方面有超过他们的更新、更深刻的认识。正是由于这种考虑，我才认为鲁迅小说研究的重心必将发生转移，这不是哪一个人的主观愿望，而是社会历史条件发生了重要变化。

不难看出，这种思考重心的转移，恰恰又使我们回到鲁迅写作《呐喊》《彷徨》时的思考重心上来了。在那时，正是辛亥革命之后，新的政治革命还没有酝酿成熟，鲁迅致力的主要目标是思想革命，我们与鲁迅不同的，是鲁迅所承接的是一个失败了的政治革命因而他并不绝对地否认再有一次政治大革命的必要性，而我们承接的则是一次成功的政治革命因而不再希望再有一次政治革命，因而也不再思考如何实践政治革命的问题，但仅就侧面而言，二者是相同的。这也就是说，我们这个侧面的转移，不是从鲁迅小说的正面转向了侧面，而是又一次由侧面转向了正面。我认为，在这个正面图像上，我们更能清晰地看到鲁迅小说的原貌。当然这并不意味着任何研究都应从作者原有的立意出发，也并非说只有从作者原有的立意出发才是最重要的，例如曹雪芹写作《红楼梦》的目的绝对不可能是为了揭示整个中国封建社会的衰败，而研究者从这方面进行的研究却是重要的。但是，我们却也不能反过来说，从作者当时的主要立意出发的研究就是不必要的，尤其对于鲁迅这样一个本身就是伟大思想家的作家来说，就更是如此。并且一般说来，从作家的立意出发可以自然地延伸到其他的考察，而从其他侧面的直接考察往往难于折回作家的主要立意。例如，当我们直接说《阿Q正传》表现了农民阶级的政治积极性的时候，很难说明鲁迅为什么那样描写阿Q的"革命"，为什么不选取更带有反抗性的农民形象，而当我们知道鲁迅主要揭示国民性弱点的时候，不但会了解为什么鲁迅着力描写阿Q的精神弱点，同时也能让我们看到，尽管他有这么多的弱点，他还会参加革命的。所以我认为，从正面考察比从侧面考察具有更大的包容性，它不但能包容作者的立意，也能引申到它们的客观社会意义，正是从这个意义上，我认为由此建立起来的研究系统，将是一个比原有的系统更为完备的系统。从思想意义而言是这样，从艺术性分析而论更是这样。因为艺术形式的选用、艺术结构的处理、艺术题材的特点、艺术情节的组织、艺术氛围的渲染，更与作者的主要创作意图紧密联系着，只有从作者的创作意图出发，才能把思想分析和艺术分析有机地结合起来。

那么，这是否意味着，我认为我自己的分析是"全面"的呢？我从来没有这样认为过，相反，我在该书中明确承认，自己的研究是单侧面的，亦即主要从思想革命这一个侧面进行的考察，而所谓单侧面也就是一个片面。我之所以这样认为，其依据便是马克思主义关于绝对真理和相对真理的关系的论述，我知道恩格斯是如何辛辣地嘲笑过杜林宣布找到了终极真理、终极道德的无知狂言：

关于鲁迅研究中马克思主义方法论的几个问题

文学研究是一个无限发展的链条，鲁迅小说的研究也将有长远的发展前途，任何一个研究系统都不可能是这个研究的终点，而只能是这个研究的一个小的链条和环节。所以，我们不应当以寻求终极性的真理为自己的职责……①

我还说：

由于种种条件的限制，由于本人知识学力的局限，特别是由于该书所要解决的问题的特定性，使该书的论述还主要是单侧面的……我们将致力于它们的诸种复杂侧面中的一个主导性的侧面，并且绝不以这个主导性的侧面抹杀其余任何一个可能存在的侧面，其中也包括《呐喊》和《彷徨》通过对中国反封建思想革命的表现与中国新民主主义政治革命所发生的间接联系。②

我这绝非为自己的"片面性"辩护，也绝非空洞的自谦之词，因为我知道我不可能做到完全全面地论述问题。我要首先把这个侧面独立出来，就是要在与陈涌同志的小说研究的区别中来论述问题，而在鲁迅小说中，这两个侧面原本是联系在一起的，并且我不可能以更大的篇幅论述陈涌同志小说研究的成就，只能在肯定它的历史功绩之后主要说明它的不足，这样我才能把反封建思想革命这个独立侧面及其存在的意义突出出来，更迅速地进行我所要论述的东西。我主要不是进行小说研究史的论述，在小说研究史论的作品中，我应该以主要篇幅论述陈涌同志和所有学术前辈取得的成就，然后才能简明地指明尚没有得到解决的问题，在这里则与此相反。同时，为了正式展开我的论题，我只能极其概括地

---

① 王富仁：《中国反封建思想革命的一面镜子：〈呐喊〉〈彷徨〉综论》，北京师范大学出版社，1986，第9页。
② 同上书，第9—10页。

说明新中国成立后鲁迅小说研究的主要倾向和占主导地位的研究系统,而对那时同样大量存在的对鲁迅小说反封建思想意义的论述没有提及,因为在那时它不但没有成为占主导地位的倾向,而且常常是被纳入前一个研究系统来理解和运用的,是被当作鲁迅小说的政治意义的一部分、一个方面的内容而加以把握和领会的,这样,它便没有形成一个完全独立的系统,而一个独立的系统的作用不但应起到与另一个系统相互补充或彼此呼应的作用,同时还应该起到限制对方片面发展、纠正对方的不足、发现对方不可能发现的弱点并予以克服的作用。显而易见,在那时的这类论述,并没有有效地起到这种作用。例如,从政治革命的角度,知识分子是软弱的、动摇的、不彻底的,但只要从思想革命的独立角度,便会看到,首先觉醒的知识分子,在那时还是彻底地、不妥协地反封建思想的主力军和先锋队,而后来在政治革命中成为主力军的农民阶级,在这个革命领域,特别是在当时,反而是落后于首先觉醒的知识分子的阶级,尚处于愚昧落后的状态,是启蒙的对象。总之,在我以论为主而非以史为主的时候,这种目的的特定性也带来了自身的另一些方面的片面性,这在总体上看得更为清晰,在我的文章中,鲁迅小说的政治革命的意义被埋在思想革命的意义中,变得散碎、模糊、不那么突出了,而在这一方面,陈涌同志的论述更加鲜明、突出、集中、有力……这一切,都是我文章的片面性之所在,并且绝非仅仅这些,随着鲁迅小说研究的深入,它的其他方面的片面性暴露得会更多、更明显。例如,汪晖同志对包括我在内的用"镜子"模式研究鲁迅小说的局限性或曰片面性就有很尖锐的批评,他说:

> 这种研究模式的弱点恰好也在:它把鲁迅小说的整体性看作是文学的反映对象的整体性,即从外部世界的联系而不是从内部世界的联系中寻找联结这些不同主题和题材小说的纽带。"镜子"模式难以从内部提供《呐喊》《彷徨》作为同一创作主体的创造物所必须具备的统一基调和由此产生的语气氛围,也没有追寻到任何一部艺术史诗固有的内在精神线索及其对作品的基本感情背景和美学风格的制约作用。换言之,鲁迅小说不仅是中国近现代社会这一外部世界

关于鲁迅研究中马克思主义方法论的几个问题

情境的认识论映象，而且也是鲁迅这一具体个体心理过程的总和或全部精神史的表现。在"镜子"模式中，研究者注意到鲁迅对中国社会的理性认识在小说中的体现，也注意到鲁迅某种精神状态对某些具体作品的影响，但其意识中心却在民主主义的各种内涵如人道主义、个性主义在这些小说中的或积极或消极的作用。鲁迅小说作为作家心理史的自然展现，必然具有贯穿始终的精神发展线索——这是"镜子"模式完全忽略了的。①

不论别人怎么认为，我都认为汪晖同志的批评是极尖锐也很正确的，它不只牵涉到我的哪一个方面、哪几句话的片面性，而且是说的它的整体的片面性，它浸透在我全书对每一个问题的论述中。汪晖同志的意思并不难理解，例如，鲁迅的《阿Q正传》与我们改编的电影《阿Q正传》都可以说是当时中国思想革命的"镜子"。作为"镜子"的意义并没有多大差别，但二者在意蕴和韵味上却有很大差别，这里就有一个创作者主体精神特征的问题。

上述这一切的一切，都是我的片面性，但只要不是以绝对全面要求我的同志和老师都会看到，在我写作的当时，就我论述问题的特定性和目的性，我是根本不可能做到完全的全面的，亦即我根本不可能克服掉所有这些片面性。一个人向北不能同时向南，睡觉不能同时踢足球，这些片面性的克服需要广大研究者像汪晖同志一样从不同的角度、不同的侧面展开对鲁迅小说的广泛、深入的研究，一方面克服别种研究成果的片面性，一方面提出自己的建设性意见。

该书摘要在《文学评论》发表之后，外界有些议论，其中一部分议论是溢美之词。对于这些，我不能负责。我没有邀请过一位同志为我写赞扬文章，此其一；凡我知道者，我极力劝阻，此其二；凡无权或无力阻止者，我都央求重在批评，且莫"抬"。抬高必摔重是我人生的基本经验之一，当我发现有的同志把我的看法同陈涌同志的看法绝对对立起来

---

① 汪晖：《历史的"中间物"与鲁迅小说的精神特征》，《文学评论》1986年第5期。

之后，我不但在私人交谈和课堂上做过纠正，并且在浙江文艺出版社为我出版的一个论文集《先驱者的形象》的代自序《自我的回顾与检查》中，比较详细地谈了我学习陈涌同志鲁迅小说论的经过。后来，陈安湖老师在《文艺理论与批评》上发表了批评我的文章，虽然对他的一些观点我并不完全同意，但我并没有写反批评的文章，因为我认为，在能够自由讨论的情况下，它至少可以起到重新强调原有研究成果的合理性的作用，不至于使我们简单地从一个片面跑到另一个片面。更希望人们在综合了所有研究侧面之后在新的研究中有更接近于全面的认识。当孙玉石老师在绍兴暑期鲁迅研究讲习班座谈会上批评我的片面性的时候，我也是接受的，会后我还向孙老师讲了自己从五八年到七八年二十年间没有学成什么东西，近四十岁又开头学现代文学的苦衷。但在这次，当陈涌同志与我均在场，我从来未曾全盘否定过陈涌同志的重大贡献而陈涌同志对我的《镜子》一书持全盘否定态度且有涉政治原因的时候，孙玉石老师对陈涌同志的片面性未置一词而单方面批评我的片面性，我则不能不为己一辩。

二、整体与部分、否定之否定

在《鲁迅研究动态》召集的座谈会上，陈涌同志和孙玉石老师都重点批评了我所说的鲁迅对中国传统文化持有整体性的否定态度的观点，并将此与当前批评的"全盘西化"等同了起来。在这里，涉及如何理解整体与各组成要素（或曰部分）的关系的问题和马克思主义的否定之否定的辩证发展规律的问题。

早在亚里士多德，就提出了整体不等于各部分之和的命题，所以，严格说来，整体与部分的关系的问题，还不是马克思主义哲学所重点解决的问题，但马克思主义经典作家却是把它当作一个普通常识来运用的。

恩格斯在《自然辩证法》中写道：

> 无论骨、血、软骨、肌肉、纤维质等等的机械组合，或是各种

关于鲁迅研究中马克思主义方法论的几个问题

元素的化学组合，都不能造成一个动物。①

在这里，"动物"是一个整体，骨、血等是它的各个组成部分，不只每一个单个的部分不能等同于整体。而且全部的部分都加在一起，也不和整体等同。为什么呢？这里有一个"质"的问题。恩格斯在谈到质量关系时说：

物体纯粹是由分子构成的，但它是本质上不同于分子的东西，正如分子又不同于原子一样。②

H、H、O这三个原子是不能喝的，而H_2O则可以饮用，这里在各部分上都是相同的，但整体上却是根本不同的。有时候，量的增加或减少，也会带来整体的变化，CO_2和CO是根本不同的两种物质，它们的不同是整体上的不同，而不是部分的不同。更重要的是，两种相同事物的不同联系方式，也会带来整体性的不同。资本主义社会和社会主义社会都主要由资产阶级和无产阶级两个阶级组成，但在资产阶级占统治地位、无产阶级占被统治地位的时候，组成的是资本主义社会；在工人阶级占统治地位、资产阶级占被统治地位的时候，组成的是社会主义社会，二者是整体的不同，而非部分的不同。

整体不等同于部分，也不等同于各部分之和，所以整体的否定也不等同于对各个部分的否定。实际上，这种例子在生活中是比比皆是的。马克思主义与黑格尔主义是整体的不同还是部分的不同？就其中的很多部分而言，马克思主义与黑格尔主义是相同的（主要在辩证法方面），而在整体上，我们却绝不能认为二者是相同的，甚至也不能说它们的差异仅仅是部分的差异。在哲学上，马克思曾是小黑格尔主义者，他之成为马克思主义者不是发展着黑格尔主义的部分合理因素时实现的，甚至也不是否定着黑格尔主义的部分不合理因素时实现的，而是在整体上黑格

---

①恩格斯：《自然辩证法》，载《马克思恩格斯选集》第3卷，第536页。
②同上书，第486页。

尔主义已经无法满足于马克思的需要时才实现的。也就是说，马克思之成为马克思主义者，仅就对黑格尔主义而言，是从整体性地否定黑格尔主义开始的，如果他仅仅不满意黑格尔主义的某一部分的内容，那么，他可能终其一生仅仅是一个小黑格尔主义者，因为小黑格尔主义也并非在每个部分上都完全等同于黑格尔主义的。正是在这里，我们可以看出在思想领域的真正的革命者和改良主义者的区别：一种学说的革命者是对某一种或某几种占统治地位的思想学说的整体性否定，而改良主义者则只是对某种旧学说的部分的修正，前者是整体基础的变换，后者是在原有基础上对某些部分的调整或改造。马克思、恩格斯把黑格尔的辩证法从唯心主义的基础上改换到完全不同的唯物主义基础上，带来的是整体性质的变化，所以他们在哲学领域实现的是一场革命，而不是一次改良。

在这里，还有一个如何理解否定这个概念的问题，在马克思主义的辩证唯物主义哲学中，"否定"自身便不是全盘抛弃的意思。恩格斯说：

> 在辩证法中，否定不是简单地说不或宣布某一事物不存在，或用任何一种方法把它消灭。斯宾诺莎早已说过，Omnis Determinatio est negatio，即任何的限制或规定同时就是否定。①

整体不等同于各部分之和，否定不是全部抛弃，所以整体否定便绝非一切皆坏、全盘扔掉的意思。谁能说社会主义对资本主义不是整体性的否定呢？但谁又能说社会主义对资本主义的整体性否定就是把资本主义社会中的人全杀掉、机器全毁掉、把那时积累的一切知识成果全忘掉呢？所以，整体否定恰恰包含着对其中大量的部分的肯定，否定的仅仅是它的整体功能，当新机体吸收了新因素并与旧机体的保留因素以新的方式组合起来其整体功能发生了根本的转化的时候，整体的否定便实现了。

在十年动乱之前，特别是之中，我们把马克思主义辩证法的三大规

---

① 恩格斯：《反杜林论》，载《马克思恩格斯选集》第3卷，第131—132页。

关于鲁迅研究中马克思主义方法论的几个问题

律（对立统一规律、质量互变规律、否定之否定规律）仅仅归结为对立统一一个规律，十年动乱之后，我们才重新恢复了后两个规律的独立地位。我认为，我们对整体、否定和整体否定的错误理解，是与此有关的。列宁说："可以把辩证法简要地确定为关于对立面的统一的学说。这样就会抓住辩证法的核心。"①但他没有否认其他两个规律的独立地位，在同一篇文章中，他同时论述了三个规律。我认为，如果说对立统一规律着重揭示的是事物内部对立面的斗争及第一次否定的实现，而否定之否定才揭示了整个运动过程所呈现出来的总体面貌和表现形式。事物的第二次否定的实现，才"仿佛是向旧东西的回复'否定的否定'"②，但是，如果没有第一个否定，第二个否定也便无法实现，在那时的旧事物仍然是旧事物，而只有实现了第一个否定之后再进行的第二次否定，才会又一次呈现着向旧事物回复的形式，但这时的旧事物的回复已经本质上不同于旧事物。换言之，没有经过对旧事物否定的旧事物，永远仅仅是旧事物，这时是发展的停滞状态，是旧传统的自身存在，而非旧传统的继承，只有经过对旧传统的否定，才发生旧传统的继承问题。

毫无疑义，鲁迅首先是一个旧传统的革新者，而不是一个改良主义者。"五四运动所进行的文化革命则是彻底地反对封建文化的运动，自有中国历史以来，还没有过这样伟大而彻底的文化革命。当时以反对旧道德提倡新道德、反对旧文学提倡新文学，为文化革命的两大旗帜，立下了伟大的功劳。"（毛泽东：《新民主主义论》）这里的"新道德"与"旧道德""新文学"与"旧文学"，总括言之的"新文化"与"旧文化"，都是整体的对立，整体的否定，而非某个部分的对立和否定。鲁迅说："我翻开历史一看，这历史没有年代。歪歪斜斜的每页上都写着'仁义道德'几个字。我横竖睡不着，仔细看了半夜，才从字缝里看出字来，满本都写着两个字是'吃人'！"（鲁迅：《狂人日记》）这里进行的也是整体性否定，不首先理解鲁迅对中国封建时代的历史和文化的这种整体性否定态度，我们便无法说明鲁迅作为彻底地、不妥协地反封建战士的面貌，也不能更清楚地说明他对中国传统文化各个部分的具体认识为什么与古代

---

①②列宁：《辩证法的要素》，载《列宁选集》第2卷，第608页。

人有了不同，亦即不知道他为什么肯定这种因素而否定那种因素以及在何种意义上这样肯定、这样否定。

整体性否定不等于全盘否定、全部抛弃，整体性肯定也不等于全盘肯定、全部拿来。"否定"中包含着"肯定"，"肯定"中包含着"否定"，而对什么事物取整体性否定态度和整体性肯定态度则取决于特定历史条件的特定历史需要。一般说来，对于革命改造的具体对象，革命者取的是整体否定的态度，而对借以对对象进行改造的参照物，取的则是整体性肯定态度。

> 自从1840年鸦片战争失败那时起，先进的中国人，经过千辛万苦，向西方国家寻找真理。洪秀全、康有为、严复和孙中山，代表了在中国共产党出世以前向西方寻找真理的一派人物。那时，求进步的中国人，只要是西方的新道理，什么书也看。向日本、英国、美国、法国、德国派遣留学生之多，达到了惊人的程度。国内废科举，兴学校，好像雨后春笋，努力学习西方。我自己在青年时期，学的也是这些东西。这些是西方资产阶级民主主义的文化，即所谓新学，包括那时的社会学说和自然科学，和中国封建主义的文化即所谓旧学是对立的。学了这些新学的人们，在很长的时期内产生了一种信心，认为这些很可以救中国，除了旧学派，新学派自己表示怀疑的很少。要救国，只有维新，要维新，只有学外国。那时的外国只有西方资本主义国家是进步的，它们成功地建设了资产阶级的现代国家。日本人向西方学习有成效，中国人也想向日本人学。在那时的中国人看来，俄国是落后的，很少人想学俄国。这就是19世纪40年代至20世纪初期中国人学习外国的情形。
>
> （毛泽东：《新民主主义论》）

中国近现代的先进人士，大多经历了这么一个阶段，鲁迅也不例外。而在这样一个阶段，他们是把中国传统文化与西方现代资产阶级民主文化当作两个整体对立的个体的，对前者，取的是整体性否定的态度；对后者，取的是整体性肯定态度。这在毛泽东同志的这段论述中说得很明白。显而易见，经历过这个思维阶段与没有经历过这么一个思维阶段是不同的。五四时期的国粹派对中国古代文化传统也并非一概肯定的，也有"分析"，也有"批判"，他们普遍崇儒而否认传统儒家所否认的传统文化的因素，对西方文化，他们也有分别，对西方人士赞扬中国儒学的言论也是欢迎的、肯定的，鲁迅对中国传统文化的各种因素也有分别，也有肯定和否定、赞扬和贬斥，对西方文化的各种学说也不是没有批判和否定，但二者的具体分析和批判却是根本不相同的。为什么呢？就因为鲁迅首先肯定了要对中国传统文化进行整体性的改造，首先肯定了西方文化较之中国古代文化在整体上要优越一些、先进一些。所以，要论述鲁迅，越过这个思维过程而直接进入对中国古代传统文化和西方文化都有继承、也都有批判的过程，是不能说明他与国粹派的差别的。

在"鲁迅与中外文化"学术讨论会上，我只来得及写完全文的一、二两部分，但文前有全文内容的提要。"提要"的全文如下：

本文的主旨在于说明鲁迅对中外文化具体态度的实质意义及其在中国人民重建中国现代文化过程中的重要性。全文共分四个部分：

1. 对古老文化传统的价值重估。中国古代的传统文化是在中华民族独立自存的历史条件下，在主要注意实现本民族内部的关系调整并实现自我内部的平衡的历史时期里，在现有的以农业经济为主体的经济形态的基础上，在封建专制政治和封建等级制度的总体社会结构的基地上，由中华民族全体成员在自己的历史发展过程中建立并发展起来的全部文化。它的整体结构功能是有利于加强在现有条件下的自我内部平衡。鲁迅对中国传统文化的价值重估是在中华民族介入了现代世界的广泛联系并以弱国、落后国的姿态面临着西方发达的资本主义国家的实际威胁的时候做出的，在这时中华民族追求与世界各强大国家的外部平衡的需要大大超过了自求平衡的需要，中国古代文化传统自求平衡的历史必要性已经转化成了现实的不合理性。

2. 把西方文化做为重建中国现代文化的基本参照系。事实证明，西方文化是一个可以从自身内部取得推动力以保证自己不断打破固有平衡、实现更高平衡以实现自我革新的文化系统，鲁迅向西方文化学习的主要致力点在于以西方文化为参照系重建一个能不断自求发展的中国现代文化系统。

3. 鲁迅文化思想系统的内涵及其实质意义。具体剖析鲁迅文化思想演变和发展过程以及它的内在系统性。

4. 对古老文化传统的现代化调整。分析鲁迅对中国古代文化传统的具体剖析，说明鲁迅如何在批判和阐扬的过程中努力把中国传统文化对中国人的影响转化为具有能动性质的新的文化系统并使之与西方文化成果相结合，成为中国现代的文化系统。这个新的文化系统在本质上不等同于西方文化系统自身，而是有利于中华民族现代发展的、带有过渡性质的、具有民族特色和现代性质、世界性质的独立文化系统。我确实不明白，在我这些观点中，陈涌同志是怎样引出"全盘西化"的结论来的呢？

三、思维的具体和先验的结构

鲁迅研究是一个理论研究的领域，它不同于艺术家对对象的直观的、表象的反映方式，而是通过抽象思维把握研究对象的一种方式。这种方式有什么特征呢？马克思在谈到他的政治经济学的研究时说：

> 从实在和具体开始，从现实的前提开始，因而，例如在经济学上从作为全部社会生产行为的基础和主体的人口开始，似乎是正确的。但是，更仔细地考察起来，这是错误的。如果我抛开构成人口的阶级，人口就是一个抽象。如果我不知道这些阶级所依据的因素，如雇佣劳动、资本等等，阶级又是一句空话。而这些因素是以交换、分工、价格等等为前提的。比如资本，如果没有雇佣劳动、价值、货币、价格等等，它就什么也不是。因此，如果我从人口着手，那么这就是一个浑沌的关于整体的表象，经过更切近的规定之后，我就会在分析中达到越来越简单的概念；从表象中的具体达到越来越稀薄的抽象，直到我达到一些最简单的规定。于是行程又得从那里回过头来，直到我最后又回到人口，但是这回人口已不是一个浑沌的关于整体的表象，而是一个具有许多规定和关系的丰富的总体了。

关于鲁迅研究中马克思主义方法论的几个问题

第一条道路是经济学在它产生时期在历史上走过的道路。……后一种显然是科学上正确的方法。具体之所以具体,因为它是许多规定的综合,因而是多样性的统一。因此它在思维中表现为综合的过程,表现为结果,而不是表现为起点,虽然它是现实中的起点,因而也是直观和表象的起点。在第一条道路上,完整的表象蒸发为抽象的规定;在第二条道路上,抽象的规定在思维行程中导致具体的再现。……其实,从抽象上升到具体的方法,只是思维用来掌握具体并把它当作一个精神上的具体再现出来的方式。但决不是具体本身的产生过程。举例来说,最简单的经济范畴,如交换价值,是以人口、以在一定关系中进行生产的人口为前提的;也是以某种形式的家庭、公社或国家等为前提的。它只能作为一个既与的、具体的、生动的整体的抽象片面的关系而存在。相反,作为范畴,交换价值却有一种洪水期前的存在。因此,在意识看来——而哲学意识就是被这样规定的:在它看来,正在理解着的思维是现实的人,因而,被理解了的世界本身才是现实的世界——范畴的运动表现为现实的生产行为(只可惜它从外界取得一种推动),而世界是这种生产行为的结果;这——不过又是一个同义反复——只有在下面这个限度内才是正确的:具体总体作为思维总体、作为思维具体,事实上是思维的、理解的产物;但是,决不是处于直观和表象之外或驾于其上而思维着的、自我产生着的概念的产物,而是把直观和表象加工成概念这一过程的产物。整体,当它在头脑中作为被思维的整体而出现时,是思维着的头脑的产物,这个头脑用它所专有的方式掌握世界,而这种方式是不同于对世界的艺术的、宗教的、实践-精神的掌握的。实在主体仍然是在头脑之外保持着它的独立性,只要这个头脑还仅仅是思辨地、理论地活动着。因此,就是在理论方法上,主体,即社会,也一定要经常作为前提浮现在表象面前。①

---

① 马克思:《〈政治经济学批判〉导言》,载《马克思恩格斯选集》第2卷,第102—104页。

为了避免别人指责我歪曲马克思的原意或认为我断章取义，我在这里尽量完整地引用了马克思的有关论述。在这段论述中，马克思指出了两种研究方法，一种是"从实在和具体开始，从现实的前提开始"，马克思说这种方法"似乎是正确的。但是，更仔细地考察起来，这是错误的"。这是一条"经济学在它产生时期在历史上走过的道路"，其方法就是把"完整的表象蒸发为抽象的规定"。第二种方法是马克思用的方法，是"科学上正确的方法"，这种方法是"从抽象上升到具体的方法"，在这里"抽象的规定在思维行程中导致具体的再现"，它"只是思维用来掌握具体并把它作为一个精神上的具体再现出来的方式"。但绝不是具体本身的产生过程。马克思在这里举出了"人口"的例子，他说如若抛开一切规定，"人口"只是我们看到的活动着的大量的人的一种抽象，是一个混沌的整体的表象，我们这时对"人口"可以说还是一无所知。你要了解人口，仅仅从人口这个"实在的具体"开始是不行的，你得知道"阶级"，但阶级也是一个混沌的整体的表象，是对整体的一种抽象，例如"工人阶级"是在工厂里做工的那些人的抽象，抛开了雇佣劳动、资本等等，"阶级也是一句空话"，这时你得首先了解雇佣劳动、资本等等，但资本也是对实在具体的一种抽象，是混沌的整体的表象，是资本家们投入生产过程和流通领域的货币的总称，所以，你要了解资本，你还要了解雇佣劳动、价值、货币、价格等等。……这样，人们从"人口"开始，从这个混沌的整体的表象出发，便越来越离开了"人口"自身，经过一系列"更切近的规定"，"在分析中达到越来越简单的概念"，"达到一些最简单的规定"。这些最简单的规定，显然不仅仅是对象的具体实在的整体表象，而是当时历史时代人们普遍已经认识了的"思维的具体"，这时，人们才能重新反过来，对价格、货币、价值、雇佣劳动、资本、阶级等等做出逐级的规定，当最后一次返回"人口"时，对"人口"才有了明确的认识，才不再是"一个混沌的关于整体的表象"，才由"抽象上升到具体"。马克思由此指出，具体是什么？它不是事物自身的一个混沌表象，而是"许多规定的综合"，是"多样性的统一"。这时的具体已不是纯客观的东西，而是"思维总体""思维具体"，这种思维总体和思维具体不是纯客观的复写，而是"思维、理解"的产物。它之所以反映

关于鲁迅研究中马克思主义方法论的几个问题

着客观世界的规律性,仅仅因为它"不是处于直观和表象之外或驾于其上而思维着的、自我产生着的概念的产物,而是把直观和表象加工成概念的产物",但这绝非说二者是完全等同的,"整体,当它在头脑中作为被思维的整体而出现时,是思维着的头脑的产物,这个头脑用它所专有的方式掌握世界,而这种方式是不同于对世界的艺术的、宗教的、实践-精神的掌握的"。这种思维具体反映着世界的某些本质联系和真实状况,所以它包含着绝对真理的因素和内核,因此与休谟、康德的二元论、不可知论是不同的。但它又绝对不完全地等同于纯粹客体的自身,不是对客体的包罗万象的整体的直接浮现,所以它又只是相对地接近客体自身,是相对的真理,因此与机械的反映论是绝缘的。这样,马克思又告诉我们,在我们面前实际存在着两个世界,一个是在思维着的人以外的独立世界,马克思称之为"实在主体",它在我们的"头脑之外保持着它的独立性",一个是被人理解了的世界。特别令我们感到惊奇的是,马克思认为前一个并不是我们所说的"现实的世界",只有后一个世界才是"现实的世界":"正在理解着的思维是现实的人,因而,被理解了的世界本身才是现实的世界。"

马克思讲了理论思维的过程,同时也讲了理论叙述的方法。他说:

> 当然,在形式上,叙述方法必须与研究方法不同。研究必须充分地占有材料,分析它的各种发展形式,探寻这些形式的内在联系。只有这项工作完成以后,现实的运动才能适当地叙述出来。这点一旦做到,材料的生命一旦观念地反映出来,呈现在我们面前的就好像是一个先验的结构了。①

为什么"材料的生命一旦观念地反映出来,呈现在我们面前的就好像是一个先验的结构"了呢?我认为,这仍然与马克思讲的理论思维过程紧密相关。自然,马克思的方法是"从抽象上升到具体的方法",自然它的认识终点(暂时的、相对的)是把人们的"混沌的整体的表象"转

---

① 马克思:《〈资本论〉第2版跋》,载《资本论》第1卷,第23—24页。

化为"思维的具体",自然在这一转化过程中必须从"最简单的规定"出发重新返回总体,使这个总体成为"一个具有许多规定和关系的丰富的总体",那么,他这时处理的便不再是一个浑然无间的混沌整体,而是一个"结构"了,而这个"结构"并不先天地存在在事物的混沌整体中,只是"头脑用它所专有的方式掌握世界"的一种方式,所以马克思说它"好像是一个先验的结构"。但它与黑格尔等唯心主义者那种先验的结构却有本质的不同,即唯心主义者的先验的结构是"处于直观和表象之外或驾于其上"的东西,是先有了这种结构,之后事物按这种结构而形成或发展,它或者为上帝所规定,或者为人的主观而预先生成。而马克思这里的结构形式,却不是"处于直观和表象之外或驾于其上"的东西,它"是思维着的头脑的产物",但却是"把直观和表象加工成概念这一过程的产物"。因此马克思说它"好像是"一个先验的结构,而本质上并非如此。与此同时,不论这个结构如何复杂,但相对于它所说明的对象,都是相对简单化了的,它永远不可能再重新回归于直观客体时的那种混沌整体的表象。也正是因为如此,马克思"从抽象上升到具体"的方法,在具体的运用中,又表现为"从简单上升到复杂"的方法:

> 但是,不管怎样总可以说,简单范畴是这样一些关系的表现,在这些关系中,不发展的具体可以已经实现,而那些通过较具体的范畴在精神上表现出来的较多方面的联系和关系还没有产生;而比较发展的具体则把这个范畴当作一种从属关系保存下来。在资本存在之前,银行存在之前,雇佣劳动等等存在之前,货币能够存在,而且在历史上存在过。因此,从这一方面看来,可以说……比较简单的范畴可以表现一个比较发展的整体的从属关系,后面这些关系,在整体向着以一个比较具体的范畴表现出来的方面发展之前,在历史上已经存在。在这个限度内,从最简单上升到复杂这个抽象思维的进程符合现实的历史过程。①

---

① 马克思:《〈政治经济学批判〉导言》,载《马克思恩格斯选集》第2卷,第105页。

关于鲁迅研究中马克思主义方法论的几个问题

不难看出，当它转化为马克思的叙述方法的时候，马克思首先引入的好像是一个比较简单的先验的结构，并且不是在他的直接论述对象自身非常明确地表现着的那种类似先验的结构的东西，而是在它之前亦即它之外引入的一个远为单纯的结构。马克思为了说明整个资本主义社会的经济学，首先是从资本主义产生前，乃至整个资本出现之前的货币分析起，从生产品（商品）的使用价值和交换价值（价值）谈起，并一步一步把从这里归纳出的极简单的结构引入对资本主义经济自身的分析，在这时，这个简单的类似先验的结构复杂起来。但这一切，却是从一个最简单的结构蕃演、发展开来的。也就是说，从表现形式上，马克思好像把一个先验的简单结构外加于研究对象自身了。

在《鲁迅研究动态》召开的座谈会上，孙玉石老师批评我常常用一种先验的模式硬套在鲁迅身上，只是用鲁迅论证这个先验的模式，其中很多东西鲁迅根本不可能知道，并且由此得出了我"神化"鲁迅的结论。所谓"模式"，就是一种相对固定的结构。我认为，对这种模式必须要做具体分析。有一类模式，根本不是作者从对象的分析中做出的一种相对"简单的规定"，而是从外部借用来的，并且不但不利于说明对象的本质特征，而且严重歪曲了对象的本质面貌。对这种模式，我们是应当极力反对的，一切教条主义者，都是用一种固有的模式歪曲了认识对象的模式论者；第二类模式，也不是从研究对象自身抽取出来的，而是在它种现象的研究中归纳出来的一种带有某种普遍意义的模式，我们用它作为一个基本理论框架，可以揭示出对象的某些本质特征。对这种模式，我们不能反对，并且也不可能取消。实际上，这类模式在我们的文学研究和一般理论研究中俯拾皆是、屡见不鲜。例如，我们研究老子的辩证法思想、王充的唯物主义思想、李白诗歌的浪漫主义特色、《红楼梦》的现实主义特征、李贽的资产阶级民主思想，都是把研究对象纳入特定理论模式或文学模式中加以论述的，至于老子、王充、李白、曹雪芹、李贽，当然并不会知道我们所用的辩证法、唯物主义、浪漫主义、现实主义、资产阶级民主思想这些概念及组成这些概念的整个理论模式了。但谁都知道，当我们把这些研究对象纳入这些理论模式或文学模式之中加以考察后，这些研究对象的面貌不是变得比古代更模糊了，而是变得更清晰了。自然我们天天用着这些相对固定的模式去研究古今中外的文学现象，所以我们也不应笼统地反对用一种我们还不很熟悉的模式去研究具体事物，因为像唯物主义、现实主义等等概念，在我国二三十年代也曾是一些新的概念。这里的标准只有一个，即它在揭示研究对象的本质特征中是否可以起到一些有益作用；第三类模式便是马克思主义经典作家主要应用的那种类似先验结构的模式，它们不是从任何地方直接纳入的，而是在分析对象自身的过程中做出的一些"简单的规定"，而后又在叙述过程中以类似先验的结构出现在读者眼前的东西。

绝大多数读者都会知道，在我的文章中从来未曾运用过西方现代文学理论中的一些相对固定的理论模式，我并不反对别人运用，但我自己，由于缺乏这方面的必要的知识，还没有贸然运用过。其中绝大多数的理论概念，都与我国五六十年代通用的概念相同。我想，我之被认为用先验的模式硬套在鲁迅身上，多因为我的一些"自造"的模式。但是，不论我这些自造的模式是否起到了我自认为应当起到的作用，但在我自己，却是在对研究对象的思考中形成的，是为了说明研究对象而被运用的，就其基本方式而言，我所努力学的则是马克思主义经典作家在《〈政治经济学批判〉导言》中倡导的"从抽象上升到具体"的方法。

鲁迅之所以需要研究，就是他在某种程度上，在人们的面前还不是一个完全地"思维的具体"化了的对象，他的全部作品和全部研究资料还保留着部分的直观表象的形式，而对这样一个直观的表象人们仍然会做出各种不同的"抽象"，鲁迅研究工作者的任务就是不断把鲁迅转化为一个"思维的具体"，否则，鲁迅研究也就不必进行了。在我写作《鲁迅与中外文化》（论纲）的时候，社会上出现了一些文化思潮，其中一部分先生重新提出了"中体西用"的口号，有的则预言"21世纪将是儒学复兴的世纪"，还有的同志提出要建立"新儒学"。这些先生和同志，普遍认为鲁迅对中国传统文化的批判是偏激的、片面的，甚至把"十年动乱"造成的危害也算在五四反封建运动的账上。这就产生了一个问题，即如何具体看待鲁迅及他的反封建斗争的问题，如何看待鲁迅对中外文化的态度问题。面对这个问题，我们有三种选择：一、同意以上的观点，指出鲁迅对中国传统文化的偏激。但这里也就有一个问题，即承认鲁迅的

关于鲁迅研究中马克思主义方法论的几个问题

偏激态度，我们便必须肯定当时的辜鸿铭、梁漱溟和鲁迅批判的"国粹派"在当时代表了正确的方向，但一旦承认了这一点，我们就必须承认五四新文化运动在总体上是错误的，因为代表正确方向的恰恰不是新文化运动的倡导者和支持者。当然，对于科学研究工作者，这也并无不可，对历史做出重新的评价也是常有的事。但是当我们否认了五四新文化运动，对于"五四"以后的全部历史就要重新评价，因为不论是中国共产党领导的新民主主义革命，还是"五四"以后的全部新文学，都是在五四新文化运动这个基点上发展起来的。而如果我们否认了五四新文化运动以及此后的全部历史，我们肯定的又是什么呢？我们肯定的将是五四新文化运动以前的中国历史，而那时的历史能否肯定呢？那段历史，恰恰是我们中华民族被侮辱与被损害的历史，是在帝国主义屠刀下为刀下俎的历史。因此，在逻辑上，这条理论路线是走不通的。除此之外，我们在否认鲁迅的偏激态度时，还可在新文化运动倡导者内部寻找"临界点"，例如比鲁迅稍温和的胡适、周作人、林语堂，或者形式上更激烈但内在素质较不偏激的钱玄同、刘半农。但是，这些人的后来发展，却明显不如鲁迅，鲁迅终其一生都踏在中国历史前进的途程上，而这些人很快退回了书斋，趋于了平和，对他们的这些变化我们不必重责，但也不能说更带"全面性"，因为如若都如此"全面"，中国的历史将停留在国民党统治时期。即使我们不能把我们的政治观点作为立论的依据，即使我们要与台、港同胞对话，我们也应当说，一个执掌着全国政权的统治集团之能够被中国共产党领导的工农"泥腿子"推翻，如若它不是黑暗到了极点，也是根本不可能的。而只要承认中国新民主主义革命胜利的必然性和合理性，我们也便必须承认这是中国社会历史的前进。而对于这个历史前进没有足够的推动力的思想，反作为鲁迅思想的衡量标准，这在理论上也是站不住脚的。与此同时，这与我们的具体感受也有很大矛盾。例如鲁迅的《狂人日记》《阿Q正传》和他的大量杂文，恰恰是非常激烈地批判中国传统文化的作品，而正是这些作品，是我们感到思想深刻、见解敏锐的作品，它们比胡适、林语堂、刘半农的同类作品更能引起我们的同感，并且在中国现代思想史、文学史上影响深远。一个文学研究工作者，不能不正视这种历史的事实。所以，我们的第一种选择不论在理论上、逻辑上，还是在事实上、实践上，都是走不通的；二、如果第一种选择在理论上行不通，我们就必须承认，鲁迅的态度至少在当时的历史条件下不是"偏激"的，如果我们依然说它是"偏激"的，至少这种"偏激"也是当时历史时代的"正规"。例如中国新民主主义革命的"三大法宝"之一的武装斗争，仅从单方面考虑，中国共产党拿枪杀人，可谓"偏激之至"，但要把国民党的黑暗统治考虑在内，这里的"偏激"恰恰正是历史的"正常现象"。在这时，我们就应有一种方法论的引进，即：我们必须把一种历史现象纳入与它的对立面的统一体中来考察，在二者的对应关系上论述它的合理性或非合理性。这样，我们就不能用一种我们认为"永恒"的"正确"标准单方面地衡量鲁迅，而应把鲁迅的言论同他所批判的对象放在一起来考察。不难看出，在这种情况下，对于鲁迅的研究开始部分地离开了鲁迅自身，从而转移到鲁迅与中国传统文化二者的关系上来了。也就是说，我们不仅要论述鲁迅，还要论述中国传统文化。在这里，我们能否停住呢？显而易见，也不能！因为在这两者的关系上，我们仍然找不到一个理论立足地。就我自己，当然愿意以鲁迅的是非为是非，但这是与我观点不同的先生们和同志们所不能认可的，但若我要以他们对传统文化的看法为标准衡量鲁迅，我便等于退回到第一种选择上去，那也是我所不能同意的。因此我在这个第二种选择上可以停留下来，但却只能获得与我的观点一致的同志们的认可，而不可能起到与不同观点的同志发生对话的作用。它较前一种选择更接近了问题的实质，但却并非一种合理解决问题的选择；三、自然我不能以鲁迅的是非为是非，也不能以中国传统文化的标准为标准，那么，我就必须离开这两者，寻找一个既非此，又非彼，既能衡量鲁迅、又能衡量传统文化，既能征得与我的观点不同的先生们或同志们的认可、又与我的观点没有矛盾的标准。这样，我就不得不完全离开鲁迅，转移到与中国传统文化、鲁迅都有联系但又不等同于它们的自身的领域。不难看出，把二者联系在一起的是中国的历史，二者的联系在这里，二者的区别也在这里。二者的联系在于它们同是中国历史的产物，二者的区别在于它们各自处于中国历史发展的不同阶段上。在这时，我要比较鲁迅所处历史阶段与中国古代历史的不同，还不能从文化史的不同论述起，

关于鲁迅研究中马克思主义方法论的几个问题

因为我们探讨的是两种文化的不同,从文化史的不同说明文化史的不同只是同义反复。这样,我就只能从在这两个历史阶段中华民族存在方式的不同入手。当视线转移到这个地方,即使一个傻子也会看到,在古代,我们是与整个世界相对隔离的,在那时我们民族与周围有限的国家和民族的松散联系中,我们中华民族也处于强国和先进国的地位上。我们不必考虑与其他民族和国家的全面竞争,只要把自己的国家调理得和谐安定,我们就能雄踞于周围落后民族和国家之上。因此,内部平衡的问题几乎是我们民族唯一重大的问题,而这种内部平衡又必须是那个历史时期的平衡,是那个时期的各种客观条件下的平衡,它必须适应那时的经济基础、生产发展水平、生产方式、生活方式、政治制度等等外部条件的需要。但到了鲁迅的时代,情况有了变化,我们民族被迫介入了整个世界的国际联系,并且处于被侵略、被欺侮的弱小地位。在这时,中华民族要求两个平衡,一是内部要平衡,二是要达到与西方列强之间的外部平衡,而在这两个平衡之间,外部那个平衡关系中华民族的生死存亡,更为重要。如果说我引入了一个"先验的模式",那么,"两个平衡"是我引入的第一个模式,并且是在鲁迅之外引入的,鲁迅从来没有说过。但是,我认为它并非是不能理解的一个"模式",而仅仅是一个历史常识,是马克思说的一个最"简单的规定",是无论哪一个人都应当承认的事实。

当我找到了这个人人都应当承认的最"简单的规定",我便必须再回到中国传统文化和鲁迅这相区别的双方去。首先,我从追求内部平衡的需要说明中国传统文化的特征,在这时,我又引入了一个类似先验的模式,但我认为,这应当也是可以理解的。只要承认我们中华民族在古代理所当然地要以追求内部平衡为唯一重要的目标,我们就应当承认,它应当抑制可变因素和易变因素,因为如果易变因素和可变因素片面地发展起来,与难变因素就会构成严重对立,自我的内部平衡就保持不住了。当然这种愿望未必一定得到实现,但这将会更糟,因为一旦失去这种平衡,历史就会呈现着混乱状态,人民就会承担起比社会安定时更大的苦难,我们古代的圣君贤相、文人学士就会更加迫切地要求抑制那些容易在变动中破坏社会安宁的因素。这种历史需要也就必然体现在中国传统文化的整体特征中。抑制可变因素、易变因素以与不变因素、难变因素构成相对和谐的关系，保持统一体的内部平衡是我从外部引入中国古代文化的"先验的模式"，并由此列举了中国传统文化中各个领域的表现。但我认为，只要承认我的"两个平衡"并非胡说而是历史事实的人们，对我这个"先验的模式"也是容易理解的吧！在这里，我绝没有成为民族的虚无主义者，我承认中国传统文化这个总体特征的合理性，我认为，如果中国历史没有发生鸦片战争以后的变化，我们最好还是按照固有方式发展下么，尽管它有弊害，但利多弊少，权其重轻，还是中国传统文化更为有利。但是，历史条件变化了，中华民族必须发展、必须自强、必须与西方"洋鬼子"共同生活在这个世界上，亦即必须追求与西方列强间的相对平衡关系。在这时发展自我成了第一需要，作为一个"我以我血荐轩辕"的爱国主义者，要在这种需要的基点上考虑问题，而这种"自强"的原则是与自求平衡的原则不同的。一旦鲁迅在这种原则的基础上建立起了自己的文化思想，中国传统文化的弱点便暴露得异常清楚了。在这时，我重新返回鲁迅自身，说明鲁迅对中国传统文化的批判，我认为，不是歪曲了鲁迅，而是为了理解鲁迅。当然我的目的未必能够像我设想得那么美妙，但认为我用"先验的模式"往鲁迅身上硬套，我则是不能接受的。

　　从我使用的方法本身，我认为也可以看到，我并不想、也并没有"神化"鲁迅，更无意掀起一个"造神运动"。如果不怕别人嘲笑，我可以承认我对鲁迅确实抱有与对其他现代作家（如郭沫若、茅盾这样一些同样很杰出的作家）不同的、更为强烈的感情态度，但我并不想强迫别人也这样，也不想通过贬低其他作家人为地抬高鲁迅，作为一个普通的教师，我只能通过说理的办法让人们更多地理解鲁迅。这样，我便更不能以鲁迅的是非为是非，而应当从人们普遍可以接受的常识开始，并用这种常识去衡量鲁迅。在这时，鲁迅处在被评判的地位上，而不是把他抬到"神"的地位用他的一言一行审判别人。我离开鲁迅，正是为了寻找一个衡量鲁迅的客观历史标准，而这却既被批评为用先验的模式硬套鲁迅，又被批评为"神化"鲁迅，这实在使我处于两难的境地。

　　最后我得声明，我的自辩是在不能不自辩的情况下做出的，这绝不

关于鲁迅研究中马克思主义方法论的几个问题

意味着我对任何情况下的任何批评都抱有反感。再者，我的自辩仅仅建立在一个最低的水平线上，即我企图说明，我并非如有些同志想象得那样，离开马克思主义那么远，马克思主义需要学习，需要探讨，并非看来有些不得劲的东西便一定是非马克思主义的东西。也正是在这样一个意义上，本文才不得不较多地引用了马克思主义经典作家的原话，但我并非希望人们都这样做。马克思主义应当成为鲁迅研究工作者的内在光照，在学术讨论中，主要依靠摆事实、讲道理，仅仅在马克思主义与非马克思主义之间划线，有时会影响正常学术讨论的进行，因为谁也不敢保证自己的马克思主义枪法就运用得那么纯熟，就不会夹杂进一些不符合马克思主义的观点。

1987年3月19日于北师大
原载《鲁迅研究动态》1987年第6期、第7期

从"兴业"到"立人"
——简论鲁迅早期文化思想的演变

中西文化的大撞击首先是物质文化的大撞击。中英鸦片战争和此后的中外战争,首先是西方军事文化对中国传统军事文化的胜利,而在这个胜利的后面,则直接表现着西方物质生产对中国传统的物质生产的压倒性优势。鲁迅在南京求学期间,发生了义和团运动。这个运动的惨痛失败,不但标志着中国传统的物质文化在西方物质文化面前的惨败,而且标志着中国传统的精神文化在西方近现代物质文化面前的无能为力。可以说,义和团集中了全部中国精神文化中最高尚的爱国热情和最大无畏的牺牲精神,但这一切,在西方的优越的物质文化面前,都被轻而易举地击碎了,并使之呈现出了一种愚妄、颠顶的色彩。

鲁迅新的文化思想形成的第一步,是从重视中国物质文化的发展开始的。他离开自己的家乡,首先进了南京的水师学堂,继之转入了陆师学堂附设的矿务铁路学堂。它们都是"洋务派"在"振兵兴业"的口号下开设的,都是直接为中国物质文化的发展服务的。对于鲁迅的一生,尽管这只是一个极短暂的时间,但它的意义却是巨大的。它之所以重要,在于它构成了鲁迅全部文化思想的建构基础,而这个建构基础,则决定了鲁迅的全部文化思想的基本价值取向。

任何文化,都包括物质文化和精神文化两个子系统,但这两个子系统在一个民族的整个文化系统中怎样组合起来,对于这个民族文化系统

从"兴业"到"立人"

的整体结构功能以至这两个子系统的具体面貌特征却是有致命的影响的。我们看到,中国古代文化传统中的精神文化,自有其优秀的部分,至今仍起积极作用,但作为它的主体的封建精神文化,却是与近代的历史发展格格不入的。这种封建的精神文化根本不是在持续推动社会物质文化不断发展的基础上建立起来的,不是在人们不断追求物质欲望的满足的过程中进行架构的。在封建精神文化中,儒家文化的目的是维系现实社会的人际关系,道家文化的目的是维持人自身的心理平衡,道教文化是在现有生产基础上追求个人命运的改善,佛教文化是寻求人的精神的解脱,它们都最终走向了对物质文化的部分的或大部的否定。它们都有自己赖以产生的社会物质生产的基础,但却不是为了不断发展社会物质生产,不是为了持续地推动社会生产力向着更高的水平发展。在这种情况下,精神文化自行组合成了一个庞大的、独立的系统,并且越来越具有了凌驾于物质文化之上的至高无上的地位。似乎精神文化是预成的,物质文化只应作为它的附属品和辅佐物,它不应接受物质文化发展水平的检验,而是应由它赋予物质文化以特定的价值。当精神文化完全脱离开了推动社会物质文化不断发展的建构基础,当它成了完全凌驾于物质文化之上的至高无上的价值系统,也便不再能代表社会群众的实际的、物质的利益了,也便成了异化于人的一个外在制约力量了。例如,在中国古代的封建文化传统中,人活着的主要目的不是为了获得任何物质欲望的满足,而首先是为了精神的满足,而精神的满足是不以物质欲望的满足为基本存在条件的,它是一个独立的先验规定,而物质欲望的满足则必须以精神的先验规定为标准。"饿死事小,失节事大",道德可以剥夺人的基本物质需要,但物质欲望不能剥夺先验的道德要求;社会精神文化的价值要绝对地大于社会物质文化的价值,只要社会道德关系得到了基本的维持,社会生产力再低下也是毫无关系的,社会生产力发展再快,只要冲击了先验的道德规定也是不可忍受的。国家沦于异族统治者之手似乎并不特别重要,汉族的精神文化同化了异族统治者则是大可骄傲的事情;只要"精神文明冠于全球",任何割地赔款的耻辱都可得到补偿。这种关系,在古代教育中得到了最明确的体现。德对智不必有任何依赖性,无智可以有德,愚昧可以是"好人","女子无才便是德",而智则必须附着在"德"上，由"德"赋予它以基本规定。这里的"智"，也已不包括发展物质文化的自然科学知识，而仅仅成了"道德治国"的法术，"修身、齐家、治国、平天下"的本领。在一个"不患寡而患不均，不患贫而患不安"（《论语·季氏》）的国家里，即使"治国、平天下"，也已不包括发展社会生产力、发展物质文化的大量内容。在这种情况下，教育也仅仅是虚幻的精神教育了。……由于这种组合方式，中国古代文化传统中的封建的精神文化就在与物质文化发展无关的基础上自行膨胀起来，越胀越大，越胀越空，越胀对物质文化的无形排斥力越大。而物质文化则像挂在精神文化系统上的一节盲肠，不阉自萎，不割自消，发展速度越来越慢，除了与上层统治者直接的生活享受和与精神文化有更密切的关系的物质文化部门，多少受到一点重视之外，物质文化其凋零成了在所难免的事情。

当西方文化以复兴古希腊罗马文化为旗帜对中世纪神学实行了历史的否定之后，物质文化和精神文化这两个子系统便以对等的地位、以彼此独立的意义共同发展着。在西方人的心目中，这两个文化系统不是一个压倒另一个的关系，而是彼此都有不可忽视的独立价值。但也正因为如此，精神文化不是在抑制或否定物质文化不断发展的前提下发展起来的，而是自然地反映着人们对于更高的物质文化发展水平的要求，反映着人们对于不断满足自己的物质的（同时也有精神的）更高欲求的愿望。这样，物质文化的发展也便必然地推动着精神文化的发展，精神文化的发展又反转来推动着物质文化的发展。二者在总体上构不成相互抑制、彼此排斥的关系，而是彼此推动、相互加强的关系。工业革命的成果马上在哲学、社会科学等精神文化部门中得到了鲜明的反映，而精神文化带来的个性精神、创造精神或冒险精神，又以无形的力量推动着一批一批的实业家、航海家、发明家、科学家去创造、去发明、去探险。当然，二者也常常有双向发展的制约关系，但这种制约绝不是抑止和扼杀，而是制约对方的发展趋向。例如西方一些文艺家对资本主义金钱关系的批判性描写，绝大多数不是为了宣扬清心寡欲主义，不是为了抑商重农、阻止社会生产力的发展，而是在物质文化飞速发展的条件下挽救、净化人的灵魂。事实也已证明，它们没有抑制住物质文化的飞速发展，没有

从"兴业"到"立人"

像中国传统的精神文化一样，通过对脱离开人的强烈物质欲望的虚幻的精神的宣扬，遏止着物质文化的飞速发展。

鲁迅后来对洋务派的"振兵兴业"的救国主张做了否定，但否定的不是"振兵兴业"本身，而是认为洋务派仅仅从振兵兴业出发依然没有找到西方文化之所以能够飞速发展的根源，因而他们的振兵兴业的主张并不能最终达到振兵兴业、富国强兵的目的。但当他开始转入中国现代精神文化的建设之后，"洋务派"对他的思想影响却也表现出了它的重要性。不难看到，他的精神文化思想与中国传统的精神文化的最根本的不同，便在于他不再把精神文化作为一个自为标准的独立文化体系了。在精神文化与物质文化的联系和区别中，把精神文化放在由物质文化、精神文化两个并立的子系统构成的整个文化系统中来论述，来判断，是他的精神文化思想的最重要的一个特征。假若说阿Q形象体现了鲁迅对中国传统文化的根本弱点的认识，那么，阿Q的一个主要精神特征便是精神胜利法，便是以虚幻的精神价值掩盖自己物质上的失败，便是为了精神的满足可以抑制物质上的满足，便是把精神的东西同物质的东西简单对立起来。他在后期还说，面子是"中国精神的纲领，只要抓住这个，就像二十四年前的抓住了辫子一样，全身都跟着走动了。"(鲁迅：《且介亭杂文·说"面子"》)当中国传统文化把物质欲望的满足当作非道德的、无价值的东西被否定之后，当它的精神文化的价值主要是一种清心寡欲的虚幻精神追求的时候，人们在精神上的追求也便只是毫无实际价值的"面子"了。这一切都说明，鲁迅不再在完全脱离物质文化的条件下认识精神文化的价值了。这一变化，使鲁迅对全部精神文化价值的理解发生了与中国传统精神文化根本不同的变化。

鲁迅之所以迅速离开了洋务派，首先是由于他认识到，西方物质文化的发展，是由于西方自然科学的迅速发展，没有自然科学的繁荣，一个民族的物质生产力是不可能得到持续的迅速发展的。鲁迅认为，西方文化"进步有序，曼衍有源"，虽然不必"必以科学为先务，待其结果之成，始以振兵兴业"，但西方物质生产的发展"实则多缘科学之进步"则是必须看到的。(鲁迅：《坟·科学史教篇》)鲁迅的一生，在自然科学的研究中并没有做出自己的独立贡献，但作为一个思想家，应该说，他的自然科学知识是超越了他之前任何一个中国古代伟大的思想家的。并且他的科学知识，是西方现代自然科学系统中的东西，而不同于中国古代非系统性的、经验积累性的一般科学常识。西方数学、物理学、化学、地质学、矿务学、生物学、生理学都引起过他的极大的兴趣，留日时期他首先选学了西方医学，还写了有关地质学的《中国地质略论》，有关现代物理学的《说：钼》，有关矿务学的《中国矿产志》，有关生物进化学说的《人之历史》，有关西方科学发展史的《科学史教篇》，在他的文学活动中，翻译西方科学小说是开始阶段的重要内容，也可说是由科学向文学过渡期的现象。鲁迅由日本归国之后，在杭州和绍兴任教时仍然担任生理、化学等自然科学方面的科目教学工作，并编写、翻译了有关的讲义。

鲁迅对自然科学的重视，其意义绝不仅仅在于掌握了一些现代自然科学的常识，而在于使他在整体上进一步调整了自己的文化思想系统。

如果我们细致地考察自然科学在西方整个文化系统中的具体地位和作用，就可以看到，它实际处在物质文化与精神文化的接合部和过渡带，它向下，直接带动物质文化的发展，向上，影响精神文化的建设；对下，它把物质文化发展的成果上升为理性思维，并以这种理性思维推动精神文化的发展。对上，它接受精神文化的陶冶，并转化为科学成果作用于物质文化的发展。自然科学的这种中介作用，不但连接了物质文化生产与精神文化生产，使彼此贯通，互相影响，而且也把物质文化从狭小的实利主义和近视的眼前利益中升华出来，把精神文化的抽象性和虚幻性同现实人生联系为一体。中国古代的传统文化，恰恰缺少这个连接物质文化与精神文化的强有力的纽带。即使有一些科学成果，也不能直接作用于精神文化的发展，在物质文化的生产实践中也得不到普遍的应用，其过渡作用是很小的。这样，物质文化就被留在了狭隘的实利主义和粗俗的物质欲望的阶段上，精神文化则留在了完全虚幻的领域里，二者的直接过渡，又使物质文化的生产在狭隘的实利主义和极粗俗的物质欲望中掺杂着极其虚幻的色彩，而极虚幻、空灵的精神文化中又混杂着极狭隘的实利主义和极粗俗的物质欲望。假若我们考虑到中国古代文化传统的这个整体特征，便会看到，鲁迅认为道教是中国文化的根柢的观点，是颇有见地的。可以说，道教是把极狭隘的现世命运观点、极粗俗的物

从"兴业"到"立人"

质享乐欲望、极明确的实利主义目的，同最虚幻的宗教观念、最抽象的天道学说，结合在一起的产物。这种结合是怎样形成的呢？恰恰在于它不是由科学做为桥梁，而是以迷信做为中介的。

从中国古代文化传统与西方近现代文化的现象和后果的比较而言，中国古代文化传统中有足够的精神文化，也有更为庞大的物质文化生产的队伍，最为缺少的是自然科学的发展。就此看来，中国近代先觉者与青年时期的鲁迅，首先认识到自然科学的重要性，企图从发展自然科学入手，向下，能直接促进社会生产力的发展；向上，可以启发国民的维新精神，影响精神文化的发展，从而实现中国文化系统的近代化和现代化。应该说，这是不无道理的，并且日本的成功，所取的基本便是这么一条道路。但是，真正深入研究中国古代文化传统的特点，便会发现，对于中国，这是一条补苴罅漏的方式。中国古代文化传统，同西欧中世纪宗教神学不同，它几乎从来没有公开地、直接地压制自然科学的发展，迫害伽利略、火焚布鲁诺的事情可说根本没有发生过，但自然科学却也并没有得到像西方那样迅速的发展。这是为什么呢？显而易见，自然科学得不到发展的原因并不在自然科学本身，甚至也不在社会生产力发展的本身（因为自然科学和社会生产力是相互促进的）。它的根本原因在精神文化的领域。日本文化与中国古代传统文化的进入近代之后的不同表现，更说明中国古代传统文化对自然科学发展的抑制力来源于精神文化的领域，而不来源于自然科学的自身。中国自然科学发展的基础远远超过日本，进入近代历史阶段之后，同样面临着西方已经蓬勃发展起来的自然科学成就，但日本却能迅速打开大门，大胆"拿来"，而中国则长期持排外主义态度，在能否"以夷变夏"的精神文化领域打伦理仗、精神战。鲁迅之由自然科学向精神文化的转移，虽然其原因是多方面的，但正像维新派代洋务派而起是中国社会历史发展的大趋势一样，鲁迅由对自然科学的重视转入对制度文化的重视、由对物质文化的重视转入对精神文化的重视，也是完全可以理解的。

如果说在物质文化中，自然科学是最接近精神文化且呈现着向精神文化过渡趋势的文化门类，那么，在精神文化中，上层建筑及与此直接相联系的社会学、经济学、政治学、法律学、教育学等等，则是与物质文化关系最直接的文化门类，它直接关系着社会生产力的发展和自然科学事业的展开。鲁迅对这个领域的文化门类、特别是对政治的态度是复杂的，也常常引起我们从各方面来的误解。我认为，要正确理解鲁迅的态度，首先要了解上层建筑及相联属的文化门类在整个中国古代文化传统中的具体地位和作用。

在西方近现代文化中，如果我们在这里把整个文化系统分为物质文化、制度文化和精神文化三个相联系的子系统，那么，它们通常是这样被理解的：物质文化关系到人类最基本的物质需要的满足，精神文化关系到人类精神需要的满足，而人类要进行物质的和精神的生产活动，就要组织成社会，就要有上层建筑各部门的设立，而要保证上层建筑各部门更好地发挥这种职能，就有社会学、政治学、法律学、教育学等各种学说的研究和探讨。在这里，三者各有独立的价值，而且还必须以其他二者为基本的存在条件。物质文化满足人类的物质需要的职能是任何其他两项所不能代替的，但它却不能自行地组织自己，也不能起到满足人类精神需要的作用，精神需要必须精神文化予以满足，它也不能自行更好地组织自己，发展自己，也不能越俎代庖代替物质文化的发展，制度文化起到组织其他二者的作用，但却无法仅以自身满足人类的任何实际的、直接的物质和精神的需要。

但是，中国古代的文化传统，在发展形态上却与西方有很大不同。严格说来，从春秋战国到鸦片战争，历史的变迁都没有从社会生产力的发展那里汲取到什么推动力量，可以说，中国古代的主要社会变动几乎没有一次是由于社会生产力发展而引起的，恰恰相反，倒常常是由于生产力受到严重破坏而引起的。这样，制度文化也就没有因历史的发展而发生重大的带有整体意义的变化；我们也不难看到，生产力的发展、自然科学的繁荣同样也没有从上层建筑领域获得直接的巨大推动力，它们几乎都是在纯自然的状态中积累着自己的成果，因而在两千余年间发展迟缓、变化微弱，多是量的积累，没有质的飞跃；同样，社会意识形态除极晚时的明清曾从生产力的发展得到过一些直接的影响外，整体而言它是自行递演，在传统与传统的承传中发生着缓慢的分蘖，没有过真正意义上的整体转变，而在上层建筑领域得到直接推动力、促使社会意识

从"兴业"到"立人"

形态的带有根本性质的转化者，几乎是从来未曾有过的。这三个子系统的彼此默契竟达到了如此高的水平，致使任何一个方面的形式变动，都不会影响另两个子系统的内容的变化，因而在整个中国历史上，原始的、奴隶制的、封建制的、甚至还夹带着类似于资本主义性质的东西，组成了一股混浊的流体，异常迟缓地流动着。这种情况是怎样造成的呢？在这里，我们可以从制度文化在中国古代文化的整个系统中的地位和作用得到一些说明。

中国古代文化传统的整体特征是寻求民族内部的自我平衡，那时上层建筑各部门的任务不论在实际上还是在人们的观念上，都只是维持社会的现有平衡关系，经济、文化和科学的发展不是它自觉追求的目标，而只是这种平衡关系实现之后的自然结果。这样，它便把自己从另两个文化子系统中完全抽象出来，成了另两个要有赖于它而它可以不仰赖于另两个的至高无上的权威。在这种情况下，就造成了一种假象，似乎另两个文化子系统的价值都是从它自身派生出来的，而它的价值却是独立的、不以另两个价值为转移的价值。因为正是它，为其余二者提供了有可能得到发展的社会平衡条件，其他二者则对它所要实现的社会平衡没有直接的作用，至多只是说明了社会平衡的存在，说明了"皇恩之浩荡""政治之清明"。而只要这种性质的上层建筑曾经有效地实现过社会的平衡，那么当社会平衡得到破坏的时候，就不再是这种性质的上层建筑的责任，而只是具体行使上层建筑部门的具体职责的人员的责任，是"昏君、奸臣、乱贼"的责任。并且越是社会失去平衡，另二者越是要把自己的价值依托在上层建筑的价值中，因为只有首先加强了上层建筑的力量，首先实现了社会的平衡，它们才能得到自己的发展。这样循环往复，制度文化便越来越上升到了其他各文化门类之上，但也越来越失去了能够推动它自身前进的力量。因为一切都要对它负责，它却不必对任何其他的东西负责（负责的只是在其中主使工作的具体人）。在西方近现代文化系统中，情况并非如此。在那里，其他各种文化形态都被组织在上层建筑的整体架构中，在这个意义上，它高于它种文化形态，但它的任务却并不认为只是保持社会平衡，还应是、并主要应是推动它种文化形态的发展，它自身的价值必须由其他各种文化形态的独立价值标示出来。

因而它只要不再能够推动社会生产力、自然科学和社会意识形态的发展，人们就要对它自身的性能和作用进行思考和研究，就要对它进行整体的或部分的调整。如果说在中国古代社会里，任何一次社会变动着眼的只是人员的调换，而在西方近现代文化中，则每一次社会变革都不仅是人员的更替，还同时是上层建筑自身的或大至整个制度或小至个别性能的调整。

在中国古代文化传统中，上层建筑因放弃了自己对推动物质文化和意识形态领域各文化门类发展的职责，从而把自己上升到了凌驾一切的崇高地位。但也正因为如此，当一切要为它服务而它可以不为任何文化门类服务的时候，它的自我本质也便可怜地丧失了，这使它不得不把自己的本质完全异化于它种文化门类。关于这一点，人们是不难发现的，当中国古代的上层建筑仅仅追求社会的自身平衡而不把经济、科技、文化的发展作为自己的主要职责的时候，它便把自我的本质完全融化在伦理学之中了，因为除了社会平衡遭到严重破坏时的军事斗争和作为伦理学的辅助手段的法律制度之外，伦理学实际是调整社会人际关系的主要学说。如果上升到整体的高度，我国古代的制度文化实际只是在军事、法律保护下的伦理学。在这时，真正意义上的上层建筑消失了，伦理学代替了政治学、经济学、法律学、社会学和教育学，上层建筑各个领域都被伦理学所排斥，因而围绕着上层建筑各领域的独立需要展开的文化门类也都实际被伦理学代替了。我们很容易发现，在中国古代历史上，在一个朝代刚刚从破坏了的社会生产中建立起来，需要向历史上原已有过的社会平衡恢复的时候，上层建筑便越是表现着上层建筑自己的固有本质，而一旦这种平衡已经实现，上层建筑便把自己仅仅留给了伦理学，自己的本质也便基本丧失了，并且丧失了自己本质的上层建筑也便不再有任何生气，几乎是以不可逆转之势走向腐败，走向瓦解。

中国古代文化传统中的制度文化就是这样一个二重人格的东西：在形式上，它是凌驾于一切之上的上层架构，它左右着一切，决定着一切的生存和发展，但在内容上，它却完全被伦理学所异化，成了一种精神文化的奴仆。在这里，它不再是为自身而存在，而仅仅是为伦理学而存在；它不再是高于一切的东西，而只是伦理学的活化了的机械。正像西

从"兴业"到"立人"

欧中世纪"把思想体系的一切其他形式……都合并在神学以内"(恩格斯:《费尔巴哈与德国古典哲学的终结》)一样,中国古代文化传统把自己的一切,乃至上层建筑都合并在了伦理学之中。

鲁迅对上层建筑及有关文化门类的复杂态度,正是由它在中国古代文化传统中的二重人格带来的。必须指出,在这方面,他是首先沉淀了维新派和旧民主主义革命派的文化成果的。法国18世纪启蒙运动的领袖们的著作和其他政治学、社会学、法律学的著作,通过严复等维新派人士的翻译和介绍,首先影响了鲁迅的社会政治观念。鲁迅在日本留学期间,其政治观点是与革命派相同的。实际上,鲁迅对制度文化的基本态度,是在这时奠定了主要基础的,没有这个基本的基础,他在以后的所有发展都失去了根据。这个基础的实质意义何在呢?亦即维新派和当时革命派活动的实质意义何在呢?就表现而言,它是用西方的民主制度代替中国古代的封建专制制度;就内容而言,它实际是要把社会的物质文化和精神文化的生产都挂在上层建筑的战车上,使它起到组织和推动整个社会文化发展的作用。不难看出,封建专制制度本身是不能起到这种作用的。当我们上文说制度文化从物质文化和精神文化发展中抽象出来,把自己变成凌驾于其他一切文化门类的无上权威的时候,当我们说它成了一切价值中最高的价值而不再以其他文化门类的发展状况作为衡量自己的外在价值尺度的时候,实际也就是说,它的存在已经从全体社会成员中被孤立出来,成了全体社会成员的异化物,它可以左右全体社会成员,但全体社会成员再也无法左右它。民主制的主要作用便是将从事物质文化生产和精神文化生产的全体社会成员的意志输入到上层建筑中去,使上层建筑的地位从虚幻的空中降落到与物质文化、意识形态两个子系统同等的地位上来,并以自己独立的职能推动它们的迅速发展。在这点上,鲁迅一生的思想与维新派、旧民主主义革命派都是相同的。鲁迅前期对封建等级制度的抨击,后期对国民党专制统治的揭露,都是建立在对制度文化的地位和作用的现代理解之上的。

但是,鲁迅在取得了维新派和革命派对制度文化的地位和作用的基本理解之后,却并没有仅仅停留在这种部分的、孤立状态的理解上,他进一步发现了在西方近现代的文化系统中,制度文化的本质不是在孤立状态中取得的，不仅是在它对物质文化、精神文化的单方面推动作用中取得的，而且还是在精神文化与它的特殊联系中取得的。在西方文艺复兴时期，随着人从宗教神学的统治下解放出来，世俗政权也从教权中独立了出来，恢复了自己独立的本质，从而也逐渐转变成了推动社会生产力发展、自然科学的进步和保证意识形态领域各文化门类繁荣发展的东西，而在中国古代文化传统中，它却始终处于社会意识形态（主要是伦理道德体系）的挟制中，从而失去了自己的固有本质。这里的情况实际是，它越是把自己的本质异化为一种意识形态，便越是不可能给意识形态以独立发展的自由，而越是意识形态没有独立发展的自由，它便越是要受到这种意识形态的挟制而不能自由地行使自己的独立职能。在这时，鲁迅的思想实现了一个无形的质的飞跃，这个飞跃，使他一跃而脱出了中国近代思想家的思想藩篱，而走上了自己独立发展的道路。它的根本标志是，鲁迅再也不是从部分、从独立的功能上看待中西文化系统的差别了，再也不是从部分、从各部分的独立功能上看待中国古代文化传统的现代化调整了。他走上了全面的反传统的道路。

我愿读者同意我下列的一个看法：

鲁迅之所以为鲁迅，应从《文化偏至论》的发表起。
《文化偏至论》的发表标志着中国近代思想史的终结，标志着中国现代思想史的开始。

《文化偏至论》（1907）在文字表述上或有不甚周密的地方，但它的怪异的思想光辉却从今天看来比较粗疏的论证中闪耀出来。它的不可忽视的杰出价值表现在以下三个方面：

一、它第一次从否定的意义上把中国古代文化传统看作是各部分相互联系的一个完整系统，并从整个系统功能的调整中论述了全部中国古代文化传统的改造；

二、它第一次找到了中华民族从中国古代文化传统中走向中国

从"兴业"到"立人"

现代文化系统的一条必经的狭窄孔道,失去了这条孔道,中华民族就不可能转出中国古代文化传统的迷宫;

三、它首次向中国人民论述了西方文化系统自行运演的基本形式,并为中国现代文化系统从对中国古代文化系统的否定中走向自行运演的道路提供了理论的和实践的依据。

中国古代文化传统是以抑制可变因素、易变因素以使与难变因素保持相对的平衡关系达到整个社会的自我内部平衡为特征的,这使它构成了一个超稳定的静态文化系统,造成了中国历史发展极端迟缓的不良效果。那么,在中华民族进入了现代世界的广泛联系,追求外部平衡的需要大大超过了追求内部自我平衡的需要的时候,当中华民族必须从自我内部找到一种原动力推动自身不断发展的时候,应从哪里入手呢?事实必然是如此,当可变因素、易变因素由于长期受到抑制而得不到解放的时候,难变因素也便必然依然受到被束缚着的可变因素、易变因素的抑制而不可能得到迅速的发展,它的任何形式上的发展也必然在被扭曲了的可变因素、易变因素的作用下变成一种畸形的状态,甚至起到破坏性的、消极性的影响。在这时,解放可变因素、易变因素,使之形成一种源源不绝的原动力,才能不断推动难变因素的变化,而难变因素的每一个变动,反转来又为可变因素、易变因素开辟更大的活动空间。在这时,也只有在这时,滞重的中国文化系统才会从恶性循环中解脱出来,走向正转的道路。

那么,在物质文化与精神文化之间,哪一个是可变因素与易变因素呢?显而易见,精神文化是可变因素和易变因素,物质生产力的发展,自然科学水平的提高,都是需要长期努力的结果,没有本民族内部产生的一种持久的原动力推动它发展,它们就不可能不断向着新的水平攀登,至多只能时辍时进,时动时停,略有发展便会受到精神文化的抑制而停顿下来。这在各个民族都突飞猛进般向前发展的世界上,只能扩大与其他民族的差距,而无法达到与外部世界的相对平衡。而且在畸形的精神文化的作用下,有限的发展也会被纳入畸形的精神框架中,从而走向自我的否定。这个道理是不难理解的,若精神文化仍然受到抑制并以抑变措施加强着对物质欲求的抑制的时候，当人们依然把贫穷作为光荣、把无知当作有德的时候，谁又会把提高社会生产力、加强自然科学研究作为自己执着追求的目标呢？而在这时，物质也便真的只留给了缺乏精神滋养的粗糙的物质欲望，自然科学也便留给了无知的迷信，西方文化系统中的任何一种有价值的东西都会被中国固有的整个文化系统转化为自身的肿瘤，而反转来变成排斥外来文化的借口。在这时，鲁迅由重视中华民族的自强、由重视物质生产力的发展、由重视自然科学的发展，走向了对精神文化的重视。因为他认识到，精神文化的调整才是全部中国古代文化系统调整的枢纽，中国古代文化传统不以直接压制生产力发展为务而生产力发展自行委顿、中国古代文化传统不以遏抑自然科学的发展为业而自然科学的发展自行凋零着，因它扭曲了精神文化、抑止了精神文化的发展变化之故也！

在西方文化不断从自身获取原动力从而推动自己不断发展的文化历史中，没有完全被壅闭的精神文化与物质文化是互为因果的，在这无限循环的链条中，我们已难以从任何一个环节上把它截取下来，归结为一因一果的形式。但中国在进入世界联系之后，当面临着西方发达的物质文化和精神文化从而要以引进外来文化的成果自求发展的时候，应当看到，没有起码的思想解放，便不会有外国物质文化成果的引进；思想解放的程度，同时也决定了物质文化引进和在本民族内部继续发展的程度。在这时，在中国古代文化传统固有特征的制约下，又一次把精神文化上升到了物质文化之上，从而使鲁迅的文化思想与中国古代文化传统在形式上具有了相似的特征，两者都把精神文化放在最重要的地位上，但这不是由于鲁迅自觉继承古代传统文化的结果，而是自觉与它对立的结果。因为恰恰在这里，中国古代文化传统设置了自己的主力军，把守着足以被危及整个生命的主要前沿阵地。但是，这里是两种根本不同性质的精神文化。

在精神文化中，中国古代文化传统也是用抑制可变因素、易变因素并使之与难变因素保持相对平衡而造成超稳定的精神文化系统的。在书面的文化著作与社会成员的精神表现中，社会成员的精神表现是相对较易变化的因素；在多数与少数、群众与个人的精神表现中，少数、个人是相对较易变化的因素。众所周知，多数是由众多少数组成的，群众是

从"兴业"到"立人"

由无数个人组成的。就力量而言，多数的合力大于少数，群众的合力大于个人，但就发展而言，没有一个人一个人的变化，就没有群众整体的变化；没有少数人的变化，便没有多数人的变化。变化，总是从个人、从少数开始的，因而在这个意义上，先觉者的个人、首先感应新潮流的少数，又总是能够或快或慢、或迟或速地冲破群众的阻碍、冲破多数的阻挠而将原初表现为个人的意志、少数的要求的东西贯彻于群众之中，实现于多数之上，在这个意义上，他们又是最有力量的人。而中国古代的文化传统，其最显著的职能便是将社会成员的精神发展首先抑制在日常的生活中，在这时，它依靠的是多数的力量，群众的意志，在整个人伦关系的系统中镶嵌住个人，在彼此的相对平衡关系中组织起少数，使每一个超出它的伦理规范的个人、少数，首先引起群众、多数的自觉抑制，个人、少数不能动，群众、多数也便永远保持固有的稳定状态。如此循环往复，愈益加重社会整体的滞重性。那么，要破坏整个中国古代文化传统的固有整体功能，不但要首先解放长期被禁锢的精神，而且在精神解放中，又必须首先解放少数和个人。只有首先使个人或少数走上自我解放的路，才会破坏固有的平衡关系，才会带动多数和群众的自身变化；只有社会群众在精神上解脱了固有的思想桎梏，才会焕发出自己的进取精神、创造才能，才能推动社会物质文化的不断发展，才能使物质文化的发展能够从中华民族的内部获取源源不断的推动力。我们完全可以说，在这时，鲁迅实际发现了调整整个中国古代文化传统的总枢纽，找到了一个展开全部中国现代文化系统的中心点。我们还可以说，这是鲁迅破译中国古代文化传统、西方文化系统和中国现代文化系统的能够引起连锁反应的第一个数码，中国古代文化传统的滞重性来源于此，西方文化系统的动力系统存在于此，中国现代文化系统的始发点也应定于此。历史事实已经证明，只要掐断了这条狭隘的孔道，也就掐断了中华民族从自己的古旧文化传统中走出来的任何通路。

我希望人们按照上述理解看待鲁迅的两个形似怪异的结论：

掊物质而张灵明，任个人而排众数。

（鲁迅：《坟·文化偏至论》）

我希望人们按照上述理解看待鲁迅当时运用的西方文化的思想材料：

哲学上：主观唯心主义
伦理上：极端个人主义
它们的集中体现：尼采学说

在这里，我们应把尼采学说的分析评价暂时留给西方哲学史、伦理思想史和美学史的研究学者，把主观唯心主义哲学和极端个人主义学说的分析评价留给哲学史家和思想史家。我们面对的是鲁迅，是鲁迅为调整中国古代的文化传统并使之向着现代化方向运转的实际努力，而只要我们重视实际作用，不只被某些概念所吓倒，尼采学说对鲁迅的巨大而又有益的影响是不容忽视的。

以尼采学说为代表的西方主观唯心主义哲学和西方极端个人主义思潮对鲁迅的重要性还不仅仅在于帮助他找到了重视精神文化、重视个性独立的两把改造中国古代文化传统的标尺，而且还在于使他以此为核心建立起了自己最初的文化思想的系统。这个系统的主要骨架是：

主旨：立人；
哲学思想基础：唯心主义的意志论；
伦理思想基础：个性主义；
道德观念的核心：主恶；
审美范畴：以力为美；
文艺思想的核心：重主观意志的自我表现；
创作方法：抗争的浪漫主义；
国家观念：民族个性、民族自强；
主要取法对象：西方浪漫主义的哲学家、思想家、文学家、诗人、社会批评家（尼采、施蒂纳、克尔凯郭尔、易卜生、拜伦、雪莱、密茨凯维支、裴多菲、普希金、莱蒙托夫等等）；

从"兴业"到"立人"

  主要系统功能:"改革而胎,反抗为本",破坏旧有平衡。
  发展变化的形式:否定之否定。

  不难看出,这是一个有内在统一脉络的独立文化思想系统,这个系统在整体功能上与中国固有的文化传统是对立的。正如鲁迅所说,它"偏于一极",但这一极,却是中国古代文化传统所不存在的一极,是足以与它构成对立面、引起中国古代文化传统与它的对立斗争并在对立斗争中起动整个文化系统的自身运转的一极。

  在中国古代的文化传统中,哲学不是附丽在自然科学的基础上发展起来的,而是附丽在伦理学的基础上发展起来的。伦理学的倾向决定了中国古代哲学的倾向。在中国古代,也有唯物主义与唯心主义的区别乃至斗争,但显而易见,这种斗争并没有引起像西方哲学史上那种唯心主义→唯物主义→唯心主义……的社会哲学思潮的起伏跌宕,因而两种学说也没有构成像弗兰西斯·培根、笛卡尔、洛克、贝克莱、休谟、康德、黑格尔、费尔巴哈、马克思等等愈演愈独立完整的哲学体系。这迫使我们不能不思考中国古代哲学两种倾向间的互补互存的状况。我认为,中国古代哲学的这两种倾向是与中国古代伦理学的出世求自由、入世重实利;出世重个人、入世重社会;出世倡理想、入世求现实的倾向密切联系在一起的。这两种人生哲学,也有时展开一些争论,但争端仅在表层形式上的主张,而在深层质上的互补是主要的。因为个人自由论以出世把社会的等级制留给了入世派,等级制的社会论当然也可以把个人自由论留给那些与社会无忤的出世主义者;理想派把现实留给了入世的功利主义者,功利主义者当然也可以把对现实无碍的理想留给理想主义者。在这二者之间有一个间隙层,有一个缓冲地带,根本不可能构成实质的对立关系,构成对立的仅仅是出世入世的具体行为差别,即使这种差别、也可由"达则兼济天下、穷则独善其身"联系起来。只要看到中国古代伦理思想的这种特征,我们就会看到,鲁迅的个人主义的意志论,恰恰是插在这种伦理观中间的一把刀子。它的实质是在社会中求自由,在群众中重个人,在联系中讲意志。只有这种伦理观,才在入世的基础上与儒家伦理构成了尖锐的对立,从而暴露出儒家社会伦理的反人性的本质;

也在重自由意志的基础上与道家学说构成了直接的对立，暴露出了道家自由意志的虚幻性质。很多同志认为，鲁迅继承了儒家的入世精神，继承了道家的自由精神，分而言之，或无不可，合而言之，则见其谬。因为鲁迅思想根本不是取儒家入世精神与道家自由精神合而成之，而是从西方文化中以相对独立的形式吸收过来的。其中的入世，是这种学说固有的入世；其中的自由，也是这种学说原有的自由，正像我们现在的辩证唯物主义不是庄子的辩证法与荀子的唯物论的合成物而是从马克思主义那里直接接受过来的一样。思想既成，反观历史，即有评判，评判不等于继承。事实是，鲁迅这时的思想系统形成之后，加强而不是削弱了与它们各自的对立关系。在这时，儒道等中国古代文化传统，构成了一个统一的整体，被鲁迅概括为"不撄"的理论，而以西方浪漫主义的"撄人"之论与之相对立。鲁迅说："中国之治，理想不在撄，而意异于前说。有人撄人，或有人得撄者，为帝大禁，其意在保位，使子孙王千万世，无有底止，故性解（Genius）之出，必竭全力死之；有人撄我，或有能撄人者，为民大禁，其意在安生，宁蜷伏堕落而恶进取，故性解之出，亦必竭全力死之。"（鲁迅：《坟·摩罗诗力说》）。出世者不去"撄"，入世者不想"撄"，只有在社会中求自由，在群众中重个人，在联系中张意志，亦即在整体系统中讲各单子的独立性、自动性，才会由个体的变化带来整体的变化，由各单子的运动带来整个系统的运动。

中国古代的哲学也有类于此。由于它们脱离了自然科学和一般的科学基础，仅以当时社会现状下的特定需要为立论之本，所以离"物"讲"我"则走向内省的唯心主义，离"我"讲"物"则走向机械的唯物主义；执着于现实则走向狭隘的经验论，离现实而讲精神则走向玄学神秘主义。它们之间也有一个缓冲地带，难以在整体上构成对立关系。也就是说，当唯物主义把精神、主观留给与客观、物质、社会现实无关的唯心主义者的时候，唯心主义者也便把客观、物质、社会现实留给了与自己的精神、意志、主观想象无碍的唯物主义者；当狭隘的经验论把抽象的哲理把握让给了并不否认狭隘经验性认识的玄学神秘主义的时候，玄学神秘主义也就把现实经验性认识留给了无法破除自己的玄学神秘主义的狭隘经验论，所以中国古代哲学家正像在伦理上可以兼入世出世之两

从"兴业"到"立人"

种内容,在哲学上也常常兼唯心、唯物二种倾向,并行不悖,兼收并蓄,"天人合一""物我一体",无差别,无根本对立,三教同源,同时并存。但在这中间,却只有一种东西受到了无形的压抑,即"自我"和"主体"。机械唯物论、狭隘经验论、庸俗现实主义固然必须抑主观,抑自我,即使玄学神秘主义、内省的唯心主义、静观的悟性主义也都要以否定自我的现世欲望为基本前提。西方主观唯心主义哲学与中国古代的内省的唯心主义、玄学神秘主义、狭隘经验主义、机械唯物主义都有不同。它的主导精神是大自我于社会,大主观于客观,大精神于物质,大意志于现实。它在社会、物质、客观、现实的基础上与中国传统的机械唯物主义、狭隘经验论构成了直接的对立,从而暴露了它们的庸俗性和机械性、被动性和狭隘性;它在重主观、自我、精神、意志的基础上与内省的唯心主义、玄学的神秘主义构成了直接的对立,暴露了它们的软弱性和虚幻性、被动性和反科学性。马克思说,在辩证唯物主义产生之前,人的能动性的一面是在唯心主义的形式下发展起来的,但分明不是中国传统中的那种内省的唯心主义和玄学的神秘主义,而主要指强调主观对客观的自主、自动作用的西方主观唯心主义或以先验理性、绝对观念解释物质世界发展变化的客观唯心主义。

如前所述,中国古代的道德论只有对"善"的片面肯定。这时鲁迅强调的则是"恶",讲"摩罗"、赞撒旦、主破坏、谈复仇、论证憎的合理性,反对宽容、撕破慈善面孔、抨击假道学、肯定"狂人"、赞扬"疯子"。不难看出,鲁迅一生都没有否定"恶"对"善"的破坏作用。"善"的作用是维系社会的相对平衡和联系,"恶"则是对现有平衡关系的破坏,中国古代文化传统只重"善",只重关系的协调,带来的是自身发展的缓慢性和对自身力量的销蚀性。偌大的帝国而屡败于金、败于元、败于清,败于西方帝国主义,恰恰证明了"善"是无力的,"老实是无用的别名","一个人口几乎占人类三分之一的幅员广大的帝国,不顾时势,仍然安于现状,由于被强力排斥于世界联系的体系之外而孤立无依,因此竭力以天朝尽善尽美的幻想来欺骗自己,这样一个帝国终于要在这样一场殊死的决斗中死去。在这场决斗中,陈腐世界的代表是激于道义原则,而最现代的社会的代表却是为了获得贱买贵卖的特权——这的确是一种悲剧,甚至诗人的幻想也永远不敢创造出这种离奇的悲剧题材。"(马克思:《鸦片贸易史》)所以,中国进入现代世界之后的失败,就是中国古代的"道义原则"在西方"非道义原则"面前的失败,就是传统的"善"在现代的"恶"面前的失败。在这时,中国古代的"善"成了安弱守雌、保守守旧、遏制变革、反对前进的代名词。没有"恶"打破它的沉滞性,中国就将在昏睡中死去,在甜甜蜜蜜的微笑中破败,在彼此的"和谐"关系中被缠死。我认为,鲁迅的伟大,就表现在他是第一个在中国的道德观念中引入了"恶"的一个人,他之受攻击,被歪曲,也多在于他对中国固有的"善"的观念的无情抨击。"天下不舒服的人们多着,而有些人们却一心一意在造专给自己舒服的世界。这是不能如此便宜的,也给他们放一点可恶的东西在眼前,使他有时小不舒服,知道原来自己的世界也不容易十分美满。"(鲁迅:《坟·题记》)

在这时,鲁迅的审美观念也形成了与中国古代传统截然不同的变化。显而易见,中国古代的审美观念与那时的思想观念、伦理观念和社会生活实践也是紧密联系在一起的。当一个民族主要追求自我内部的平衡和心理平衡的时候,当一个社会的伦理观念追求的是彼此的外部联系的牢固性的时候,当个人、自我、主体必须以客观、现实、社会的价值为价值的时候,亦即静态的现实已成为人们习惯性的生活并且每一次变动只是带来灾变性的苦难的时候,这时的审美观念便必然呈现着静态的美的特征。在中国古代的文艺作品中,有阳刚之美,也有阴柔之美,有内在心灵的表现,也有现实生活的再现,有对苦难的悲剧性描写,也有对欢悦的喜剧性反映,总之,"外国有的我们什么也有",但却在整体上显现着一个重要特征,即它们都活动在不致根本破坏人们的固有心灵平衡的区间之内。任何的美,任何的艺术,都要打破人们平时的无差别的境界,都要引起读者、观众的心灵震颤,但震颤之后是恢复固有的心灵平衡,还是带来旧平衡的破坏而趋向于另一种更高层次的平衡,这却是两种不同的审美境界。当《俄狄浦斯王》引出了不可改变的命运观念的时候,当《哈姆雷特》让人感到非哈姆雷特自身所能改变的人生悲剧的时候,当《安娜·卡列尼娜》的女主人公由于追求自己的爱情而走向自杀的道路的时候,当狄更斯揭露了小人物的深沉苦难的时候,甚至当《等待戈

从"兴业"到"立人"

多》显示了人的存在和追求的虚无性的时候,人们固有的平静便从根本上被打破了,它们逼使你应当到一个新的境界中去寻求自己的心理平衡。但中国的古典文学,却是可愈合、能回归、不致破坏原有心灵平静的作品,呈现着一种中和境界的温柔敦厚的特征。"表现"不是淋漓尽致的内在感情的宣泄和挟情带欲的无所顾忌的抒发,"再现"不是铁面无情的正视和连血带肉的解剖;"阳刚"不致愤懑,"阴柔"不致颓靡;悲剧最后团圆,喜剧仅能破颜;"寓教训"必是社会公认的道理,"恬性情"养成的是多数人肯定的性格……总之,不反常俗,不离旧规,热不炙手,凉不冰肤。正像鲁迅所说:"其颂祝主人,悦媚豪右之作,可无俟言。即或心应虫鸟,情感林泉,发为韵语,亦多拘于无形之囹圄,不能抒两间之真美,否则悲慨世事,感怀前贤,可有可无之作,聊行于世。倘其啜嚅之中,偶涉眷爱,而儒服之士,即交口非之。况言之至反常俗者乎?"(鲁迅:《坟·摩罗诗力说》)鲁迅所赞赏的西方浪漫主义文学的美学境界,则是一种对人的理智和感情都有巨大激冲力,使之难以返回固有的心理平衡的美学境界。

以上这些,都是在西方浪漫主义思想和文学潮流的影响下产生的,并且能够自组成一个独立的、有特定功能的文化思想系统。这个系统的主要功能是破坏中国古代文化传统的固有平衡,在内部安置一个为它难以溶化、吸收的对立面,使之在二者的矛盾对立中起动起中国的全部文化系统,发生运转,由静态转入动态,引起发展和变化。可以说,只有它,才是中国现代文化的一个动力系统,同时也是鲁迅自己思想的一个动力系统。我们可以思考一下全部中国现代史,什么时候在本质上已经完全失去了鲁迅这时思想系统中的诸因素,中国社会文化便必然立即由动态转化为静态,什么时候在本质上具有这些因素,什么时候便实际处在摆动发展的过程中。

在这里,我们简略补叙鲁迅与西方进化论学说的关系。进化论是鲁迅很早便接触到的一种西方近代的文化学说。还在南京求学的时候,他便通过严(复)译赫胥黎的《天演论》了解了达尔文生物进化论学说;留学日本期间,又读了丘浅治郎的《进化论讲话》,写了《人之历史》,详细介绍了生物进化论在西方的发生和发展的历史,介绍了德国达尔文主义者海克尔的种系发生学。但我认为，与其说鲁迅的进化论思想是在达尔文生物进化论思想的影响下产生的，不如说是在整个西方文化发展史的启示下形成的。我们看到，"史"的兴趣在鲁迅身上表现得十分强烈，在早期写的《人之历史》《科学史教篇》《文化偏至论》都是专史一类的文章，《摩罗诗力说》则可视为西方浪漫主义文学简史。除读史外，那时他还翻译过《世界史》（参看鲁迅1934年5月6日致杨霁云信）。鲁迅的进化论，实际是人类文化的发展观。

在中国古代的文化传统中，历史学可说是一个最发达的文化部门。但是，它同样不能不受到中国古代整个文化系统的制约和影响，它的核心是伦理思想，而不是认识社会发展的演变规律。可以说，在中国古代历史上，除春秋战国之前的历史外，两千余年来在各个方面都没有出现过质的变化，构不成明显的历史层次，也没有螺旋形上升的轨迹。张仲景、华佗、李时珍似乎都是彼此孤立的高峰，并非环环相扣、由低级向高级的发展链条；司马迁、班固、司马光极难被认为是历史学发展的不同梯级，而只是历史著作的不断丰富；孔子、孟子、二程、朱熹，由于孔孟的圣贤地位，给人造成的是高峰在前的感觉；汉、唐、明、清，只是不同朝代的变化，人们感不到有任何质的差别……在这种历史条件下，发展只被视为时间的延续和历史事件、历史人物的绵延蝉联，除此之外就是"五德终始""一治一乱""分久必合、合久必分""物极必返"的封闭式圆圈的循环模式。任何真理似乎都是不会发生变化的绝对真理，历史上也不会再出现本质上不同于旧事物的新事物，历史的发展也只有一个固定的规律，离开人们已知的圣贤遗训，社会就会混乱，人民就不得安宁……因而"天不变，道亦不变"，根本的原则是不可能改变的。但是，这一切在西方文化的发展史中，都发生了变化，鲁迅的历史观念具有了与中国古代文化传统完全不同的内容。在西方的历史中，各种文化形态都呈现着彼此蝉联的由低级向高级发展的递变形态，泰勒斯的进化观到达尔文、海克尔的进化观有着明显的联系，但达尔文、海克尔生物进化论的具体内容和发展程度，却明显高于泰勒斯。在整个的历史发展中，每一个历史环节都给人类的文化史留下了一些为它种阶段所不能代替的东西。这种发展是不断否定的过程，鲁迅的《文化偏至论》实际上

从"兴业"到"立人"

为我们描绘了一个典型的否定之否定的辩证发展程序,在这样一个过程中,任何一个真理都不可能以尽善尽美、万古不变的绝对真理的形式表现出来,一切都是相对的,必将被代替的真理性认识,一切都只是在做"旧弊之药石"中发展起来的,因而一切也只是为了"造新生之津梁",一旦把它凝固起来,成为新的发展的障碍,真理也可以转化为谬误,转化为破坏性的因素。所以文化发展史不是直线前进的,而是盘旋上升的、摆动中前进的,每一个特定阶段都必然偏于一极,但又必然是偏至的,"盖今所成就,无一不绳前时之遗迹,则文明必日有其迁流,又或抗往代之大潮,则文明亦不能无偏至。"(鲁迅:《文化偏至论》)……这一切,都是为中国古代所不可能有的崭新的历史观念,它的核心就是发展和进化。上述鲁迅的文化思想系统,就是在这样一个观念下构造起来的,同时也是这个系统的整体结构功能。

当我们充分阐释了鲁迅最早形成的这个独立的思想系统之后,我们还有必要认识到这个系统的一些弱点。

我们说,这是中国现代文化的动力系统,但任何一个动力系统,都必须能把自己的力量传递给主机,才能带动整个系统的运转,才能在这个系统中自求发展。应该说,这个在西方曾经汇为大潮的文化系统,一旦被纳入中国的文化系统中,仅仅依靠它自身的力量,是很难得到发展的。它的优点是很难被中国固有的文化系统所消化,从而变成自己的营养品,强化而不是弱化自己固有的稳定性和滞重性,但其缺点也是它极难被固有传统所接纳,如果它根本不能在中国固有的价值系统中找到自己被纳入的价值尺度,那么,它就根本不可能赋予固有的文化系统以自行变化的动力。不难发现,由于它与中国传统观念从形式到内容的尖锐对立性,它是极难以自身的力量挤入中国固有的文化系统的内部的。关于这一点,我们并不难理解,当一个民族从来不认为除了客观价值之外的主观意志还能够有什么独立的存在价值的时候,将此片面夸大起来的主观唯心主义意志论就必然受到绝对的排斥,从而也就失去了在这个系统中贯彻自己意志的可能性;当一个民族从来不会承认除了社会价值之外一个人还有什么独立价值的时候,将此片面夸大起来的极端个人主义就失去了任何被理解的可能性，因而它对这个文化系统的调整也就是毫无作用的；当一个民族从来未曾认为除"善"之外还会有什么值得稍微肯定的道德价值尺度的时候，当一个民族从来把"恶"作为面目狰狞的吃人怪兽而予以绝对的否定的时候，讲"摩罗"、赞撒旦、崇恶抑善的理论便会吓走所有的人，因而它也就不再可能被纳入这个民族的道德系统中来……在这时，摆在鲁迅面前的只有两条路：一是把它仅仅作为自己的思想系统而并不想在中国的社会现实中实现它，贯彻它的意志，为它争取尽可能大一些的存在空间，那么，它这个思想系统便会顷刻瓦解，因为它将立即丧失自己的固有本质，而转化为与传统的道家学说毫无异致的东西，因为它不再是在社会中求自由、在群众中重个人、在联系中讲意志、在整体系统中赋予各单子以独立性、自动性的思想系统，不再是改造国民性、调整中国古代文化传统的固有性能、为中华民族求自强的思想系统。关于这一点，他与西方文化背景上的尼采、易卜生诸人是不同的，在那里，他们的价值观念有着与社会群众自然相通的因素，至少在社会的部分成员中是如此，所以它能自行在社会上蔓延，贯彻自己的意志，实现自己可能有的职能。而鲁迅所活动的文化背景，对它是持有最强的排斥力的文化背景。如果鲁迅不想回避，也不能回避这个问题，他就要找到在中国的文化背景上贯彻这个系统的意志的具体途径，而这个系统在中国的文化背景上为自己开辟道路的时候，它也将自己改变自己的表现形态。

其结果将是：这个文化思想系统若不粉碎中国古代文化传统固有的一系列价值尺度，它自身便无法在这样一个文化环境中存在并发展，而如果它要粉碎中国古代文化传统的一些僵硬的价值尺度，那么，它自身也就必须改变自己的表现形态。应该看到，鲁迅这个已经形成的思想系统，原本便是具有自动性的一个思想系统：它主破坏，便要以破坏的对象而规定自己；它讲进化，便要在历史的途程中设计自己；它讲偏至，便要在做"旧敝之药石"的过程中决定自己的基本趋向……

它将怎样在中国的文化背景上贯彻自己呢？

当鲁迅要把自己的主观唯心主义意志论（对人的主观意志作用的高度重视）在中国的文化背景上进行贯彻的时候，他便必须首先粉碎在中

从"兴业"到"立人"

国古代文化传统中占统治地位的机械唯物论和狭隘经验论,就必须以新的客观标准和新的时代经验暴露旧的机械唯物论和狭隘经验论的非客观性和反经验性的本质,只有在此基础上,才能从固有的客观性和经验性的价值尺度中为人的主观意志找到更大的存在余地。而在这时,被赋予了新的内容的客观性与经验性,便与鲁迅已有的对主观意志的高度重视组成了新的哲学观念体系。

当鲁迅要把自己的极端个人主义(对个性独立意义的高度重视)在中国的文化背景上进行贯彻的时候,他便必须首先粉碎中国古代文化传统中以社会为本位的固有伦理道德体系,就必须以新的时代要求和社会要求揭露固有伦理道德体系的反社会性的本质,只有在此基础上,才能从人们普遍重视的社会性的价值尺度中为个性的独立找到尽可能大的存在余地。而在这时,被充实了新的内涵的社会性,便与鲁迅已有的对个性独立要求的高度重视组成了新的伦理观念体系。

当鲁迅要把"恶"的观念作为一个独立的道德价值尺度输入到中华民族的道德价值体系中去的时候,他便必须首先粉碎中国古代文化传统中的僵硬的"善"的道德价值尺度,便必须以现实经验揭露它的非善性本质和伪善性面貌,只有在此基础上,才能从人们惯于使用的"善"的价值尺度下为"恶"的存在价值找到保留的尽可能大的余地。而在这时,被赋予了新含义的"善",便与鲁迅已有的对"恶"的合理性的承认构成了新的道德观念体系。

当鲁迅要把自己的新的美学观念在中华民族固有的审美观念的背景上得到承认的时候,他便必须首先借用传统的审美观念的自身扩大来胀破中国古代文学的固有审美框架,从而达到将人们的审美境界逐渐扩大到包容自己所重视的审美境界的目的。在这时,在鲁迅的作品里,便将传统的审美观念与自己的新的审美观念连接起来,把传统的静态美与自己要求的力之美结合起来,构成了一个新的审美体系。

当鲁迅要把自己的主观意志的自我表现在中国具体的文学背景上予以实现的时候,他的自我表现便必须与中国古代文学传统中的自我表现和社会再现结合起来,从而撑破文学传统固有表现系统的框架。在这时,传统的自我表现、社会再现便与他重视的主观意志的自我表现组成了一个新的文学表现系统;深化了的现实主义便与抗争的浪漫主义组成了一个新的创作方法的系统。

当鲁迅要把自己原有的文化思想系统的整体性功能在中国文化背景上予以贯彻的时候,他便必须首先粉碎人们对固有传统的迷信,必须首先撕破它的建设性的外衣和粉碎它的稳固性的神话,必须把自己的积极破坏性同中国古代文化传统的消极破坏性严格区别开来,必须把自己的辩证否定同中国古代文化传统的绝对排他性和简单的否定严格区别开来。在这时,具有了新内涵的建设性与原有的积极破坏性,具有了新内容的肯定与原有的辩证否定,便构成了一个新的发展观念的体系。

……

在早期,鲁迅经历了一个从"兴业"到"立人"的思想演变过程。在这个过程中,他沉淀了中国近代先进知识分子所取得的主要文化成果,逐渐调整和完善着自己的文化思想,初步构成了他的独立的文化思想的整体框架,但是,在他面前,还有一段遥远的人生道路,到了后期,在他接纳了马克思主义之后,他的文化思想又获得了新的发展和进一步的完善,这是笔者拟另文论述的内容了。

原载《中国社会科学》1987年第2期

我和鲁迅研究

一、说说我自己

我们搞鲁迅研究的常常说鲁迅,但却很少说自己,而鲁迅却是常常说自己的。其实,鲁迅研究,都是这个人和那个人的鲁迅研究,不是鲁迅的鲁迅研究。所以我在说我对当前鲁迅研究的看法的时候,先说说我自己。

我是在一个偏僻的北方农村长大的,十四岁考上初中到了一个地区所在地的中学读书。在那时,我是属于年龄最小的学生之一,并且长得很弱小。现在想来,那时的我大概就像一个阿Q吧!我在读鲁迅以前,除读过一些武侠小说和一些国家的民间故事之外,还读过孙犁的《风云初记》、秦兆阳的《农村散记》、奥斯特洛夫斯基的《钢铁是怎样炼成的》、尼古拉耶娃的《收获》、巴金的《激流三部曲》、李克、李微含的《地道战》,它们都给我留下了一些印象,但都没有后来读鲁迅时那种走火入魔的感觉。我父亲也是喜欢鲁迅的,人民文学出版社第一版的《鲁迅全集》出版之后,他就订了一套。是自己的书,我就一卷一卷地读了下来。当然,有些也是不懂的,但有些却令我有一种异样的感觉。那时喜欢的不是鲁迅小说,而是鲁迅杂文。它给我一种刻骨铭心的快感。至于为什么喜欢上了鲁迅的杂文,我至今也是说不清的。大概也像有些评论家所说，我自己就有点变态心理吧。但自然没有感觉到过不变态的心理是什么，也就一直把对鲁迅杂文的喜欢当作了正常的心理延续下来。

我自己按照自己的想法安排生活，是在读了《鲁迅全集》之后。在此前，我的生活是没有计划的，老师讲什么我就学什么，其他的都是随机性的。见人家读什么书，就读什么书。读了《鲁迅全集》之后，我就有了一个想法：每学期首先读两卷《鲁迅全集》，而后再读其他的作品。这个计划我坚持到大学毕业。后来又增加了一个计划，就是每个学习阶段读一遍《红楼梦》。所以至今我读过三遍《红楼梦》，初中、高中、大学各一遍。那时为什么会这样想，这样做，我不知道，只是一种打算罢了，因为那时从来也没有想到现在会吃起了鲁迅饭。我那时，喜欢的是鲁迅，而不是鲁迅研究。这种观念，一直影响到我现在的思想。

《鲁迅全集》给我当时的生活带来的另一个直接影响就是对外国文学的重视。这是从《青年必读书》这篇文章得来的。在鲁迅的所有作品中，大概这篇文章是受攻击最厉害的。但我从来没有攻击过它。"我看中国书时，总觉得就沉静下去，与实人生离开；读外国书——但除了印度——时，往往就与人生接触，想做点事。""中国书虽有劝人入世的话，也多是僵尸的乐观；外国书即使是颓唐和厌世的，但却是活人的颓唐和厌世。""我以为要少——或者竟不——看中国书，多看外国书。""少看中国书，其结果不过不能作文而已。但现在的青年最要紧的是'行'，不是'言'。只要是活人，不能作文算什么大不了的事。"直到现在，我仍认为这即使不是鲁迅说的最深刻的一句话，也是最深刻的话之一。当然，我的看法可能是错误的，但这却是我的真实的感受。因了《青年必读书》的影响，我开始主要看外国的文学作品。中国的也看，但那是应景的。别的爱好文学的同学都看，我不看，和别人说不上话，但除了应应景之外，我自己看的是外国书。鲁迅的话很快就应了验。我的爱好文学的朋友们的作文都是全班最棒的，但我的作文很少得到好的分数。可以说我就不会作文。但鲁迅有话在先，我也不感后悔。还是这样我行我素地活了下来。

不会作文当时没有感到多么大的痛苦，最大的痛苦是政治上的。在那个时候，我属于所谓"根红苗正"的少年。我出身贫农，父亲1938

我和鲁迅研究

年入党，虽然官不算大，但在当地文教战线也是一个头面人物之一。我也"红"过，曾当过少先队小队长、中队长、大队长。但到读了鲁迅作品，不知为什么就变了，政治上是越搞越糟。在那时，入团入党是要找支部书记谈话的，那时叫汇报思想，靠拢组织，求得组织的指导和帮助。谈得越多，证明自己要求进步的心越迫切。其实，团支部书记就是同班的同学，有话随时都可以说的，但那不算数，得"正么经"地把谈话搞成一个仪式。在谈话时，不但要把自己的"思想"告诉支部书记，还要把别人的"思想"也要告诉他。有些同学，在背后老是骂他，但找他谈话谈得多，就入了团了。我觉着这有点滑稽，所以就是下不了找他谈话的决心。后来团支部书记认为我看不起他，每次班会都指名或不指名地批评我，而我的最主要的罪状就是上自习的时候看课外书。我认为这不关别人的事，也不辩解，也不改正。直到现在，领导不找我，我是不找领导的。这并不说明我对所有的领导都有仇恨，只是《鲁迅全集》里没有找领导谈话时说的那套语言，中国书我读的又少，见了领导不知应该说什么好。谁知这给我惹了一生的麻烦。后来发展到团支部书记想把我打成反革命，虽然没有成功，但我也因为走"白专道路"第一年没有考上大学。当时我就知道，《鲁迅全集》没有给我带来什么好处，反而把我可以有的"锦绣前程"给毁了。但我没有后悔过，因为我觉着有些人活得怪没有意思。活得巴巴结结的，唯唯诺诺的。鲁迅虽然一生不那么顺，但活得却像个人样子。人就这么一生，窝窝囊囊的，想说的话不敢说，想做的事不敢做，明明对人对己都有好处，却还是不说，专拣那些对人、对己都没有好处但能讨人喜欢的假话大话说。我喜欢鲁迅，就喜欢他说的不是假话大话，说的不是专门讨人欢心的话，虽然当时年龄还小，懂得的事理不多，但这点感觉还是有的。直至现在，一些学者仍然认为鲁迅对人是很恶毒的，但我读鲁迅作品却从来没有产生过这种感觉。我从我的经历知道，鲁迅实际是对人、对自己的民族、对人类没有任何恶意的，只是他不想讨好人，别人听了他的话感到不舒服，而在中国，有权势的人总是能受到很多很多恭维的话，甜蜜的话的，而他们在鲁迅那里却收不到这样的话，鲁迅就不招在社会上有势力的人的喜欢，而一旦有势力的人不再关爱他，就有很多人前来找他的岔子。找有权有势的人的岔子是要吃亏的,而找他的岔子却不要紧。我在"文化大革命"前和"文化大革命"中都挨过斗。少到十几人,多到几百人,看着那些抡拳揎袖抢着发言的人,开始感到很害怕,后来就感到很可笑、也很可怜了。他们大都是与我无冤无仇的人,有些还受到过我的帮助,并不认为我会给他们造成什么祸患,只是因为有势力的人怀疑我与他不是一心,就找出个冠冕堂皇的理由来找我的麻烦,而多数人不发言就怕领导说他与我划不清界限,就煞有介事地给我挑出好多鸡毛蒜皮的毛病来。还有些人根本不知道到底是怎么一回事,别人说,他们也说,既没有坏意,也没有好意,但对像我这样轮到了挨斗的人却是很大的压力。一下子似乎全世界的人都认为我不好,让斗人的人斗着很放心,很"正义",有点"为民除害"的感觉。其实那时我对任何人都没有怀过恶意,只是有点不听话罢了。

我说过,我读鲁迅,就是喜欢鲁迅,并没有要靠鲁迅吃饭的意思。我那时选的饭碗是外语。那时学生的外语水平都不高,我的外语还能对付,就考了外文系。自己给自己定的目标是研究契诃夫,用现在的话来说就是"吃契诃夫"。鲁迅还是每学期读至少两卷,但也只是爱好。那时喜欢的还是鲁迅杂文。对于鲁迅小说,当时不歧视,但也没有格外的青睐。把他放在巴尔扎克、司汤达、福楼拜、莫泊桑、左拉、罗曼·罗兰、普希金、果戈理、屠格涅夫、列夫·托尔斯泰、陀思妥耶夫斯基、契诃夫、高尔基、肖洛霍夫、夏绿蒂·勃朗特、狄更斯、萨克雷、哈代、奥斯汀、马克·吐温、杰克·伦敦、德莱塞、显克维支这些世界级的小说家当中,鲁迅小说确实有些不起眼。我的重视鲁迅小说,是在"文化大革命"之后。先是《狂人日记》,后是《阿Q正传》《药》《孔乙己》《铸剑》《补天》,再后是《祝福》《故乡》《在酒楼上》《孤独者》《伤逝》《示众》《风波》《肥皂》《离婚》《出关》《理水》等等。我觉得,鲁迅小说好像给我打开了天灵盖,使我开始看清了整个中国,看清了中国人和中国文化。当然,这仍然是我自己的幻觉,不能当客观真实来说的,但这种感觉也是很好的。在过去,鲁迅杂文和外国文学、哲学,使我知道了很多以前不知道的东西,但有些连不成片。倒是鲁迅小说,一下子使这些都连了起来。我觉得,我们中国人到现在都还是鲁迅小说中的人。它们很小，但地盘却很大。容纳了我们全部的中国人，当然也包括鲁迅自己。我活的年岁越多，越觉得自己就是一个孔乙己，到忘乎所以的时候，则像阿Q。时至今日，我仍然崇拜西方那些伟大的小说家，但只有鲁迅小说，给了我这种感觉。这种一旦粘住你，你就甩不掉的感觉。我认为，这也是正常的。我是中国人，我生活在中国这个环境中，不论怎样读外国书，但真正关心的还是中国这个文化环境，体验最深刻的也是给我透视了这个文化环境的小说家。至于鲁迅在世界文学上应有一个什么样的地位，对我并不重要。就是鲁迅得了诺贝尔奖奖金，去领的是海婴，一分钱也不会给我。

总之，我喜欢鲁迅。鲁迅没有使我的命运好起来，但我不后悔。因为他也给了我做人的勇气和做人的骄傲。在我最困难的时候，是鲁迅及其作品给了我生命的力量。我经历过困难，但困难没有压倒我。我是站着走过来的，不是跪着、爬着走过来的。我愿像鲁迅那样生活。虽不富裕，但不低三下四。没人欺负我，我绝不欺负人。若是有人仗势欺人，我豁上小命也要与他纠缠到底。即使失败，也不后悔；即使被整个社会所笑骂，也绝不屈服。

二、我与鲁迅研究

在我的前半生，鲁迅及其作品是我生命的精神支柱，但却从来没有想到吃鲁迅这碗饭，没有想到过搞鲁迅研究。我搞鲁迅研究是时世赶出来的，不是我读鲁迅的初衷。

在考研究生的时候，我仍然想考外国文学的研究生，但我学的是俄语，招外国文学的都限考英语，没有办法，才考了鲁迅研究的硕士生。鲁迅研究就成了我混饭吃的一种手段。我不讳言是吃鲁迅饭的。一个人活在世上，总得有个混饭吃的地方。有的人吃政治，有的人吃经济，有的人吃文学艺术，有的人吃学术。我没有别的本领，读过几遍《鲁迅全集》，勉强能吃上鲁迅，为什么一定不能吃呢？

但到吃上鲁迅这碗饭，情况就与此前有了很大的变化。自己读鲁迅，直接面对的是鲁迅作品，自己的看法就是自己的看法，鲁迅已经死了,我的看法对不对,鲁迅已经没有了发言权,我完全可以不受他的控制。我认为他好,他也不会给我发工资;我认为他不好,他也不会抓我坐班房。而要搞鲁迅研究,情况就有些不同了。我面对的不仅仅是鲁迅的作品,而是有可能读我的鲁迅研究著作的读者。我与这些读者的关系是什么样的关系呢?是平等的关系。在我的心目中,鲁迅是很伟大的,但伟大的是鲁迅,而不是我。研究者的名次不是按照被研究者的名次排列的。并不是说研究鲁迅的就是宣传部部长,研究茅盾的就是宣传部副部长。我研究鲁迅还是一个普通的公民,和其他的研究者在权利上是平等的。既然是平等的关系,我就没有权利要求别人都和我一样。我喜欢鲁迅,我不能要求别人都喜欢鲁迅。别人都喜欢鲁迅,都和我的看法一样,还要我这个研究鲁迅的做什么呢?平心而论,我之喜欢鲁迅,也只是一个偶然的机缘。要是我父亲没有订那套《鲁迅全集》,到现在我可能还没有读过《鲁迅全集》,更莫说喜欢鲁迅。我喜欢鲁迅,这是我的真实,我的权利,别人不喜欢鲁迅,也是别人的真实,别人的权利。过去鲁迅研究界有一个口号,名曰"保卫鲁迅"。我不同意这个口号。它给人一个印象,好像别人不喜欢鲁迅就是犯法似的。文学作品不是用法律推行的,也不能用法律来保护。那么,我们还搞鲁迅研究做什么呢?我认为,搞鲁迅研究就是因为有的喜欢鲁迅,有的不喜欢鲁迅。喜欢鲁迅的觉着鲁迅作品有很多好处,他想告诉别人,希望别人也能看到这些好处,也能喜欢上鲁迅。这样,鲁迅研究者就得尽量把喜欢鲁迅的理由说清楚,别人理解了你喜欢鲁迅的理由,原来不喜欢鲁迅的可能就喜欢上鲁迅了。假若鲁迅研究者说了自己的理由,别人还是不喜欢,那也是没有办法的事,只好再想别的方法说。一个喜欢鲁迅的人,总是希望别人也喜欢鲁迅,这是可以理解的。但我们不是皇帝,没有命令别人的资格,更没有以此压制别人的理由。研究鲁迅是我们的工作,我们是吃这碗饭的。饭没有白吃的,要吃饭就得费点力气。还有很多很多不喜欢鲁迅的人,我们自然认为鲁迅有价值,中国人应该了解他的价值,我们就得不断努力下去。研究他,阐发他,论证自己的观点。不能人家不喜欢鲁迅就火冒三丈,就想叫我们国家制定一个不准说鲁迅坏话的法令。要那样,我们这些搞鲁迅研究的还有什么事可做呢?

我和鲁迅研究

但是，我到底是一个搞鲁迅研究的，一个吃鲁迅饭的。对于我们这个行当的困难更有深切的体会。我认为，一个喜欢鲁迅的人不能要求所有的人都喜欢鲁迅，但不喜欢鲁迅的人也不能要求所有的人都不喜欢鲁迅。在"文化大革命"前，鲁迅是受到政治家的保护的，那时候谁也不敢说鲁迅的半句坏话，而"文化大革命"结束之后，政治家不像以前那么保护鲁迅了，人们可以说说他的坏话了，就有人反以为人人都应该说他的坏话，不说他的坏话好像就是思想不解放、没有说自己的真心话一样。实际上，思想解放不解放，在于敢不敢直白自己的思想意识，而不在于说不说某个人的坏话。在政治家保护鲁迅的时候，有喜欢鲁迅的，也有不喜欢鲁迅的；在政治家不保护鲁迅的时候，也有不喜欢鲁迅的和喜欢鲁迅的。正常的情况是彼此有个交流，有个对话，有个增进相互理解的形式。人与人原本就是彼此不同的，人见人爱或人见人恨的东西不是没有，而那些恰恰是不值得研究的。值得研究的都不是只有一种观点的事物。文学最容易起哄，因为它是感情性的，但又最不能起哄，因为它必须是个性化的。不要怀着领导社会或文学潮流的心思对待鲁迅和鲁迅研究。80年代末，那是中国知识分子最得意的时候，我的一个很要好的朋友也是一个很著名的文艺理论家突然来到我的家。一进门就说："王富仁，现在我们把所有的人都批倒了，就剩下了一个鲁迅。现在该批鲁迅了！"听过以后，我立刻目瞪口呆了。我是谈过对中国人、中国文化的一些看法的，我是不满意中国人普遍认可的一些价值标准的，但我却没有要批倒任何一个"人"的意思。再说，鲁迅怎么样，是我多年形成的一种感受，它不是随着时代潮流的变化而变化的。我喜欢李煜的词，"文化大革命"前喜欢，"文化大革命"后仍然喜欢。"文化大革命"的结束改变了好多东西，但并不是所有的东西都改变了，我的鲁迅研究是根据我对鲁迅的感受了解进行的，而不是根据时代潮流的需要进行的。所以我那时的回答是："要批，你去批！但我不批！"直到现在，我还是这样一种态度。我这个吃鲁迅饭的，对世人也有一点希望，是：我愿意理解别人不喜欢或不那么喜欢鲁迅的原因，但也希望别人能通过我的鲁迅研究尽量理解我之所以喜欢鲁迅的原因。我的研究，你若不愿看，大可不看，但却不能一听我说的是鲁迅的好话，而不是他的坏话，就认定我说的不是实话,说的就一定不"正确"。我前几年在一个座谈会上谈了谈我对鲁迅和胡适的一些看法,一个先生就认定我是主张群众专政的。我感到有些莫名其妙。假若那位先生不同意我的观点,认为我的看法在什么地方出了毛病,我是可以理解的。但由此断定我主张群众专政,却无论如何也是说不通的。如上所述,我从十几岁就常常被整个集体孤立起来,是群众专政的一个对象。在这种情况下,一个人的人生感受是怎样的呢?在那时,假若有一个像鲁迅一样的人,不畏强权,能够公开表示一点对我的理解和同情,公开反对一下那种利用群众压制个人的专制行为、指出那些人的虚妄和不实,我是不会计较他生活上或性格上的一些鸡毛蒜皮的缺点和毛病而从内心崇仰他的人格的,我是会在整个混沌的世间看到人类的一线希望、一线光明并充满独立前行的力量的。而在那时,尽管一个人有着明敏的头脑,有着清醒的意识,有着宽容的态度,有着丰富的学识,但他却对伤害我的人没有决绝的反抗,对我也没有表示过真诚的理解和同情,我仍然可以尊敬他的为人,尊重他的学识,佩服他的明智,承认他的贡献,但我却不会对他产生刻骨铭心的爱,他无法进入到我的精神世界里去。我知道,我对鲁迅和胡适的看法并不代表所有人的看法,我也不希望所有的人都同意我的看法,但这却是我所能有的看法,而这种看法恰恰是在对群众专政的痛苦体验中才会产生的。总之,我们都是在中国谋求生存和发展的知识分子,我们不会相同,但我们之间得有更多的相互理解和同情。吃鲁迅饭的对不吃鲁迅饭的应当这样,不吃鲁迅饭的对吃鲁迅饭的也应当这样。

三、我和鲁迅

以上两节,说的是我为什么喜欢上了鲁迅以及我怎样看待我的鲁迅研究。明眼人一看就会发现,当我吃上鲁迅这碗饭之后,我更远地离开了鲁迅和鲁迅精神,而不是更接近了它们。这也是我曾经苦恼过的。每当我重读我写的鲁迅研究的文章,我就更深切地感到,在我的鲁迅研究文章里躺着的是一个软绵绵的我,而不是一个铁骨铮铮的鲁迅。我丧失了我喜欢的鲁迅的那种大气和壮气,丧失了鲁迅那种俯瞰人寰的思想高度。鲁迅是站在高处看世界的,我是站在低处看世界的。鲁迅富有战斗精神,而我却没有这种战斗精神。

这使我不得不思考这样一个问题:鲁迅是谁?我是谁?

鲁迅是谁?当鲁迅同胡适、陈独秀等几个人提倡新文化的时候,他们才是几个人。他们面对的是全部的文化传统,面对的是整个中国。他们坚持的仍然是个人的观念,但这些个人的观念同时也体现了现代中国知识分子改革中国文化的要求。那时中华民族处在一个生死存亡的关头,而这几个人又是首先感到中国文化与中国现实要求的矛盾的。他们就主动挑起了这个文化的重担。后来新文化阵营又发生了分化,陈独秀搞政治革命去了,胡适在学院派中做稳了教授,只有鲁迅一个人成了"专业作家",落到了新文学这个窟穴里。在这个窟穴里,是没有"恒产"也没有"恒心"的,一个教授可以把一个"主义"讲上一辈子,鲁迅却不行,社会热点变了,过去的"主义"不算数了,他就得改一种说话的方式。但这种"改",又不能是毫无原则的。毫无原则的改,就把自己的灵魂也当商品出卖了。他总得把自己最最根本的思想愿望坚持住,而要坚持住自己的追求,就不能一味地随波逐流,得有点韧劲,有点不服输的精神,有点反潮流的勇气。鲁迅就是靠着他的战斗精神和不屈的性格坚持下来的。没有他的独战多数的性格,就没有鲁迅及其鲁迅作品的独立价值和意义。但到了我来到这个世界上,新文化、新文学已经不是"新"的文化、"新"的文学,它们已经是被中国社会广泛认可了的正统的文化、正统的文学。这个正统的文化和正统的文学已经用不着我来捍卫,咱们的国家早就捍卫着它了。我只是新文化和新文学的接受者,而不是它的创造者。我不会写小说,更没有多少超前的文学观念。我的文学观念是读着鲁迅、读着"五四"以后翻译的外国文学作品逐渐形成的。我自己实际是没有新的"主义"要宣扬的,我的"主义"就是如何理解鲁迅、如何阐释鲁迅的"主义"。我之所以还感到有研究鲁迅的必要,不是我要重新创造一种与五四新文化、新文学根本不同的文化和文学,不是因为别人都不再捍卫新文化和新文学,不再捍卫鲁迅,而是因为中国社会上还有很多人连新文化和新文学的基本观念还没有。他们不看文学作品,特别是新文学作品,即使看也不是作为文学作品来看,而是作为思想道德教材来看;不是作为读者来看,而是作为评判官、检查员来看。这种看法,就把我们的新文化、新文学看丢了,把鲁迅看丢了。在"文化大革命"以前,我们全国的知识分子都是捍卫五四新文化、新文学,捍卫鲁迅的。我们荷枪实弹,站在五四新文化、新文学宅邸的四周,站在鲁迅宅邸的四周,不让外人进去,也不让他们出来,整天担心会有人来暗害他们。但到"文化大革命"结束时进去一看,新文化、新文学早就饿昏在自己华贵的宅邸里,只有鲁迅还微有声息,但也早把这个毛泽东尊为"伟大的文学家,伟大的思想家,伟大的革命家"的鲁迅饿成了精瘦的"毛泽东的小学生"。我是在这时混进鲁迅研究界的,这时是从新文化、新文学和鲁迅宅邸四周撤军的时候,用不着我去捍卫了,我就失去了当战士的机会。但我也不是来谋杀新文化和新文学的,不是来谋杀鲁迅的。而是要重新阐释新文化和新文学,重新阐释鲁迅的。这里也有困难,也有障碍,但这些困难和障碍却不是从那些反对新文化、新文学或反对鲁迅的人们那里来的,恰恰相反,他们往往是比我更有资格谈新文化、新文学或鲁迅的人们。这是一个如何理解、如何阐释的问题,而不是要不要新文化、新文学和鲁迅作品的问题。对于这些困难,"战斗"是不中用的,讽刺、挖苦也是不中用的,扣帽子、打棍子更是不中用的。我喜欢鲁迅,我就得想法用我的感受和理解尽量平易地阐释鲁迅、论证鲁迅,把鲁迅变成中国人能够理解、能够感知的对象。那么,这个工作实质是一种什么样的工作呢?实质是把鲁迅及其作品纳入中国学院派文化并使之成为中国学院派文化的一部分的工作。我喜爱鲁迅,有的人就以为我是反对胡适的。实际上,我早已知道,我实际上已经不是鲁迅文化传统中的人,我是一个大学的教书匠。这个传统是胡适给我们开创的,我写的那些鲁迅研究的论文,从方法到风格都与鲁迅的小说和杂文没有多少相同之处,倒是和胡适的学术论文更加相近。但我又是喜欢鲁迅的,同时也对我自己所处的学院派文化有着诸多的不满。鲁迅本质上就不属于学院派知识分子,他之离开了学院而走进了上海的亭子间,是因为学院派关心的更是历史而不是现实,更是书本而不是人生,更是学理而不是人的情感和意志。关心这些的是作家、艺术家、新闻记者和报纸编辑,他们是在动荡的生活之流中生活的。不像我是在书房里、图书馆里找生活的。我希望中国的学院派文化能够接受新文化、新文学，接受鲁迅，同时也使自己与现实人生、与中国人的精神发展建立起更紧密的联系。但所有这一切，又都离不开胡适开创的这个学院派文化的传统。我讲的仍然主要是学理，是历史，是书本子。《鲁迅全集》在我这里也同《老子》《论语》、黑格尔的《美学》、马克思的《资本论》、韦伯的《新教伦理与资本主义精神》一样成了书本子。我尽量使它们不要失去烟火气，但我的语言本身就是没有多少烟火气的。我要是有创作的才能，我可以离开这个学院派。但我又没有那种才能。没有才能光有勇气，离开我所在的学院派我就没有饭吃了。这实在是没有办法的事。这样，我就眼睁睁地看着我离开了鲁迅的文化传统。这里不仅有虎狗之分，而且也有话语方式的不同。鲁迅是很伟大，但我却伟大不起来。新文化发展了，会写文章的人多了，鲁迅在当时的中国是几个人中的一个，我却是十二亿人中的一个。新文化、新文学和鲁迅都不属于我自己，它们已经成了全民所有制的，我无法把它们据为己有。就是作为一个"教授"，在当代的中国也早已不是多么稀罕的玩意儿，像我这样的教授，只要把手伸到大学校院里，闭着眼也能抓出一把一把的来。我不比他们更有知识，也不比他们更有智慧。除了我的几个学生怕我不让他们毕业而不得不承认我的权威之外，其余的人都不会把我当成多么了不起的人而崇拜我，服从我，把我的话当语录引。也就是说，新文化、新文学，乃至我们这个社会、我们这个民族，已经不是我们搞鲁迅研究的这几个人的，而是大家伙的了。大家伙的事得大家伙来负责，不能叫我们搞鲁迅研究的这几个人来负。别说我们不想负，就是想负也负不起来。这，我就伟大不起来了。伟大的人是负大责任的，我是负小责任的，怎能伟大起来呢？但我也不自卑。我认为，人活着不是为了要伟大的。伟大的人在世界上才有几个？怎么会偏偏落到我的头上？但是，我不伟大，但并不意味着就应该歧视伟大，反对伟大。把伟大的人说成是不正常的人，只把我们这些不伟大的人说成是人的楷模。或者在伟大的人的脸上抹上几道子黑，让他们变得和我们差不多，甚至还不如我们。我倒不这样看。我认为，中华民族能够多出几个伟大的人物，对我们这些平凡人物是有好处的。我们做不到的，他们替我们做了，有什么不好呢？但我们也不能要求他们一定得多么伟大，我们自己既然伟大不起来，我们就没有理由要求那些伟大的人物都伟大到一个什么程度。他们伟大到什么程度就伟大到什么程度，有点伟大就比我们这些不伟大的人伟大。譬如说，我们写不出《狂人日记》《阿Q正传》《孔乙己》来，写不出《野草》来，写不出鲁迅杂文来，鲁迅给我们写了，这就比我们伟大点了。至于他为什么不像谭嗣同那样去为改革而死，我们这些平凡人是没有理由去要求人家的。那得叫人家自己拿主意。当然，那些造作出来的伟大和崇高我是厌恶的，但像鲁迅这样的伟大和崇高我感觉不到有什么不好。他伟大了，崇高了，也没有对我们这些不伟大、不崇高的凡人表示多么轻蔑。我认为，在中国的伟人中，鲁迅是最少"精英"气，最少教师爷的派头的，所以我不拒绝鲁迅的伟大。与此同时，鲁迅伟大，但他死了；我很平凡，但我活着。他能做的事，当然我是绝对做不了的，但我现在能做的事，尽管平凡，尽管不伟大，他也无法替我做。我承认他的伟大，但我也有我的自尊和自信。我不想成为他，也不能成为他。他做了他的事，我现在做我的事。在这一点上，井水不犯河水。各走各的路。

我之所以说以上这些话，是因为至今为止，社会上的人对我们鲁迅研究界的要求还太高，太切。他们以为我们是研究鲁迅的，就得个个像鲁迅。别人没有做到似乎不要紧，而我们一旦表现出一点自私、一点软弱、一点狭隘、一点无知，大家就觉得好像不可忍受似的。实际上，研究鲁迅的人也是和大家一样的人，甚至还不如从事其他行当的人说话更方便，更有效。对我们有更高的要求当然也无不可，但对我们不能没有的局限性也得有点同情、有点谅解。大家的事大家做，中国的事是够麻烦的，不是几个人就能做好的，得彼此扶助着点。而另有一些人对我们尽说鲁迅的好话也有许多不满。实际上，我们说鲁迅的好话，并不就是说我们自己的好话。自然我们研究鲁迅，就是认为鲁迅有些地方比我们强，我们得对他的好处有所认识，有些了解。假若我们认为他没有什么特殊的地方，或者这些特殊的地方对我们当代人已经毫无用处，我们还搞鲁迅研究做什么呢？当然，这绝不意味着鲁迅就是一个完人，一个圣人，一个没有任何可挑剔的地方的人。但我总觉得，一些不喜欢鲁迅的人有点非要逼着我们说出鲁迅的若干不好的话来才行,非要逼着我们爬到鲁迅的窗口拍下他和许广平性交的镜头然后在大庭广众前放映才行。要是那样,把我们搞鲁迅研究的变成一些什么样的人了?我们是研究鲁迅的,不是窥探别人的隐私的,也不是专挑别人的毛病的。作家的趣闻轶事别人说说也无妨,但我们搞鲁迅研究的不能老是把镜头对准那些地方。只要我们不拿着鲁迅的伟大压人,大家就得原谅我们这些搞鲁迅研究的人的古板和梗顽。鲁迅已经死了,在他活着的时候,我们中国人已经把他奚落得差不多了。再奚落,还是以前那些旧话,奚落不出什么新名堂来了。我们这时多朝严肃的方面用劲,也是一种非常正常的现象,对谁都没有大的妨碍的。至于那些用鲁迅压人的言论,已经不是鲁迅的言论。谁用鲁迅压人,就得与谁理论,光奚落鲁迅是不解决根本问题的。

"鲁迅果真像你们说的那么伟大吗?"这就又回到了我说的第二个问题。有的认为鲁迅伟大,有的认为鲁迅不伟大,这得通过认真的鲁迅研究来解决。不是举出鲁迅生活中的一个或几个例子来就能说明问题的。

四、我们遇到的问题

我们在"文化大革命"前就搞鲁迅研究的学者,总觉得现在社会上反对鲁迅的人增多了,感到有些受不了了。我的看法与之不同。我认为,自从鲁迅逝世之后,我们现在这个时期是鲁迅精神和鲁迅作品获得中国人的理解和同情最多也最深刻的一个时期。并且这个势头有一种不可阻挡之势。远了我不敢说,在今后的二十年内,不论在中国,还是在世界上,鲁迅的影响都会在波折中呈迅速上升的趋势。

"文化大革命"前的鲁迅研究看起来很红火,很纯粹。人人把鲁迅捧得很高。但在那时的中国真的像表面看来那样重视鲁迅和鲁迅精神吗?实际上,在那时,鲁迅与中国的国民乃至中国的知识分子是没有多大关系的。读鲁迅不如不读鲁迅。连我们这些当时的小青年都知道,研究鲁迅的容易成右派。那时的人只能住在一座思想的房子里,但这座房子不是鲁迅的房子。新时期以来,思想开放了,中国知识分子一下子散开了，但他们不是从鲁迅的房子里跑出来的，而是从另一座思想的房子里跑出来的。这种一哄而散的现象未必是一桩多么好的现象，但中国知识分子跑散了却是事实，他们大多数没有跑到鲁迅这里来也是事实，但到底有一些人跑到了鲁迅这里来。只有到了这时，这些人才真正地感受鲁迅、思考鲁迅、阐释鲁迅，而不是用鲁迅阐释别人的思想。形势上好多知识分子离开了鲁迅，他们过去是说鲁迅的好话的，现在不说鲁迅的好话了。实际上凡是这样的人都是从来没有真正喜欢过鲁迅的。我们现在好说文学观念和思想观念的变化，实际上最难变的就是文学观念和思想观念。一个人可以从看不出一部作品的好处来变到看出它的好处来，却绝对不会从看出一部作品的好处来变到看不出一部作品的好处来。一个人一旦喜欢上了一部文学作品，一旦建立了一种思想观念，往往终其一生是不会变化的。变了，说明他原来就没有。说有那是骗人的，是跟着别人乱起哄。只要看一看我们现在的那些鲁迅研究著作，特别是中青年鲁迅研究者的研究著作，我们就会感到，现在真正感受到鲁迅伟大处的人不是减少了，而是增多了。鲁迅与这些作者在精神上的融合程度甚至超过了与胡风、冯雪峰、陈涌、李何林那些在三四十年代建立起对鲁迅的信仰的中国知识分子。在这些人中，鲁迅的思想和精神正在重新发芽，重新滋长，并且不论以后遇到什么样的变化，这些人的鲁迅观也不会有根本的变化了。我很看好现在的鲁迅研究，我们已经不能依靠一部鲁迅研究著作升官，也不能依靠一部鲁迅研究著作发财，但还是有这么多人研究鲁迅。我们有什么理由认为现在鲁迅在中国人心目中的地位下降了呢？

对鲁迅的不满是有的，概括说来，这种不满来自以下四个方面，但我认为，在这四个方面来的不满都带有一种过渡的性质，它们都不是绝对地远离了鲁迅，而是在一种文化趋向的发展过程中呈现出来的。一种文化现象，一个社会的思想总是在流变的过程中，一个人的一生也有从幼年到童年、从童年到少年、从少年到青年、从青年到中年、从中年到老年的诸种变化，即使在同一人生阶段，人的思想感受也不是绝对相同的。我们这些鲁迅研究者对鲁迅的看法就是始终如一的吗？也不是！再伟大的人物的思想也不是所有人在所有人生阶段都能够接受的思想。伟大人物的思想的唯一标志是一旦接受了它就再也无法完全回到此前的原初状态，再也无法完全摆脱它的影响，而不是人人都把他奉为神明。我们可以看到，当前所有对鲁迅的不满乃至反叛都还没有真正上升到理论的高度，都还停留在一种直观、直觉感受的层次上。而这也就是它的过渡性、不稳定性的表现，并且虽然它们表现的都是对鲁迅的不满，但它们的不满又往往是彼此矛盾的。它们之间的矛盾甚至大大超过了它们彼此与鲁迅之间的矛盾，有的人则是用鲁迅的主张、鲁迅的语言攻击鲁迅的。这种不满不是没有任何道理，但这些道理都是在一种过程中随时可以变化的，正像人的直观、直感感受是经常变化的一样。今年的流行色是蓝色，明年的流行色就可能是红色了。只有那些有了理性框架支持的感受，才能在较长时间中保持不变。我们看到，新时期以来，只有层垒式发展而没有急剧折转式变化的研究领域几乎只有鲁迅研究界。其他所有社会文化领域几乎都像折跟头一样翻了几翻。这说明这些文化领域还没有建立起自己的公理系统，没有一个牢固的统一的基础。它们是在变化中形成这种基础的，而在没有这个基础之前，它们也不可能确定与鲁迅的关系。他们的鲁迅观还会有急剧的变化。我所说的四个方面是：

（一）外国文化研究领域

新时期是以"改革开放"为旗帜的，部分学院派知识分子在介绍、输入、借鉴外国文化的过程上发展着自己的文化倾向。鲁迅是在五四新文化运动的文化开放过程中走入中国文化界的，是积极介绍和输入外国文化的，这原本不会影响到鲁迅在他们心目中的位置，但由于鲁迅当时的世界文化思潮与现在的有了很大的不同，现在的学院派知识分子所输入的具体文化学说与鲁迅当时所重视的文化学说在西方的文化背景上是有矛盾、有对立的。他们重视的是当前的西方文化思潮，在他们的心目中，鲁迅就有些过时了，对鲁迅的文化思想也会有一种否定趋势。但是，这时期的文化开放又是有自己的特殊性的。它是在长期封闭之后的开放。西方那些旧的和新的学说在中国都呈现着极为新鲜的色彩，对它们的直接运用一时也很有效用，但西方任何一种现成的学说对中国文化发展的推动作用都是极其有限的，这在开始表现为各种不同的西方文化学说以极大的速度相继出现，并在中国知识分子中获得普遍的重视乃至信奉。现实主义很快变为现代主义，现代主义很快变为后现代主义，社会历史批评很快变为结构主义，结构主义很快变为解构主义，在每一个小的发展阶段上，人们都是以当时最走红的具体思想文化学说为标准感受鲁迅、观照鲁迅的，鲁迅自然表现出非常明显的局限性。但一旦把由于半个世纪的封闭所生疏了的西方文化学说都陆续介绍到中国，一旦这些学说本身已经变得并不稀罕，我们就会看到，外国文化输入的重要性并不在于一个个具体的文化学说，而在于我们自己思维方式的变化，在于我们能通过对外国文化的了解而发展我们自己的文化。而一旦进入这样一种思考，鲁迅当时输入和介绍的具体学说的局限性变得并不像现在这些学院派知识分子想得那么重要，而鲁迅在接受了外国文化的影响之后对中国文化的解剖和对中国新文化的建设才是更为重要的价值，而在这方面，并不是每一个外国文化的研究者都能做到的，当然，在这方面还可能出现新的甚至比鲁迅更伟大的中国文化巨人，但即使这样的文化巨人，也不会轻视鲁迅，恰恰相反，他们可能是比我们更为重视鲁迅的人，正像爱因斯坦比我们更尊敬伽利略、牛顿，马克思比我们更尊重康德、黑格尔一样。我们对他们的观照是从外面进行的平面观照，是多中选一的比较，而他们重视的是创造性行为的本身，而在这种创造性行为上，后人又未必是能够绝对地超过前人的。在我们看来，爱因斯坦是比伽利略和牛顿都伟大的，马克思是比康德、黑格尔都伟大的，但爱因斯坦和马克思自己怎么看呢？恐怕和我们是不同的。外国文学界对鲁迅翻译中某些错误的指正，对他的翻译思想的质疑，都是合理的，但一个真正杰出的外国文化学者，是不会把这些问题当作多么了不起的问题的。他们知道何为大者，何为小者。

（二）现代文学研究领域

新时期的中国现代文学研究是在"文化大革命"否定了几乎所有中国现代作家的基础上重新开始的，有些现代作家还是用鲁迅的话予以否定的。当新时期重新恢复这些作家的文学地位时，常常伴随着对鲁迅一些言论的质疑或否定。这在中国现代作家的研究中不是没有积极意义的，对鲁迅的一些言论也有某些矫正作用。但从整体看，却不能不表现为一种对鲁迅的否定趋势，这也使鲁迅在一些现代文学研究者的心目中失去了原有的光环。但是，必须看到，鲁迅及其作用原本就不是在他独霸文坛的情况下表现出来的，原本就是与这些作家的对立统一的关系中表现出来的。我们包括我们中国的鲁迅研究者往往认为，对鲁迅之外的其他作家否定得越多、越彻底，越能显示出鲁迅的伟大，而一旦别的作家也获得了很高的文学地位，鲁迅就不像原来想得那么伟大了。这是中国文化中那种根深蒂固的排座次的思维方式影响的结果。实际上，任何人的伟大都是在一个背景上的伟大，这个背景越大，只要这个作家还没有被其他作家所掩盖、所代替，这个作家也就越伟大。文学作品的接受和传播也是一样。文学崇尚的是多样化，如果我们天天看的只是一部文学作品，不论这部文学作品多么伟大，我们都会看烦了，都会转而厌恶它，轻视它。不能不说，现在一些人对鲁迅的厌恶，正是我们硬按着他们的头让他们读鲁迅作品的结果。卢浮宫里的绘画虽好，你也不能天天看，贝多芬的音乐虽好，你也不能天天听。天天看，天天听，它们就不好了。正是在众多文学作品的阅读中，你才能感受到哪些作品在你的感受中留下了磨灭不掉的印象，哪些作品是值得反复回味的，亦即哪些作品是真正伟大的作品。与此同时，伟大可以掩盖渺小，但绝不会掩盖伟大。普希金没有掩盖住列夫·托尔斯泰，列夫·托尔斯泰没有掩盖住陀思妥耶夫斯基，陀思妥耶夫斯基也没有掩盖住卡夫卡，在所有现代作家都得到了应有的重视之后，鲁迅的价值绝不会比在"文化大革命"及其以前表现得更不充分，而将更加充分。现在，这个翻案的工作已经做得差不多，中国现代文学研究者的观念正酝酿着一种变化，即从个别比较的方式转化为整体观照的方式。在这个整体观照中，鲁迅的光焰消失了吗？没有！他的亮度更大了。他没有被胡适、周作人、徐志摩、戴望舒、沈从文、穆时英、穆旦、张爱玲、钱锺书的光焰所掩盖，他的独立性、独创性的思想和艺术的才能表现得更充分了。所以，此前中国现代文学研究界对鲁迅的否定倾向只是在这样一个特殊历史过程中的暂时性现象，它的影响尽管不会在短时期内完全消失，但它不会构成多么强大的思想潮流，我们不必把它们看得过重过大。和外国文化研究领域的情况一样，现代文学研究领域的这些言论也不可能构成真正的联合阵线，它们联合不起来。研究高长虹的同研究徐志摩的不是一回事；研究梁实秋的同研究夏衍的不是一回事；研究胡适的同研究陈寅恪的也不是一回事，他们对鲁迅的不满都是一些矛盾着的不满，他们自己之间的差异和矛盾倒带有更加绝对的性质。只要我们从分别的个别的考察返回到整体格局的考察，我们就会感到，倒是从鲁迅及其文学观念、思想观念的角度，更能把整个中国现代文学组织成一个完整的整体。他批评过高长虹，但没有否定高长虹；他批评过林语堂，但没有否定林语堂；他批评过胡适，但没有否定胡适。他与他们有差异，有矛盾，甚至有时是很尖锐的矛盾，但这种矛盾是法国足球队和意大利足球队、英国足球队、德国足球队那样的矛盾，不是刘邦和项羽或岳飞和秦桧那样的矛盾。

（三）中国古代文化研究领域

中国古代文化研究的复苏和繁荣也是新时期文化发展的一个重要方面，这也是一个过程，在这个过程中也产生了一些对鲁迅的不满。鲁迅是五四新文化运动的参加者，他是反传统的。在中国文化研究重新开展的过程中，鲁迅受到一些否定也是必然的。特别是新儒家学派，更是表现出明显的反鲁倾向。但是，新儒家学派仍是现代知识分子的一个学派，而不是一个中国古代知识分子的学派。他们是在现代中国思考社会伦理道德的建设问题的，而不是在中国古代社会的背景上思考社会伦理道德的建设的。我们不能从根本上否定这个学派存在和发展的合理性和合法性，现代中国的伦理道德建设确确实实存在着很多严重的问题，他们企图通过中国固有伦理道德的重视克服现当代中国道德紊乱的状况，也是可以理解的，其中更不乏合理的成分。但这毫不意味着应当否定五四新文化运动对传统儒家伦理道德的批判。整个20世纪的历史发展，已经充分证明，五四新文化运动对传统儒家伦理道德的批判反映着中国社会现代变迁的要求。中国社会的结构形式变化了，固有的伦理道德已经无法起到维系中国社会的作用，这种观念应该变化，也必须变化。在新儒家学派的势头正盛的时候，有很多中国现代文学的研究者也感到它有山雨欲来风满楼之势，似乎新儒学对五四新文化否定的势力是不可阻挡的，也随喜否定起五四新文化运动的所谓局限性来。我在当时的课堂上是这样对学生说的，即使中国的男性公民全部成了新儒家学派的拥护者，至少还有占中国人口半数的女性会支持五四新文化运动，五四新文化运动是不可能被彻底否定的,因为中国现代社会已经不仅仅是男人的社会。仅此一条,新儒家就不可能像旧儒家那样统治整个中国。我认为,新儒家学派的唯一希望不是否定五四新文化运动,否定鲁迅,而是在五四新文化运动和鲁迅思想的基础上重新思考中国当代社会的伦理道德建设的问题。伦理道德不仅仅是理论性的,同时还是实践性的。孔子的伦理道德之所以在中国古代社会得到了强有力的贯彻,是因为孔子及其后继者中确确实实有很多人不但在理论上、同时也在实践中贯彻了儒家伦理道德的原则,不论他们历史作用的好坏,至少在当时人们的心目中,他们是具有更高的道德情操的人物。这到了中国现当代社会中,情况已经有了根本的变化。体现中国现当代人的道德情操的已经不是新儒家学派的提倡者,而是像鲁迅、李大钊、胡适这类新文化运动的倡导者。新儒家学派的领袖人物仍然恪守着儒家的伦理道德,但人们对他们的观感却有了变化。人们仍然不厌恶他们,甚至尊重他们,但却不会认为他们是最高社会道德情操的体现者。《记念刘和珍君》《为了忘却的记念》才真正体现了现代有良知的中国知识分子的道德人格,新儒家学派的知识分子缺少的恰恰是这种反专制压迫的正气和勇气。总之,新儒家学派重视当代中国伦理道德的建设的意图是十分可贵的,但通过反对五四新文化运动,通过反对鲁迅是不可能实现这一目的的。他们的贡献是在学术上的,不是在中国现当代伦理道德建设上的。他们对鲁迅的否定不会产生长远的影响。真正对鲁迅精神有严重消解作用的是道家文化精神。在中国,对为人生文学的否定,对30年代左翼文学运动及其鲁迅文化选择的否定,从本质上都是从中国道家文化的传统中产生的,它与康德等西方美学家的美学观之间的根本差别是康德是一个启蒙主义者,而中国这些知识分子是在否定启蒙主义思潮的基础上发展起来的。但是,中国现当代道家文化的提倡者与中国古代道家文化的创立者之间的不同是,中国现当代的道家文化的提倡者仍然是一些社会知识分子,是在现代社会内部的关系中生存和发展的,而不是在社会关系之外生活的。他们不是没有自己的社会要求,不是没有现实的社会关怀,而是感到无力实现这种关怀。在这个意义上,他们并不真正反对五四新文化运动,并不真正反对鲁迅。他们的力量来自人数众多,恐怕连我们这些鲁迅研究者中实际奉行道家文化传统的也不在少数。别人我不知道，至少我自己是如此。我们在青年时期热情过，追求过，但现在我们成了教授，成了研究员，有了一个稳定的生活环境，虽无高官厚禄，但也满足，中国社会的发展、中华民族的前途、中国国民性的改造我们仍然是关怀的，但总觉那是一些与己无关的社会问题，有些空洞，有些不着边际，对于自己更重要、更切近的是个人平静生活的维持。我们缺乏鲁迅那种把社会和个人揉为一体、把社会追求同精神自由熔为一炉的感觉。这也难怪，先儒后道、外儒内道从来是中国知识分子的主要传统。在我们的文化环境中，关心社会不如不关心社会，只要有了一个稳固的嗷饭的位置，少管一些"闲事"对自己是有好处的。中国有十二亿人口，但真正关心着我们民族的整体发展并以此为基础选择自己的人生道路和文化道路的人恐怕并没有几个。这才是我们中国现当代文化的最最核心的问题，也是鲁迅之所以宝贵的地方。但我们这些人却不会从根本上反对鲁迅，因为我们到底不是主要生活在大自然中，而是生活在中国社会中。我们在实际上不会像鲁迅那么傻，但却能知道鲁迅的价值，不否定鲁迅的价值。否定鲁迅价值的是那些享乐主义者。当我们这些所谓"上层"知识分子已经没有了真正的社会关怀，当我们自己实际重视的也是我们自己的物质生活，年轻一代的知识分子和非知识分子的社会成员就把自己的追求目标转移到物质利益上去了。在这时，个人的、感官的、本能的、直觉的、物质的、实利的、性的就成了唯一重要的，成了人类生活的全体，成了一种价值，一种美。鲁迅虽然并不否定人的本能的需求，但他的存在价值到底是社会性的、精神性的，在物质享乐方面，即使在当时的中国，他体现的也是偏于落后的倾向。我认为，这个阶层对鲁迅的否定不是没有任何道理的。鲁迅不会跳舞，不善交际，在性关系上偏于拘谨，重美术而轻音乐，习于书斋，懒于出游，精神活动多于体育活动，严肃有余而活泼不足，甚至就不活泼，等等，等等，这些都与现代人的生活方式有着较之一般人更大的距离。但是，享乐主义在整个社会上只是极少数人能够实际地得到贯彻的，在历史上只在短暂的历史阶段能够成为主要的思潮，在一个人的生活道路上只是有限时间内的实际思想倾向，它的纯个人性使其无法获得社会性的价值，即使一个享乐主义者也不会尊敬另一个享乐主义者,它的直感性使其无法获得精神性的价值,感官享乐的餍足留下的是精神上的空虚,它将转而寻求一种更为充实的东西。所以享乐主义对鲁迅的否定是彻底的,但其过渡性的性质更为明显。从个人而言,当享乐主义者感到一种精神的需要的时候,他们将更重视严肃的思想、沉重的感觉,他们原来认为是鲁迅的缺点的东西,虽然仍然是缺点,但已经并不重要,重要的是鲁迅精神生活上的丰富性、充实性;从整个社会而言,享乐主义使社会迅速分化,阶级阶层间的差别迅速扩大,人与人的感情关系变得极不可靠,甚至相互嫉妒、仇视,社会矛盾加深,社会动荡加强,对于更多的人,社会的关怀不再是对别人的关怀,同时是对个人的关怀。鲁迅的价值在这时候又会成为人们不能不重视的价值。总之,中国古代的文化传统在中国社会上仍然是最有实际影响力的传统,它不能不时时产生对鲁迅的否定倾向,但中国社会的结构到底已经发生了根本的变化,中国固有文化传统的每一次复兴,都孕育着自己的新的否定力量的出现,鲁迅著作在中国文化由旧蜕新的过程中仍将持续发挥它应有的作用。这种作用是通过中国鲁迅研究者对它的不断解读表现出来的。

(四) 中国当代文学创作领域

我说我现在属于胡适开创的中国学院派文化传统,那么,中国哪一部分知识分子才真正属于鲁迅开创的新文学传统呢?中国当代作家,特别是小说家。但恰恰是在这个领域,对鲁迅的调侃是最热火的。这可以称为中国当代文化的一大奇观。这种现象是怎样产生的呢?我认为,这种现象是在学院派文化与文学创作的分化趋势中产生的。在"文化大革命"刚刚结束的时候,不论是文学创作界的作家、诗人,还是学院派的教授、学者,都希望开放,希望自由。大家彼此都有点同情,有点理解,彼此之间也能相互扶助。刘心武的一篇《班主任》,作家出来叫好,评论家出来评说,鲁迅的有关论述也成了为刘心武辩护的理论根据,虽然彼此也都知道谁都不是完美无缺的,但却没有觉出彼此有什么不可忍受的地方。但当到了80年代中后期,各自都有了更多一些的发展空间,自己可以顾上自己了,彼此的差异就表现出来了,并且这种差异成了我们可以互相歧视的理由。我们这些学院派知识分子是摆弄概念的，是讲方法论的，是重传统的，是从中外已有定评的作家作品或美学家、文艺理论家那里获得自己的文学艺术观念的，而我们鲁迅研究者则是在鲁迅作品的基础上获得这种观念的，在获取这些观念的时候，我们把鲁迅概括化了，抽象化了，同时又把文学的标准具体化了。我们眼中的鲁迅是一个现实主义者，一个充满战斗精神的作家，是主张"为人生"的文学的，是反对"为艺术而艺术"的，是后来走上了革命文化道路的，是一个左翼作家，等等，等等。这些对不对呢？当然是对的，但这是鲁迅自己，而鲁迅却不是只承认自己有活在这个世界上的权利而不承认别人也有活在这个世界上的权利的；不是只承认自己的作品是文学作品而别人的作品就不是文学作品的。也就是说，鲁迅是一回事，鲁迅的实际历史作用又是另一回事；他自己做了什么是一回事，他做这些事情的意义和价值是怎样的又是另一回事。他开垦了新文学这块处女地，然后在这块处女地上种上了第一季的庄稼，他种的是豆子和玉米，但这并不意味着后代人也必须种豆子和玉米。他的更更重要的作用在于是这块处女地的开垦者和保护者。在这个意义上，他是中国文化和中国文学的守护神，是中国新文化和新文学的守护神。他的所有的战斗都集中在反对思想专制和文化专制的斗争中，集中在让中国社会能够接受和理解新文化和新文学上。他的目的只有一个：把"无声的中国"变成"有声的中国"，而这不能不说是中国文化和文学、特别是中国新文化和新文学生存和发展的最基本的条件。但我们这些学院派知识分子却常常是按照鲁迅实际表现出来的样子形成我们的文学艺术观念的，我们也用这样的文学艺术观念看待当代文学作家及其作品，也用这样的标准要求他们，衡量他们。我们是在传统中形成我们的观念的，而一个创作家依靠的却不是我们的传统。他们也读过鲁迅的部分或全部的作品，但却不仅仅读过鲁迅，他们依靠的不仅仅是鲁迅的传统，他读过的所有的文学作品都是他们的传统。并且他们主要不是依靠这个文学传统进行创作的，更是依靠他们实际的人生、实际的人生体验或当前读者的需要进行创作的。"传统"这个词是我们学院派知识分子搞出来的，对于创作家的创作起不了那么大的作用。他们像孙悟空一样是从当代生活的石头缝里蹦出来的。这个生活创造了他们,他们则只能依照自己的方式创造自己的作品。我们没有权力要求他们的作品一定像谁的和不像谁的,我们只能说他们是怎样生活过来的,他们想说什么、为什么说、怎样说。我们可以批评他们,但不是批评他们不像别人,而是批评他们不像自己。而我们却常常不是这样,而是要求他们说出我们能够满意的话来,并且得按我们喜欢的方式说。我们只愿意理解名人、要人,却不愿意理解他们。我们和当代作家在情感上就有了距离。一旦感情上有了距离,这个仗就打热闹了。人家也不是吃醋的,人家看不起我们的传统,看不起我们这些又穷又酸的学院派知识分子。他们之中的有些人就杀到我们鲁迅研究界来了,就来抄我们的老窝来了,就骂起"我们"的鲁迅来了。但他们把鲁迅当"我们"的来骂,实际上鲁迅并不是"我们"的,而是中国新文化和新文学的,如果真的分起你我来,鲁迅倒是"他们"这些创作家的,而不是我们这些学院派知识分子的。不是我们更像鲁迅,而是他们自己更像鲁迅。我们这些学院派知识分子向来是温文尔雅的,他们嘲笑的鲁迅的所有那些"劣迹",我们这些学院派知识分子是很少有的,倒是他们自己很难避免的。因为他们都是创作家,都是在实际的生活之流当中的,都是根据现实需要进行选择的,都是很难做到完美无缺的。即使一部作品,也是要说好,就能说好;要说坏,也可以说坏的。实际上,鲁迅是不能像他们这样说的。鲁迅是个作家,对作家及其作品需要的是研究,不是像对平常人那样只做人品挑剔,也不是像生活检查会那样进行缺点和错误的批评。要谈鲁迅,就得下点功夫亲自去了解鲁迅,不能根据别人说他好或说他坏,并且要多读一些鲁迅的作品,不能根据对一两篇作品的直感印象就对整个鲁迅下结论,甚至还得对鲁迅研究有点起码的了解,知道为什么有人会喜欢鲁迅,为什么有人又不喜欢鲁迅。只有把这些都了解清楚了,自己应当怎样看待鲁迅才有一点扎实的根据,才不至于说的尽是些言不由衷的话,才不致流于主观武断,让人觉得有点霸道,有点目中无人。鲁迅不是圣人,我们也不是圣人;别人不能根据鲁迅的只言片语轻易给人下一个结论,我们也没有资格仅仅根据自己的一点直感印象就给鲁迅下一个什么样的结论。现在某些当代作家对鲁迅的讥评之所以仍然停留在述说直感印象的阶段，就是因为他们对鲁迅的讥评并不真地建立在他们对鲁迅的直接了解上，而是通过讥评鲁迅发泄对我们当代评论和当代鲁迅研究者的不满。而这种发泄方式本身就是不具有确定性的，就是极易发生变化的。到人们不用鲁迅压他们了，他们的发泄方式就会发生变化了。鲁迅早已死了，他们在创作上的成功与失败，在人生道路上的顺利与挫折，实际是与鲁迅没有什么关系的。到他们真正冷静下来，不是把鲁迅当作必须逾越的障碍，而是把鲁迅也当作与自己一样的一个人和一个作家，他们就没有这些怨气了，即使有怨气，也不会往鲁迅身上撒了。

总之，新时期以来确确实实有好多对鲁迅不满的言论，甚至有的言论充满了明显的敌意，但我认为，这都是一些过渡性的现象，不会构成统一的潮流，也不会有持续的影响。只是一些倏忽而来，倏忽而去的东西。就其整个发展趋势，我们中国的新文化和新文学不是越来越萎缩，而是越来越发展。我们的教育普及的程度不是越来越小，而是越来越大，接受新文化、新文学影响的面在扩大，能够阅读和理解鲁迅及其作品的人也会越来越多。与此同时，我们中国人不是更朝着划一化的生活发展，而是朝着多样化统一的社会发展。在这样一个社会上，必须依靠个人的意志和个人的思考，自己选择，自己负责，在现代社会中求生存、求发展。鲁迅所体现的人生哲学倾向不是越来越为我们所不能理解，而是越来越会成为我们中国人的实际的人生观念和世界观念。最近二十年将是中国社会的结构发生新的巨大变化的二十年，鲁迅所遇到过的那些矛盾我们当代中国知识分子又会遇到。中国人对鲁迅及其作品的同情和了解只会越来越加深。至于鲁迅的世界影响，实际并不取决于外国人，而是取决于我们自己。当一个民族的绝大多数成员还没有认识一个人的价值的时候，当这个人在自己的民族中还是一个受到普遍冷落的人时，世界是不会首先接受他、理解他的。我们老说鲁迅的世界影响还是很小的，但我们却没有说我们本民族的绝大多数成员是怎样看待鲁迅的。只要我们本民族的文化成员不再把鲁迅当作自己的玩物，而是认真地研究他，阐释他，他在未来世界的影响只会扩大，而不会缩小。总之，鲁迅是不会在我们这块土地

我和鲁迅研究

上消失的,也是不会在世界上消失的。他不像有些人想象得那么脆弱。因为他的思想不是脆弱的思想。

我对鲁迅充满信心!我对中国的鲁迅研究也充满信心!

原载《鲁迅研究月刊》2000年第7期

最是鲁迅应该读
——关于中学鲁迅作品教学的几点思考

鲁迅作品的教学在中学语文教学中是个"重头戏",但在当前,中学的鲁迅作品教学遇到了很多实际的问题,很多中学语文教师感到鲁迅作品很难教甚至无法教,很多中学生感到鲁迅作品很难懂甚至无法懂。教师不愿教,学生不愿学。表面看来,这是一个现实的实际问题,但我认为,它实际仍是一个中学语文教学观念的问题。所以,我想从整个中学语文教学的观念出发谈谈这个问题。

经典性与可感性的统一:中学语文教材的基本要求

鲁迅作品能不能进入中学语文教材?这首先牵涉到我们对于中学语文教材的观念的问题。在这里,可能存在着两种不同的教材观念。一种是认为中学语文教材就是让学生学的,只要有利于学生的阅读和理解,有利于学生写作能力的提高,一篇课文就是好课文,就可以选入中学语文教材。在这里,"有利于学生的阅读和理解""有利于学生写作能力的提高",主要是从当下的效果来看的,至于学生在十年之后、二十年之后的表现,并不考虑在内。但是,学生的学习绝不仅仅是、甚至不主要是"当下的"需要,而是为了进入社会之后的生存和发展。越是初级的教育,其意义和价值越是长时段的、恒久的,其作用要在学生一生的发展中来思考，而不应仅仅从当下的时效来感受、来判断。我们看到，文章也有"经典"和"时文"之分。什么是"经典"？就是能够经得起时间考验的文章，它不仅适宜于现在的阅读和接受，同时也适宜于未来人的阅读和接受。它们是已经进入一个民族的语言作品库的作品，不但这个时期的人要读，未来多少代的人都要读，其语言也是一个民族的语言的基本构成因素。这样，学生在未来的发展中，它就永远活着，永远是他了解社会、了解人，感受社会、感受人的语言形式，也是与社会、与其他人进行交流的语言方式。所以，我认为，凡是选入教材的，都应是在某种程度上具有经典性的。当然，这种"经典性"，并不一定是在文学史上得到崇高评价的作品。一首儿歌，一个民间故事，虽然没有入史，但仍然代代相传，这就是"经典性"，这种语言就是一个人一生都不会忘记的语言。过去有"经典"，现在也会有"经典"，这就需要教材编写者的发掘和发现，但发掘和发现的新的"经典"也不能仅仅是为了"当前"的需要，也不能情况一变这些文章便失去了存在的价值和意义。它得是与人类的基本性质紧密相连的，得是充分表现了民族语言的内在潜力的。"时文"则不同了，它是在当时时代的某个特定需要的基础上产生的，有其时效性，但这种需要与人类的基本需要没有必然的联系，其语言形式也是当下的，并没有充分表现民族语言的内在潜力。这样的文章，学生在学的时候，是很轻松的，其语言也可以直接用于自己的作文，但这时的作文是写给老师看的，没有实际的社会交流的意义和价值，但到毕了业，进入社会，这些语言形式早已被社会所淘汰了，没有意义了。与这样的文章相反，鲁迅作品在当时是绝对无法用的，当时的学生谁都不会再写像《祝福》这样的小说、《记念刘和珍君》这样的文章，但恰恰是这样的一些课文，至今还活跃在那些学生的脑海里，还流行在现在的社会里。你连祥林嫂、鲁四老爷、刘和珍这些人物是什么样的人物都不知道，你连"真的猛士，敢于直面惨淡的人生，敢于正视淋漓的鲜血……"这样的语句都记不住，你与社会交流的语言渠道就是极为狭窄的了。总之，中学语文教学是为未来社会培养人的，学生学习语言的目的是为了进入社会之后的生存和发展，不能仅仅从时效性来思考中学语文的教学。"经典性"得是中学语文教材的首要的要求。

中学语文教材应当具有"经典性",但不能仅仅具有"经典性"。当前关注中小学语文教学改革的多是大学教授、著名作家,他们从自己现在的需要出发,认为现在的中学生阅读的名著、名作太少,就想把中外最伟大的作品都收编到中学语文课本中去。他们只重视"经典性",而不注意中学生的接受能力。实际上,并不是所有的作品都适宜于所有年龄段的人阅读和欣赏,也不是所有的语言和语言形式都能被各种语文水平的人所接受。这里的关键问题是可感性的问题。在过去,我们强调"懂",实际上,"懂"是很难的。鲁迅到了30年代,还说很少有人懂得他的《阿Q正传》。但阅读、欣赏、接受语言作品的基础不是"懂",而是可感觉性、可感受性。一个两岁的孩子,是不"懂"得"月亮"的,但他看到了它,感觉到了它,对它有所感受,爸爸、妈妈告诉他这是"月亮",他就记住了这个词,能够运用它表达自己的所见、所感。他对月亮的"理解"是在一生的过程中逐渐丰富化的,并且至死也无法完全理解它。与此相反,有些词语在特定的知识水平和年龄阶段是无论如何也无法感觉到、感受到的。"道可道,非常道;名可名,非常名。"字是常用字,词是常用词,但对我们却毫无意义。因为什么?因为我们感觉不到它,感受不到它,即使我们记住了它,也不知道怎样用、什么时候用。但哲学家能掌握它,运用它,因为他们能够感觉到它的意义,对它有所感受。就一个作品而言,这种可感性是就其基本话语形式而言的,对个别词语甚至个别段落看不明白不要紧,通过学习,通过讲解,通过与全文的联系,学生就能够感觉到它们,感受到它们,学生的水平就提高了,能够自由运用的词语和语言形式就增多了。但若对整篇文章的基本语言模式的意义感觉不到,这篇文章再好也不适宜于学生的阅读和欣赏。假若从这个角度衡量编入中学语文课本的鲁迅作品,我认为,像《孔乙己》《故乡》《阿Q正传》《祝福》《补天》《奔月》《铸剑》《理水》《阿长与〈山海经〉》《从百草园到三味书屋》《藤野先生》《秋夜》《雪》《记念刘和珍君》《为了忘却的记念》《读书杂谈》等等这些常选的篇目,都是有很强烈的直接可感性的。《孔乙己》写的就是孔乙己这个人物和周围人对他的态度;《阿Q正传》写的是阿Q和他一生的命运。这些都是可感觉、可感受的。可感就能接受,就能记得住,至于它们内在还有什么更深刻的含义,是可以随着学生人生观察和体验的不断增加、随着学生社会知识和历史知识的逐渐丰富而不断深化的。我认为,这样的作品在鲁迅作品中还有很多、很多,例如《示众》《狗·猫·鼠》《二十四孝图》《五猖会》《无常》《父亲的病》《琐记》《复仇(其二)》《过客》《狗的驳诘》《颓败线的颤动》《立论》《这样的战士》《聪明人和傻子和奴才》《战士和苍蝇》《夏三虫》《谈皇帝》《黄花节的杂感》《略论中国人的脸》《可恶罪》《以脚报国》《听说梦》《火》《作文秘诀》《从孩子的照相说起》《不知肉味和不知水味》《说"面子"》《运命》《拿破仑与隋那》《阿金》《我的第一个师父》等等,等等,这里的问题只是我们怎么看、怎么教的问题,而不是鲁迅作品能不能选入中学语文教材的问题。

人文性与工具性的统一:中学语文教学的基本要求

在当前的中小学语文教学改革中讨论的一个中心问题是人文性和工具性的讨论,但只要结合我们对鲁迅作品教学的态度,就可以看到,我们对语文的工具性的理解实际是有很多问题的。工具性,我们无法从根本上否认它,特别是在小学语文教育中,没有工具性这个概念,我们就无法说明小学语文教学的本质。小学阶段学习的不是小学生不知道、不了解的事物,而是让他们掌握文字符号这个工具,以便他们能够读、能够写,但到了中学,特别是高中阶段,掌握文字符号这个书写工具的问题已经不是主要的教学任务,工具的问题依然存在,但即使这个工具的问题也是人文的问题。想到写到,想不到便写不到。"如何想"就是一个人文的问题,"如何写"就是工具的问题。在这时最重要的就是想的和写的要一致起来,"人文的"和"工具的"要融而为一。如若不一致,如若融合不在一起,语言这个东西可就不再是一个好东西了。一切的虚伪,一切的谎言,一切的华而不实的官样文章,都是从这种"过剩"的语言"功夫"中"锻炼"出来的。而我们现在的中学语文教学(当然不仅仅是中学语文教学)存在的问题绝不仅仅是一个语文水平差的问题,而更是一个写非所想的问题。学生为什么能够写非所想?就是因为教材对学生的生活视野、文化视野、思想视野没有开拓的作用,学生的人文素质是低下的，而记住的词语和表达的方式却不断地增加，这就有利于他们把原本平庸的思想感情改装成各种不同的语言形式，用华丽的语言装饰的是贫乏的思想感情，甚至是恶劣的情欲，今天这么说，明天那么说，而只要说得通顺、说得流利、能玩出新花样，教师明明知道学生说的是言不由衷的话，也给予很高的分数，学生也就把这种写作视为作文的"正规"。这样做的结果是，思想越来越浅薄，人越来越假，文章却写得越来越"漂亮"。我认为，我们语文教育的失败莫过于此了。所以，我认为，在小学语文教学中，工具性是主导的，人文性应融化到工具性中，而到了中学语文教学中，人文性就成了主导的，工具性应融化到人文性中。工具性的问题不能脱离开人文性的问题单独地加以强调。在这里，"人文性"不是"政治性"。这里的"人文性"是对世界、对人的感觉、感受和了解。这种"人文性"是从一个幼儿开始学说话的时候就开始了。

现在为什么有些教师认为鲁迅作品的教学对学生没有多大益处呢？其中一个重要的原因就是他们脱离开人文性而单独地、片面地强调了工具性。我们大都并不否认鲁迅作品的人文性价值，但却认为鲁迅作品对中学生运用语言能力的提高帮助不大或甚少帮助。这种观点是怎样产生的呢？因为他们把中学语文教材就直接视为学生应当掌握的语言工具，认为学生就是用他学到的这些语言与社会、与别人进行交流的，并且越是能够直接为学生所用、越是能够直接帮助学生提高作文能力的教材越是好的教材。鲁迅的作品及其语言是很难被学生直接用于作文的，所以鲁迅作品也就不适宜于做中学语文教材。在这里，语言的"工具性"实际上被歪曲了。课文中的语言到底是谁的"工具"？它们是课文作者的"工具"！作者用这个"工具"表达的是什么？是他们对生活的观察和了解，是他们的思想和感情，亦即他们所要表达的人文性的内容。假若没有这些人文性的内容，这些语言就不是语言了，不是交际的"工具"了。我们从课文中首先接受的是什么？是它的人文性内容。只有感受到它的人文性的内容，我们才能感受到作者的语言"工具"的作用，他的"工具"才成为"工具"。但直至这时，这个"工具"仍然是作者的"工具"，而不是学生的"工具"。学生的语言"工具"从哪里来？不是从课文中直接接受过来的，而是在他的生活的观察和体验、在他的思想和感情以及他的表达欲望中来。只有当他要表达自己的生活观察和体验、表达他的思想和感情的时候，他才能在自己以往的全部语言储备中寻找词语和语言表达方式，寻找表达自己的语言"工具"。但在这时，学生进行的应是自己的创造过程，不是重复课文作者的生活观察和体验、重复课文作者的思想感情的过程。只有这样的写作，不论它实际达到什么高度，都才是真正的写作。也只有这样的写作，才能调动学生自己的语言表达的积极性，并使之尽快地提高掌握语言、运用语言和创造语言的能力，即写作能力。那么，课文的教学对于学生写作的作用主要表现在什么地方呢？首先表现在它对学生自我表达欲望的激发力上，表现在它对学生幻想力、想象力的感发作用上。别人能够把自己的生活观察和体验、把自己的思想感情表达出来，并且让我看了受到感动，我的一些生活观察和体验、我的一些思想感情不说出来、不写出来，别人就不了解、不同情，所以我也要说出来、写出来。只要学生能够产生这种自我表达的欲望，他的语言储备就会在脑海里活跃起来，翻腾起来。当然其中也有是在课文中学到的，但更大量的是在他的日常生活话语和课外阅读的过程中积累起来的。甚至他的思想和感情，他的生活观察和体验，也主要来自他个人的经历和经验，不必仅仅依靠我们给他们选定的课文。所以，只要课文对中学生有可感觉性和感受性，能够感发他的幻想力和想象力，能够激发他的个人表达欲望，他就会调遣自己的语言储备，把民族语言转化为表达自己的生活观察和体验、表达自己的思想和感情的"工具"，但这个"工具"不同于课文作者的"工具"，尽管它们的基础都来自本民族的语言库藏，但没有他们自己创造性地运用，没有他们自己的人文性的内涵，这些民族语言库藏中的语言零件却无法自成为"工具"。

我认为，只要这样理解中学语文教学的人文性和工具性，只要不把脱离开人文性的工具性当作真正的工具性，只要我们重视学生真正写作能力的提高，只要承认鲁迅作品对于中学生有可感觉性、可感受性，而这个可感的对象又有丰富的人文内涵，能够感发学生的幻想力和想象力，能够激发学生自我表达的积极性，我们就不会认为那些思想单薄的课文更适于中学语文教学而鲁迅作品不适宜于中学语文教学了。剩下的问题只是怎么教以及教学的具体目标的问题。

作者、教师、学生三个主体的动态平衡：中学语文课堂教学的基本过程

在过去，我们基本把中学语文课堂教学当作一个静态平衡的实现过程。这个静态平衡的实现过程是建立在这样一种教学观念之上的：作者通过作品完满清晰地表达了自己，或完满清晰地表达了自己的一种思想或感情；教师通过备课完全明确地掌握了作品的内容和语言表现形式；学生在开始对作品是无所知或知之甚少的，通过教师的教学，学生——至少是班级中那些最优秀的学生，也完全明确地掌握了作品的内容和语言表达方式。这样，原来的不平衡在教学过程结束后达到了完全的平衡：教师通过备课与作者达到了平衡，学生通过教师的教学与教师和作者达到了平衡。就像师爷教会了师父烙烧饼，师父又教会了徒弟烙烧饼，知识得到了递代的传授，教育的目的就实现了。不难看出，正是在这样一种对课堂教学的理解中，教师感到鲁迅作品最难教，因为教师感到无法清晰地把握鲁迅作品的全部内涵；学生感到鲁迅作品最难学，因为他们感到无法清晰地了解教师要他们必须清晰地了解的东西，他们感到无法清晰地说出鲁迅作品所要表达的全部内涵。他们不懂得为什么老师说《阿Q正传》反映的是中国的"国民性"，甚至不知道什么是"国民性"；他们不知道老师为什么说《孔乙己》批判了"科举制度"的弊害，他们甚至不知道什么是"科举制度"。老师不讲还明白，老师越讲他们感到越糊涂。在他们眼里，鲁迅的作品好像一部天书，是根本无法理解的。一个真正优秀的语言作品能不能完满清晰地表达作者的思想感情？那些能够"完满清晰"地表达作者思想感情的是不是好的语言文学作品？是不是对学生掌握民族语言最有帮助？只要我们能设身处地地从作者的角度思考问题就能知道，任何自己不能不表达的真实的思想感情都是不可能仅仅通过语言形式十分完满、十分明确地表达出来的：最好的情书是那些感到自己的爱情不能被对方理解的热恋中的青年人写出来的，最深刻的论文是那些感到自己的思想无法被别人所理解的人写出来的，最好的说明文是那些感到自己很难把事情说明白的人写出来的。他越是感到别人无法理解自己、无法明白自己要说的话，他越是要调动自己全部的语

最是鲁迅应该读

言储备努力地把文章写好。为什么他感到别人难以了解、理解或明白呢？因为他要表达的是在他特定个性基础上获得的特定的生活观察和体验、形成的特定的思想和感情，而他的听众或读者则是与他不同的。他需要听众或读者能够有与他相同或相近的生活的观察和体验、相同的思想和感情，但假若真的如此，他也就不必提炼自己的语言了。所以，只要是真正好的语言文学作品，听众或读者是不可能一次性地完全明确地掌握它的，即使像王之涣的《登鹳雀楼》、邵雍的《山村》这样的小诗，我们也不可能一次性地感受到它的全部的好处。我们在初读的时候能够感觉到它们的意蕴和美，但又无法全部地感觉到它们，人们是在一生的经历中，用自己各种不同的人生观察和体验不断丰富它们、充实它们的，并且终其一生也无法穷尽它们。鲁迅是写社会人生的，中学生已经对社会人生有了初步的感受和了解，但这种感受和了解还是初步的，即使教师也不会穷尽对社会人生的感受和了解。鲁迅作品所描写的人生和事件、所议论的那些问题，人们是可以感觉到、感受到的，但它们所能够暗示的内容却是无限的，是鲁迅自己也不一定全部意识到的。它们需要我们用一生的经历不断地去补充、去挖掘。所以，选入中学语文教材中的鲁迅作品是供教师和学生不断感受、思考、体悟、探索的对象，而不是一个已经僵死的、可以拿来做最后的装殓的尸体。也只有这样，教师的备课、教学才具有了不断探索、发现、创造的乐趣，并且每一次的备课和教学都是一个新的欣赏过程，并从中感到新鲜，感到乐趣，课堂教学的语言也不会是干瘪的、干巴的。恰恰是那种把鲁迅作品的内涵固定化的企图，使教师再也无法进入重新感受、重新理解、重新欣赏的过程，感到厌倦，感到沉重，教学没有了味道，课堂语言也随之成了干巴巴的东西，而这种语言是无法打动、吸引学生的，是无法激发学生的幻想力和想象力的，也是无法感发学生的思想和情感的。所以，教师不应当以自己已经完满明确地掌握了课文为教学的基础，应当永远感到是在与同学们一起探索一个作品、体验一个作品，而不是在最终地判断这个作品。教师是较之学生有更宽广的文化视野和生活视野的，是能够更多地感受到鲁迅作品的内涵因而也对鲁迅作品语言的魅力有更多的感受的，因此他在教学过程中更能发挥一个教师应当发挥的主导的作用。与此同时，学生的真正兴趣也是在探索和发现中产生的，开始他可能感到一个作品像是一个语言的迷宫，但在教师的引导下，他越看越能更多地看出其中的奥妙，这种发现的兴趣直至课堂教学结束依然没有消减，他在以后的生活和学习中，仍然会不断地想到它，体悟到它的新的意义和乐趣。所以，学生对教师的教学和课文的理解也是没有一个终点的。在整个课堂教学中，课文作者、教师、学生这三个主体始终处于动态的平衡之中，始终不可能达到最终的完全的平衡。至少我认为，这样的语文教学才是真正成功的语文教学，才是作品不断丰满化、教师不断丰富化、学生不断充实化的过程。这种不断地交流和不断地探索和发现的过程，不但对于教师，就是对于学生也具有持续的感发力和激发力，使他们爱上民族的语言，爱上语文学习，并终其一生不间断地阅读、欣赏语言文学作品，有的则因有了特殊的生活观察和体验，有了必须传达的思想和感情而从事专业的写作。

假若用这样的课堂教学的标准看待中学鲁迅作品的教学，而不是非要教师讲出鲁迅作品多么伟大、多么高不可及，非要让学生也要具有鲁迅那样深刻的思想、高超的语言技艺，鲁迅作品的教和学有什么无法克服的困难呢？我认为，我们现在所说的困难更多的是我们自造的，而不是大多数收入中学语文课本的鲁迅作品本来如此。我是从初中二、三年级开始阅读《鲁迅全集》的，那时我从鲁迅作品所感到的阅读乐趣是比在其他一些作品中感到的要浓厚得多，并且此后一再重读。为什么现在的教师和学生反而感到不懂鲁迅了呢？因为我那时是没有任何先入之见的，是不抱任何确定的目的的，是根据鲁迅的作品了解和感受鲁迅作品的，而我们现在的教师和学生则往往是抱着"完成"教学任务，让学生一定要怎么理解、不怎么理解，一定要求学过鲁迅作品就能够把文章写得像我们要求得那么"好"，并且要在高考中得到很高的分数。这使我们的教师和学生不再是鲁迅作品的读者，而是到鲁迅作品这里来买肉的顾客。从这样一个顾客的角度，是无法感受到鲁迅和鲁迅的作品的。越是急于买到肉、喂肥自己，越是感到鲁迅的肉不好咬、不好嚼，囫囵吞下去又不好消化，因而也越是厌恶鲁迅和鲁迅作品。不是吗？

这不仅仅是我们中学语文教师的事情，更是我们整个社会的教育观

最是鲁迅应该读

念所致。我们得通过鲁迅作品的教学不断地反思我们的语文教育观念，这不但有利于中学鲁迅作品的教学，也有利于我们整个中学语文教学的改革。

原载《中国教育报》2001年10月25日

我看中国的鲁迅研究

中国的文化确实博大精深，经过几千年的积淀，在这种长期的专制主义文化环境之下，中国文化仍然在发展着，仍然在滋生着，中国的知识分子仍然在增多起来，并且中国的知识分子的地位和发挥的作用仍然越来越大。那么，他们靠着什么，我觉得他们第一靠着自己的绅士精神。当然，绅士精神是一个现代话语。传统的绅士，就是他通过文化的学习和知识的传播，成为自认为是这个世界之上的一个评判者，他自身由于获得了一定的经济利益和政治利益，并且对自身的行为、言行有一种自我调节的性能，用现代的话说，就是他不会犯低级错误，这样他就取得了一种评判现实、评判别人的资格。而在这种资格当中，他永远是别人的评判者，而把自己永远地置于一个高雅的地位，那么在这时候他就获得了自信，并且这种自信是真诚的。那么在社会上出现的所有的灾难、不公甚至战争以及各种各样的苦难都与他毫无关系，并且正因为外部世界是苦难、纷乱和不公平的，正是因为有官僚的腐败、政治的专制、乱民的捣乱和反叛，他才更有了提倡或者宣传其理想的文化背景。他永远不会说他在这样纷乱的世界中怎样和敌人做斗争，将怎样和大家一起走出这个苦难的深渊，他永远会说这样的世界是一个不公平的世界，我们的世界应该有公平，人与人之间应该友爱，世界应该和谐，而不应该是纷乱的。也就是在这些话语一代一代的传承当中，这些知识分子既保留了自己的地位和自我自信意识，也保留了这样一种话语形式。这些话语形式喂养了这些绅士，这些绅士也喂养了这些话语，所以说，在任何时代，绅士和绅士的语言总是共在的。只要这个世界存在着，他就拥有宣扬他的正面理论的资格，拥有这样一种话语形式。在中国，过去旧绅士很多，"五四"之后又产生了一批新绅士。这批新绅士从西方学到了各种各样的哲学，各种各样的理论，各种各样的理想，各种各样的新的礼仪形式和新的文化教条。回到中国来，不论中国是一种什么状态，他都是在论说这么一种理论，讲着这么一种道理，并且这样一种道理一定是附着在西方一个非常有名的人物的身上，或者是实用主义，或者是马克思主义，或者是新人文主义，或者是黑格尔哲学，或者是费尔巴哈哲学，谁都不要紧，但到了他这里就成了标志着他自己有文化、比普通老百姓更高的招牌。他们可以评判现实，但现实是怎样的、怎样改变现实，他们是从来不会说的，他们永远不离开这样一种理论话语，这样一种理论话语也就养育了一批现代的绅士，这些现代绅士又制造了这样一批话语。古代的绅士生活在我们的世界中，生活在中国，现代的绅士也继续着旧时代的绅士的事业。

在中国古代，也有做不到绅士的一些人，这些人多是年轻的，活泼的，有才华的。但是做绅士总要对自己有一个更严格的要求，并且要永远地把自己的话语纳入一种在社会上是正经的、正当的理论体系中去，古代纳入"道"当中，纳入"理"当中。另外一批人也必须在这样一个专制主义的背景之下活着，并且还要活得幸福，活得潇洒，那么这些人就组成了"才子"。

所谓才子是讲情的，讲潇洒的，讲不承担苦难的，讲幸福的。他在任何情况下都寻求自己的轻松，寻求自己的愉快，即使他的身边饿殍遍地，但是只要有一碗饭吃，有酒喝，有茶饮，他就可以在那里喝酒，在那里饮茶，他就可以在那里讥笑，整个世界被他留在了他的心灵的外边，而他自我永远是满足的。这类话语借助的也是我们的文化，用各种各样的虚伪、趣事，用各种各样的笑话，用各种各样的噱头，用各种各样的理论，或者是诗歌或者是音乐，或者是各种各样的娱乐。他们感觉不到痛苦，也不认为他们应该感觉到痛苦，但是当真正的灾难降临的时候，他们在这样的灾难面前反而表现得更加束手无策。古代有才子，现代也有才子。现代的才子在任何情况下都能写出诗来，并且能写出非常美、非常和谐、天人合一、没有痛苦、只有一种韵味的那种诗来，让人读来心里软绵绵的，非常温柔多情。现代才子还有另外一种形式，即带有一种进取的甚至可以是一个革命的外表，他永远是先进的，永远抓住一种话语形式，他感到这个世界上没有可思考的问题。作为一个知识分子，使用一些空灵的语言，而这些语言却没有实际的内容，在那里制造一些虚幻的幸福。我觉得这就是我们，也包括我自己在内，比日本学者和韩国学者多的一点东西。

　　第三个就是流氓精神。知识分子使用的是话语，是非常容易跨越的，我今天是唯物主义者，第二天唯物主义不时兴了，我就可以是唯心主义者；前天还在讲阶级斗争，我是一个阶级论者，第二天阶级斗争不时兴了，我就可以讲和谐。这是没有一点线索可寻的话语变化。这样的一个文化流氓，当你行势的时候，他可以把你吹上天，当你不行的时候，他可以找出各种侮辱性的话语毁灭你、污蔑你、亵渎你。在"十七年"的时候，他可以把不属于鲁迅的东西往鲁迅身上堆，给鲁迅贴上各种各样的金纸，把鲁迅贴得面目全非。但是当鲁迅不行时，他可以说鲁迅是汉奸、流氓，可以说他是性压抑、性变态。所有这些话语，都是流氓式的话语，是和流氓的本性连在一起的。这些人永远不会为他的语言负责。他永远能够找出一种话语，通过戏谑和亵渎你，来显示他自己的价值和地位。中国古代有流氓，中国现代也有流氓。我觉得亵渎鲁迅的那些不负责任的语言，就是典型的流氓语言。

　　正是因为多出这三种意识，中国知识分子，比起日本知识分子和韩国知识分子，就复杂了一点，中国的文化成果比他们就多出了许多，但是文化中生命的含量，真正精神性的东西，反而显得更少。20世纪90年代初，我一开始接触到的韩国学者，如朴宰雨先生以及韩国第一批鲁迅研究的学者，大多数都是留学台湾的。在台湾，鲁迅的作品也是被禁的，他们通过各种各样的抄本，各种各样的偶然的机会偷偷地阅读鲁迅的作品，并且回到韩国后，这些人大多是韩国民族运动的参加者，据我所知，朴宰雨先生也是在监狱中著书立说的。他们学习鲁迅，是真正带着一种鲁迅的精神，为了这个民族的民主化，为了这个民族的发展，为了人类

我看中国的鲁迅研究

的存在，其实也是为了整个人类的正义事业，做出了他们的奋斗。他们对于鲁迅的研究，不仅仅在文字中，同时也在他们的实践当中。同时，他们的文字本身就是一种实践，而他们的实践本身也是一种文字。我认为这就是鲁迅的特点。鲁迅的每一个话语就是一个实践，他是一种话语实践，一种文化实践，他在坚持着什么，他在攻击着什么，他在张扬着什么，他是用实践去证明。他不仅仅是一个话语的符号，他不是一个话语的游戏，而他的行动也是一种话语。他对国民党滥杀柔石和左联五烈士的抗议，他对刘和珍和杨德群的纪念，是一种誓言，是一种行动，这种行动就凝结在他的话语当中。所以我觉得，鲁迅的话语是有力量的，因为他的语言本身就是一种誓言，就是一种行动。他在支撑着一个世界，他同时在爱，也是在憎。我觉得中国的鲁迅研究遇到了从来没有遇到过的最严重的危机。中国现代文化的绅士化的发展、才子化的发展、流氓化的发展，已经达到了从中国文化诞生以来从来没有达到的最高点，这就使中国的鲁迅研究遇到了从鲁迅诞生以来从来没有遇到过的最大的危机。这个危机既来自外部，也应该来自我们内部，所以说我们不要埋怨外部世界，中国鲁迅研究者自身也应该反思自己。通过自我反思，把处在这样最困难时候的鲁迅研究坚持下去。中华民族需要鲁迅，不能没有鲁迅。也就是说，中华民族不能光有一些绅士、光有一些才子、光有一些流氓，让他们占领我们的世界，鲁迅也要发出自己的声音。

原载《社会科学辑刊》2006年第1期

中国鲁迅研究的历史与现状（七）
——新时期业务派的鲁迅研究

一

要从1949年到1976年这四分之一个世纪的大陆鲁迅研究界区分出谁属于理论派、谁属于业务派，几乎是根本不可能的，当中国的鲁迅研究者同当时的所有知识分子一样宣布自己的鲁迅研究活动是在马克思主义、毛泽东思想的指导下进行的时候，当他们宣布一切的业务活动都要为政治服务的时候，就已经意味着他们的业务活动同时也是一种理论的研究乃至政治的活动了。但在我们重新研究和思考这时期的鲁迅研究的时候，又必须在理论派和业务派之间做出应有的区分，因为这个时期的特点恰恰是在理论的研究逐渐趋于枯竭的时候，整个鲁迅研究却取得了较之20、30、40年代都难以比拟的贡献的。只要我们不是在一个作者乃至一部鲁迅研究著作上硬作这种区分，而是从整体上思考这个时期的鲁迅研究，我们就会感到：这个时期鲁迅研究的大部分成就，并不是由理论上的开拓带来的，而是由鲁迅研究者对鲁迅研究自身的业务热情带来的。

1949年之后，中国文化界同时发生着向两个方向的运动，其一是我们前面所说的文化整合运动。这个运动是三四十年代固有矛盾的惯性运动，其文化价值观念乃至区分不同文化派别的标准都是在那时建立起来的，只是由于政权的变革使它们之间的斗争情势及实质内容发生了根本的变化；其二是在和平发展条件下中国文化格局的不断扩大以及知识分子阶层的独立性和稳定性的加强。在三四十年代，国内的政治革命和对外的反侵略战争，形成了一个空前广大的政治活动空间，共产党的革命为所有愿意投身政治革命的知识分子提供了政治活动的空间，而相对于这个空间，知识分子从事业务活动的空间则是极为狭小的。但到了这个时期，有着革命资历的社会成员和少数充实到政治管理机构中的青年知识分子很快充满了政治活动的空间，大量的知识分子必须在自己的业务范围内从事文化事业。也就是说，这个时期知识分子与其他社会阶层的分工更加明确化了，其相对独立性也更加加强了。和平时期的发展把知识分子的作用愈加突出出来，并使之有了不断扩大的发展趋势。不论人们意识到还是没有意识到，上述两种运动都是在两个不同的方向上发展的，因而二者构成的是一种综合性的矛盾运动。在整个社会上，文化的整合运动越来越把人的价值标准单一化。这种单一化的标准是在马克思主义、毛泽东思想的理论旗帜下进行的，但其本质的意义却是从当时政治管理的角度提出的政治要求和道德要求，并不再具有理论的认识意义。当理论不再是认识活动的基础而只成了固定的政治要求和道德要求，它就与知识分子的学术活动失去了有机的联系。但在知识分子内部，一种独立的价值标准却在学术实践活动的基础上存在并发展着。它无法得到充分的理论营养，但却又是知识分子所从事实践的学术活动不可能没有的价值标准。这个标准是独立于社会一般标准之外的。而又不可能被社会的一般标准所代替。不论在整个社会上怎样把雷锋、焦裕禄当作全民的最高样板加以宣扬，但在自然科学家中间，伽利略、牛顿、爱因斯坦的名字都会是更加响亮的，这并不意味着他们否认雷锋、焦裕禄的社会教育意义，而在于只有像伽利略、牛顿、爱因斯坦这样的自然科学家，才更直接、更明确地体现着人类认识自然世界的内在激情，而这种激情恰恰是每一个真诚的自然科学家所不可或缺的精神支柱。由于这时期整个社会上占绝对统治地位的思想标准与知识分子内部赖以从事本专业的价值标准的不同，加强了这时期中国知识分子的分裂，这种分裂甚至也表现在同一个知识分子的同一部著作中。这种分裂使意在从政和意在治学的知识分子间发生着矛盾。意在从政的知识分子以整个社会的政治思想标准为最高价值标准而轻视乃至反对知识分子自身的独立价值标准；意在治学的知识分子则更重视知识分子自身的独立价值标准而轻视乃至反对在整个社会上占统治地位的政治思想标准。对于同一个意在治学的知识分子，为了在严峻的社会斗争中保护自我的生存权利，往往真诚或不那么真诚地把整个社会所认可的政治思想标准放在优先的地位，而在从事自己的业务活动时重视的则是另外一种标准。不难看到，这个时期围绕着知识分子进行的所有批评，几乎都是从这种文化分裂产生的。一次一次地对"资产阶级反动学术权威"的批判，都是意在摧毁知识分子阶层的独立价值标准，但事实证明，它是根本不可能被完全摧毁的，因为现代中国不可能消灭掉知识分子这个独立的社会阶层，而只要这个阶层还存在并发展着，它就必须依照自己的独立价值标准从事本专业的业务活动，它就要以这种标准培养和教育自己的后继者。这个时期的矛盾已经根本不同于1949年以前，那时的矛盾是围绕政治斗争展开的；这时期则是围绕政治管理的现实需要与知识分子从事自己的业务活动的需要二者之间的对立形成的。由此可见，我把这时期的鲁迅研究界分为理论派和业务派并不是没有任何道理的。真正支持着这时期鲁迅研究大厦的实际是业务派的鲁迅研究。这个派别的成员十分复杂，其中有20、30、40年代的人生—艺术派的知识分子，有三四十年代的英美派自由主义知识分子，有在观念上更接近马克思主义启蒙派和马克思主义务实派的知识分子，在他们原属的文化派别解体之后转入到这时的学术研究中来，其中也有原属于马克思主义政治派的知识分子，因其学术态度而在这时期进行着严肃的学术研究活动，当然，更有大批1949年以后走入鲁迅研究界的青年知识分子。他们之间在治学方式和具体学术观点上也各有不同，其中也夹杂着大量流行的政治话语，乃至有着现在已经很难接受的武断结论，但在其主观目的上，却不仅仅在于对政治口号的诠释和对于学术同行的政治批判，而在于对鲁迅及其价值的阐释和认识。对于所有这些人的所有著作我们都应当视之为学术派的鲁迅研究。任何时代的知识分子都是在当时流行的话语的压力下生存并发展的，这一点连鲁迅本

中国鲁迅研究的历史与现状（七）

人也无法从根本上摆脱，重要的是每一个知识分子在自己时代所做的严肃的、有价值的追求以及这种追求的有效性程度如何。现在我们的流行话语已发生了很大变化，并且是在反叛"文化大革命"及此前的流行话语中发展起来的，所以我们在考察1949年至1976年这一阶段的鲁迅研究时，要特别注重揭掉覆盖在它们身上的流行话语的外衣，而直接感受研究者本人所要实现的追求目标。

二

我认为，这个时期鲁迅研究所取得的最高研究成果是鲁迅研究资料的搜集和整理，它是在20、30、40年代资料积累搜集工作的基础上发展的，并且在这一个历史时期已经基本完成。它的意义在于，它为中国和世界的鲁迅研究建立了一个较为完备的基础，以后的所有研究工作基本上不会因第一手资料的缺乏而中止。我们不难想象，当20、30、40年代整个社会对鲁迅还没有一个基本统一的认识的时候，资料的搜集和整理还不可能在全国范围内展开，战争和知识分子生活的不安定也影响了这一工作的进行。这个时期结束之后，还会陆续有新的第一手资料的发掘和整理，但对于整个鲁迅研究资料的格局不会再有根本性的改变，鲁迅同时代人的相继离世也是第一手资料不可能再有更多积累的重要原因。我们可以通过下列两个比较而充分体会这时期资料搜集整理工作的重要意义：其一是港台鲁迅研究与大陆鲁迅研究的比较。不论港台学者与大陆学者在学术观点和理论研究上有何不同，但在他们要重新开始鲁迅研究的时候，都必须利用大陆这时期鲁迅研究资料的成果，它使大陆鲁迅研究将成为此后国内外全部鲁迅研究的必要基础；其二是鲁迅研究和《红楼梦》研究的比较。《红楼梦》研究因第一手资料的缺乏，大大影响了它的研究规模及其深入发展，使后人将大量的精力要放在资料的考证上，并且这种考证又远不是都有成效的。鲁迅研究则因资料搜集和整理工作的充分，使其能够永远很自然地随同历史的发展而发展，它不会形成像《红楼梦》研究中作者生平资料的考证那样的滞后性研究任务。

这时鲁迅研究资料的搜集和整理可分为几个大的类别：一是鲁迅佚

文的搜集和整理；二是围绕《鲁迅全集》的注释工作展开的有关资料的搜集和整理；三是鲁迅回忆录的写作；四是鲁迅生平资料的分类辑录和整理。

鲁迅佚文的搜集和整理在1949年前有杨霁云编《集外集》，唐弢则于1946年编成《鲁迅全集补遗》，1949年后，他又编成《鲁迅全集补遗续编》，直至"文化大革命"，又有《庆祝沪宁克复的那一边》等鲁迅佚文的发现。原始资料的搜集和整理是鲁迅研究中最基础的工作，它实质是知识分子保存和显示历史的文化信息的工作，使历史的成为现实的，使隐在的变为显在的。在鲁迅研究中，这一工作原本是可以不受流行话语的任何压力的工作，从而也成为知识分子这个阶层独立存在价值的基础。它自身是有社会能量的，它的能量从第二类的资料工作表现得更为明确而具体。围绕1958年版《鲁迅全集》的注释出版工作，中国的鲁迅研究者搜集整理了大量相关性的资料，实际上使鲁迅作品带着更丰富的文化信息重新进入现实的文化生活中来。我认为，1958年人民文学出版社《鲁迅全集》注释本的出版和发行，不但是中外鲁迅研究史上有划时代意义的大事，也是中国文化史上的一件大事，它的影响不仅及于当时，更作用于中国后来的整个中国文化的发展。无论如何，鲁迅从那时起已经成了一个不可抹杀的存在，只要考虑到台湾当时禁止鲁迅著作的出版和发行，人们便会感到，大陆《鲁迅全集》的出版和发行对于鲁迅研究乃至对整个中国文化史的影响是何等的巨大了。在《鲁迅全集》的编辑出版过程中，中国的鲁迅研究者还搜集了鲁迅的大量书信，其中一部分因与当时文化官员的声誉有关而被扣压。与此相关的还有冯雪峰为鲁迅答徐懋庸信写的一条注释，也由于同样的原因被迫修改，歪曲地反映了当时的历史事实，在"文化大革命"中它又被作为周扬等人的一条罪行而披露。我认为，假若我们从文化发展的意义上来思考这两个相连的事件，我们就会感到它其实是独立知识分子阶层的业务活动与当时的文化整合运动相碰撞而产生的畸形历史现象。鲁迅研究的自身需要使知识分子重视鲁迅书信的搜集和整理、重视对鲁迅作品真实背景的说明和介绍，但文化整合运动却使当时的某些文化官员不敢承认这些基本事实。他们以转嫁危机的方式掩盖了这些事实，同时又为更高的政治权力所利用，对他们进行了政治上的打击。现代社会的特征是，独立知识分子阶层不能无视政治、经济的现实存在，不能幻想脱离开这种现实仅仅实现自己单方面的发展；但同时整个社会也不能无视独立知识分子的现实存在，不能无视他们独立的价值观念而单方面地推行自己的价值观念。对于知识分子之外的社会群众，鲁迅的几封信件，鲁迅一篇文章的注释，都是无可无不可的事情，只有知识分子中从事本专业研究的人，才会重视它们的意义和价值。但一旦他们从文化信息保存和显示的角度重视它们的存在，政治权力的硬性干预就会与知识分子的严肃的学术活动构成矛盾，这种矛盾同时会影响整个社会的正常政治生活。第三类鲁迅研究资料的工作又可分为三种类型。第一种类型以周作人的《鲁迅的故家》《鲁迅小说里的人物》和他在香港发表的《知堂回想录》为代表。我认为，这种类型是鲁迅回忆录写作中成就最高的一类，对于此后的鲁迅研究贡献最大。这不仅因为周作人的特殊身份和他的广博的学识，更因为他的写作目的的纯学术性。他是以充分浮现有关鲁迅的历史事实和人物为其根本目的的。这使他的作品包含着更丰富的历史信息和文化信息。周作人在历史上曾与鲁迅发生过矛盾，有着不同的思想倾向，在政治上又有致命的污迹，但这些并没有影响这些回忆文字的价值和意义。《周作人日记》也是鲁迅研究的不可多得的宝贵资料；第二种类型以冯雪峰的《回忆鲁迅》、许广平的《鲁迅回忆录》为代表。这类回忆作品与周作人有关作品的根本区别在于，他们是自觉以现行的价值尺度回忆和介绍鲁迅的。这样，他们便对自己的直接印象进行了更多的加工和整理，依照自己的主观意图改造了自己的直接印象，其信息量反而被人为地缩小了。冯雪峰《回忆鲁迅》是保存了左联时期鲁迅思想和情绪状况最多的回忆性文章，但他更是以自己的理解介绍这些情况的。它有两个最严重的弱点：以自己的语言概念代替了鲁迅的语言概念；以鲁迅的书面语言代替了鲁迅的日常生活语言。其实这二者之间是存在着严格区别的。这种代换实际给读者造成的是另外一个鲁迅的形象。鲁迅在冯雪峰的《回忆鲁迅》中失去了他的平凡性的一面，这同时也使他失去了亲切性、可感性；许广平所接触的是鲁迅作为一个现实的人的最平凡、最朴素的一面，也是最复杂、最透明的一面，但她没有把这一面当作她写作的重心，而是把外界社会群众也能了解的东西作为叙述的重点，这就使她失去了自己的优势，反而是萧红的《鲁迅先生》更能透视鲁迅更复杂的内心世界。"文化大革命"结束之后，朱正的《〈鲁迅回忆录〉正误》披露了许广平回忆文章中的诸多错误和自相矛盾之处，我认为我们应当这样看待许广平的这些错误：她是在维护鲁迅现实声誉的目的下出现这诸多错误的。她缺乏鲁迅那种深邃的思想透视力和独立不倚的精神品格，但她又真诚地想在多变的政治环境中保持鲁迅的社会声誉，这就使她不能不对鲁迅生前的言行随时进行主观性很强的整理和加工。鲁迅与冯雪峰、瞿秋白、胡风、周扬等左翼作家联盟的领导人都分别有着既相矛盾、又相联合的关系，当他们在现实社会中具有崇高的社会声誉时，她片面强调了彼此一致的一面，而在他们在政治上失意之后，她就又利用另外一部分事实将彼此绝对对立起来，这就使她不能不陷于前后矛盾之中。但假若考虑到她的所有这些行为都是被动性的，除了维护鲁迅个人的声誉外她没有其他任何个人的政治目的，也并非利用鲁迅夫人的地位主动消灭自己的政敌或私敌，她的这些错误就是可以原谅的了，而对于她回忆中的一些史实材料，我们还是应当注意进行过细的分析的；第三种类型是巴金、孙伏园、许钦文、李霁野等大量鲁迅同时代人的回忆文章。这些文章的特点是仅就自己的实际印象写下的回忆文字。它们都是片段性的，写的是鲁迅生平活动中的一枝一节、一鳞一爪，但却是有其自身意义的事实。以上三种类型的回忆文字，不论其水平的高低，但都有其资料价值，是这时期鲁迅研究资料工作的一个重要组成部分。第四类鲁迅资料的搜集整理工作是对鲁迅生平资料的分类整理。陈梦韶的《鲁迅在厦门》、曾敏之的《鲁迅在广州的日子》、单演义的《鲁迅讲学在西安》，直至"文化大革命"结束前后由薛绥之、韩立群等人主编的多卷本《鲁迅生平资料丛钞》都属于这一类；许钦文的《鲁迅先生的幼年时代》、丁景唐《学习鲁迅和瞿秋白作品的札记》等著作虽与前者不同，但在基本精神上有相通之处。这类著作为进一步深入地研究鲁迅提供了方便，其学术性也是不容置疑的。在这时期还有沈鹏年编《鲁迅研究资料编目》一书的出现，虽然过于粗糙，但仍然不失为一部有用的工具书。

中国鲁迅研究的历史与现状（七）

三

1949年之后的鲁迅研究有一个根本的特点，即鲁迅研究由社会向学院派的转移。1949年以前的瞿秋白、冯雪峰、胡风、毛泽东这些在鲁迅研究中发挥了重大作用的人物，都不是学院派的教授学者，甚至像李长之、苏雪林这样的鲁迅研究者，其作品也是主要面向社会而不主要服务于教学的。这一特点颇能帮助我们认识这时期鲁迅研究的性质。一方面社会的文化整合运动使这个时期的学院派文化发生了重大变化，对胡适思想的批判和知识分子的改造运动改变了学院派文化的面貌，但在另一方面，鲁迅研究向学院派的转移又标志着它的学术性的加强，因为学院派归根到底是从学术研究的角度接受文化整合运动的影响的。我认为，只要认识到这一特点，我们就会感到中国现代文学史著作中关于鲁迅及其作品的介绍和论述，在这个时期的鲁迅研究中是起了关键性作用的。王瑶的《中国新文学史稿》，丁易的《中国现代文学史略》、刘绶松的《中国新文学初稿》，直至"文化大革命"前开始编写、"文化大革命"后正式出版的唐弢、严家炎主编的《中国现代文学史》，是这时期有代表性的四部中国现代文学史著作。在国外和港台的学者看来，它们都具有强烈的政治色彩，但大陆学者则能感到，它们在实质上都是学术性的。它们的根本目的都是向学生传授中国新文学史的知识，而并非主要实现某种政治目的。它们像所有的学术著作一样都不能不承受着自己时代主流文化的语境的压力，但在这压力下它们仍在尽其可能地全面反映中国现代文学史的全貌。如果说1949年前王哲甫等人的新文学史主要是学术研究著作，它们则主要是大学中文系的教材。教材的作用不仅是自身的，它们主要的作用是引导学生去直接阅读和欣赏作家的作品本身。在这些文学史中，鲁迅都被放在首要的位置，这对于一代代中文系学生学习和研究鲁迅及其作品无疑是具有重大推动作用的。不难看到，这时期绝大多数鲁迅作品的研究著作，都是围绕着中国现代文学史的教学而展开的。它们的主导品格也是学术性的。

在鲁迅作品的研究中，最繁荣、成就也最大的是鲁迅小说研究。具体说来，则只是《呐喊》《彷徨》中小说作品的研究。陈涌的研究我们已在理论的研究中做了简要说明，它赋予了鲁迅小说研究以新的理论上的完整性，但它的成就不仅仅是理论性的，同时也是学术性的。除陈涌外，朱彤的《鲁迅作品的分析》，许钦文的《〈呐喊〉分析》《〈彷徨〉分析》，刘泮溪、孙昌熙、韩长经合著的《鲁迅研究》，李桑牧的《鲁迅小说论集》《心灵的历程》，邵伯周的《鲁迅研究概述》和关于鲁迅小说的大量研究文章，几乎都是围绕着大、中学的鲁迅小说的教学而展开研究的。它们的学术性质充分地表现在下列两个方面：一、虽然这些著作或文章几乎毫无例外地充满了大量理论的乃至政治的话语，但它们却与瞿秋白、胡风、冯雪峰等研究者有着根本的不同。瞿秋白、胡风、冯雪峰都有属于自己的政治追求和理论追求，他们对鲁迅及其作品的观点是伴随着他们的政治追求和理论追求产生的，并且他们自觉与在理论和政治上不同道的人的鲁迅观严格区分了开来。这些作品的作者并没有自己所要追求的独立的政治目标和理论目标，他们只是依照社会上已普遍认可的政治目标和理论目标对鲁迅作品做出自认为合理的阐释，而这种阐释的需要在很大程度上只是大、中学鲁迅作品教学的需要。这些作品在鲁迅小说的普及和推广上发挥了重大作用，既使他们的研究也都集中于对鲁迅小说作品的思考，政治、理论问题不是他们思考的中心问题。二、这些著作或文章的作者虽然大都以个人的身份站出来说话，但它们与张定璜的《鲁迅先生》、李长之的《鲁迅批判》则有根本的不同。张定璜、李长之所使用的是个人的标准，他们陈述的是个人的感受以及在这种感受基础上的认识，这些作品的作者则使用的是带有普遍合理性的标准。前者实际说的是"我感到鲁迅小说是怎样的"，后者实际说的是"我们应该怎样看待鲁迅小说"；前者有一个潜台词：不论你可以怎样看待鲁迅小说，但我的感觉却是这样的。后者有一个潜台词：你假如不这样看，你就是错误的。政治派重视的是革命与反革命、进步与反动的差别；人生—艺术派重视的是作品好与坏的差别；业务派重视的是对与错的差别。他们在鲁迅小说研究中的最大成就，是疏通了读者与鲁迅小说间的技术性隔阂，使鲁迅小说越来越被广大的读者所阅读和欣赏。在此基础上，他们也提出了一系列更带有全局性的理论问题，例如关于阿Q的典型性的问题等等，但对于这些问题，这时的业务派大都没有获得共识，因为这些问题都有赖于更根本的理论问题的解决。阿Q典型性的问题不是阿Q怎么样的问题，而是如何理解典型性的问题。

相对于《呐喊》《彷徨》的研究，《故事新编》的研究是相对薄弱的。《呐喊》《彷徨》的直接现实性给研究者用现实主义的基本观念解读鲁迅这些小说作品提供了方便。《故事新编》的描写不具有直接的现实性，现实主义几乎无法帮助这时的研究者找到阐释这些作品的基本方式。但这时期的《故事新编》的研究者勾稽了鲁迅所依傍的历史资料和现实人物，为今后的研究打下了基础。"油滑"问题的讨论，是否历史小说的讨论，虽然并不像阿Q的典型性那样对于研究鲁迅小说具有关键意义，但它们到底具有自己的意义和价值，是值得提出思考的问题。关于《故事新编》的研究著作，这时有《文艺月报》编辑部编的论文集《〈故事新编〉的思想意义和艺术风格》、何家槐的《〈故事新编〉及其他》以及其他一些单篇文章。

鲁迅杂文是这时期鲁迅研究中备受重视的对象，但它之受重视并不主要因为业务派自身的原因，这更是马克思主义务实派和政治派理论话语的主流地位的表现。在这一时期，鲁迅杂文在马克思主义政治派的手中，实现了与现实政治斗争的结合，逐渐蜕化成了社会政治斗争的工具，在对鲁迅杂文的阐释上，政治化的倾向表现得也格外的强烈和突出，其影响至今犹存。把鲁迅杂文的文化解剖、思想解剖同政治批判完全等同起来是把鲁迅杂文政治化的主要表现形式。把鲁迅杂文中对林纾、章士钊、吴宓、梅光迪、陈西滢、胡适、梁实秋、林语堂、周作人等人的思想解剖全部都纳入到人对人的政治斗争中来说明，甚至把与胡风、冯雪峰、周扬的某些思想分歧或差异也都用政治斗争的话语来概括，这就大大简化了鲁迅杂文的思想内涵。思想内涵的简化使鲁迅杂文的"战斗精神"失去了坚实的理性基础，这种战斗精神也就不再是鲁迅杂文的战斗精神。只要考虑到在这一时期鲁迅杂文是多么容易地被当成了历次政治批判运动的工具（鲁迅小说、散文诗、散文都不像鲁迅杂文这样能够被简单地加以利用），我们就很容易接受这样一个结论：我们不能把这时期鲁迅杂文研究的成绩估价得过高。但是，这绝非说这时期的鲁迅杂文研究没有任何进展，业务派的非政治化倾向在鲁迅杂文研究中的主要表现是努力把政治与艺术结合起来，并以之进行业务性的研究。所以，凡是把杂文主要作为一种文体加以考察的，都本质上属于业务派的研究。在这方面公认为有成就的是唐弢的《鲁迅杂文的艺术特征》。在我们重读这篇重要的鲁迅杂文的研究文章时，理应注意它的这样一段文字：

> 我们一向把杂文比喻为"匕首"和"投枪"，这也是对的，但又往往忘记了它同时还要"给人愉快和休息"。我们对鲁迅的这一卓越的言论理解得不够全面，在某种程度上也就妨碍了对他的杂文的认识，妨碍了我们去学习他在思想方法和艺术创造上伟大的成就，因而只是把鲁迅杂文从政治价值和社会作用上归纳成简单的几条，却不去研究作为文学家的鲁迅的风格，作为文学形式之一的鲁迅杂文的丰富、鲜明、强烈的艺术色彩。而这些又恰恰是他的战斗精神所赖以寄托的特点。①

唐弢是三四十年代的著名杂文家，在他对鲁迅杂文的论述里是融有他自己的创作体会的。他在逻辑思维和形象思维的结合中论述鲁迅杂文的特征，其中接触到很多重要的问题，也有很多新鲜的见解和发人深省的比喻。但是，用逻辑思维和形象思维的结合只能说明一般文学作品和一般科学论文的差别，并不能说明鲁迅杂文与其他文学样式的根本区别，因而唐弢的这篇文章仍然没有接触到鲁迅杂文的独立特征。在这里，当时主流文化的话语形式也在无形中限制了他。他是在30年代开始杂文创作的，那时左翼作家开始在不同政治倾向间的思想斗争中使用杂文这种文体形式，把它主要当作对敌斗争的武器。但鲁迅杂文却在五四新文化运动中产生，是在鲁迅对中国文化的解剖热情中孕育成熟的。显而易见，人们只要把鲁迅杂文仅仅当作对敌斗争的武器，当作对社会政治制度的揭露和批判，唐弢在该文中所强调的所有那些特征便只能作为附属的、

---

① 唐弢：《鲁迅杂文的艺术特征》，载《鲁迅论集》，文化艺术出版社，1991，第242页。

次要的东西而存在着。形象思维也只是逻辑思维的一种点缀或帮衬。实际上，鲁迅杂文是在全部中国文化中找到了自己自由驰骋的空间的，在这里，并没有绝对的对外与对内、对人与对己、政治的与生活的、平凡的与伟大的、俗与雅的差别，它们都通过一种文化模式彼此相贯通，阿Q同时也是赵太爷，赵太爷同时也是阿Q，一种生活现象同时也是另一种生活现象的转化形态，极严肃的很可能与极滑稽的东西都是一母所生。只有在这样一个范围中，唐弢所论述的所有特征才能得到合理的说明。但在马克思主义政治派把全部文化都纳入政治制度的概念中来看待的时候，鲁迅杂文的问题就不可能讲得那么清楚了。可以说，唐弢在当时并无法找到充分表达自己感受的语言形式，除非他冒着与当时主流文化正面对立的危险。至于鲁迅杂文塑造没塑造典型形象，我认为倒不是一个重要问题，它只是给我们实际感受到的"叭儿狗""苍蝇""蚊子""二花脸"等等对象起一个什么样的名字的问题。除唐弢先生的这篇重要学术论文外，大量关于鲁迅杂文的分析文章对广大读者接受鲁迅杂文也都是有辅助作用的，但它们在受当时话语形式的影响上也更为明确和突出。

四

当主流文化已经失去了认识事物的基本职能之后，整个社会的文化会同时出现两类不同的现象。一是脱离开正确的认识目的而维护理论自身的完整性，二是坚持认识目的而在理论上丧失其完整性。例如，在"文化大革命"中，从其价值体系内部的逻辑合理性而言，一个反对"文化大革命"的人"理应"受到政治制裁，而从对该人的真实认识出发要保护其人不受到不合理待遇的人，恰恰要依靠非逻辑性的语言，有时甚至要故意抹杀某些事实。我们在考察这个时期的鲁迅研究的时候，必须要考虑到这种情况。业务派在着眼于对文学作品的自身感受的时候，往往只能用在逻辑上不尽合理的形式去跨越当时主流文化的栅栏，这时他们在本质上不能自圆其说，但正是在他们这种跨越主流文化的理论栅栏的努力中，孕育着下一阶段新的、更适宜于本学科学术发展的理论学说的诞生。这时业务派的大贡献就是他们为了实现自己的业务研究而在理论上企图跨越主流文化限制的努力。他们有时是自觉的,在更多的情况下则是不自觉的,仅就理论形式,他们很难做到自圆其说的程度,但其结果,却更有益于他们自身学术观点的表达。这种现象,在这时期的《野草》研究中表现得更为突出。应该指出,冯雪峰在《论〈野草〉》中对《野草》思想的批评是更具有理论上的合理性的。《野草》不是一部主要用于解剖客观世界的现实主义作品,它是鲁迅当时主观情绪世界的由内而外的表现,它所表现的主观情绪至少不是昂扬的、乐观主义的,至少较之现代其他文学作品都更偏于低沉和悲观,并且不是对个人命运的悲观,而是对全部人生的悲观,它较之任何其他一部作品都更直接地体现了鲁迅的人生哲学,体现了他对整个人生、对人的存在价值和意义、对中国文化的特征与发展前途的深沉思考,而这种人生哲学与马克思主义的人生观则有着截然不同的性质。仅就以上三点,坚持马克思主义立场的冯雪峰将之作为鲁迅前期思想的局限性表现,对之采取着更明确的批评态度无疑更是合理的。但这种理论上的合理性却并不符合包括冯雪峰在内的中国鲁迅研究者对《野草》这部散文诗集的实际思想感受和艺术感受。王瑶的《论〈野草〉》就反映着业务派的这种思想倾向。王瑶在文艺思想上更接近以冯雪峰为代表的马克思主义务实派,他的《中国新文学史稿》是以冯雪峰的文艺思想为其主线,但他与冯雪峰的根本不同则在于他是学院派的一员,其治学态度属于这个时期的业务派,并不以直接的理论思考为自己的指向目标。他从中国古典文学研究转入现代文学研究,保持了中国古典文学研究的严谨学术态度。在他论述《野草》的时候,便不再仅仅思考鲁迅当时的思想状况,而是为了解析《野草》本身的价值。正是这一目的,使他必须跨过冯雪峰关于鲁迅当时思想的评价。他无法否定《野草》实际所流露出的思想情绪,不能回避这种思想情绪与当时思想标准的差距,但他又不能不肯定《野草》自身的思想价值和艺术价值,于是他就必须跨越过主流文化为他的研究设置的理论栅栏。

《野草》中所自我解剖的思想矛盾,所批判的一些虚无绝望的思想,所反映的彷徨愤激的情绪,都正说明了在鲁迅思想中正孕育着一种向前飞跃的潜力,而鲁迅正是自觉地解剖自己,克服其中的消极部分,而鼉终达到了"战斗的改造世界的集体主义"的。《野草》中的主要内容就反映了这思想矛盾的历程,因此这部作品不但不因为它包含有一些空虚寂寞的感情而减去光彩,而且由于它反映了一个伟大的革命者在前进过程中如何克服负荷,严肃地进行自我批判的精神,因而更给我们以巨大的启示和教育。

(王瑶:《论〈野草〉》)

严格说来,这段文字在"理论"上是不成立的。首先,《野草》并不是自我批判式的,《秋夜》《这样的战士》《过客》《复仇》《复仇(其二)》《影的告别》《雪》《死火》等大量篇章,都较之任何其他作品更直接、更明确、更强烈地肯定了自己和自己存在的价值。在《秋夜》中,他是"枣树";在《这样的战士》中,他是"这样的战士";在《复仇(其二)》中,他是"耶稣";在《过客》中,他是"过客";在《雪》中,他是"朔方的雪"……甚至连同他的孤独和寂寞,在《野草》中也是引以为自豪的精神因素。但王瑶却通过这种并不完满的理论形式,把《野草》作为优秀的文学作品肯定下来,这则是较之冯雪峰更接近真理的结论。在《论〈野草〉》中,王瑶还把鲁迅的人道主义同"战斗的集体主义"等同起来,这就混淆了这两种思想的本质差别,但他却也肯定了鲁迅的人道主义和个性主义,这无疑又是更接近鲁迅人生观的核心的结论。李何林在某些理论观点上接近以胡风为代表的马克思主义启蒙派,而在整个思想倾向和人事关系上则属于以瞿秋白、冯雪峰为代表的马克思主义务实派,但他在"文化大革命"结束前后写成的《〈野草〉注解》对该集中的散文诗作了平易浅近的疏证和阐释,而并未用外在的理论信条要求鲁迅的实际创作。在这时期,还有很多研究文章分析了《野草》的艺术特色和艺术手法。

在这时期,靠着学术派的努力,把鲁迅研究扩大到各个有可能进行研究的方方面面。在鲁迅与中国古典文学的关系方面,有王瑶《论鲁迅与中国文学》等著作和文章;在鲁迅与外国文学的关系方面,有韩长经关于鲁迅与俄国文学关系的若干文章;在鲁迅诗歌研究方面,有张向天

《鲁迅旧诗笺注》、周振甫《鲁迅诗歌注》等著作和文章，在鲁迅与美术的关系方面，有张望的《鲁迅论美术》的编纂；在鲁迅的美学思想和文艺思想的研究方面，更有大量的文章将鲁迅有关文艺的论述进行了阐释。……我认为我下面的一个结论大概并不过分：在这个时期，主要是业务派的鲁迅研究维持了中国大陆鲁迅研究的繁荣局面，并且为此后的发展奠定了基础。

五

如前所述，在从1949年到"文化大革命"结束这四分之一个世纪的中国大陆的鲁迅研究中，取得了最突出成就的是业务派，是那些以职业性劳动从事着日常的鲁迅研究活动的知识分子，但这些知识分子也有一个致命的弱点，即他们缺乏属于自己的独立的理论话语和方法论基础。他们是在这个时期的文化整合运动中失去了自己固有的理论基础的，马克思主义政治派的理论话语也就是他们的理论话语，但他们赖以进行学术研究活动的价值观念和方法论却是在接受马克思主义政治派的理论话语之前形成的。这种理论话语与内在文化思想的脱节现象，对这个派别的影响是带有根本性的。这主要表现在下列几点：

一、自耗性。就其真正的文化思想，他们原属于英美派自由主义知识分子，以瞿秋白、冯雪峰为代表的马克思主义务实派，以胡风为代表的马克思主义思想启蒙派，以张定璜、李长之为代表的人生—艺术派，乃至马克思主义政治派的部分知识分子在具体从事业务研究时也属于这个派别。由于他们之间文化思想上的差别，在具体的研究活动中便不免存在很多根本的分歧。但他们的理论话语却是从马克思主义政治派那里接受过来的，因而他们往往把彼此之间的业务分歧提高到政治思想的分歧中来解决，即使那些毫无政治目的并且缺乏起码的政治常识的冬烘先生也常常把不同的学术观点当作"资产阶级"或"小资产阶级"思想来批判，以捍卫马列主义、毛泽东思想的姿态进行学术性的争鸣，这使他们进行的纯学术研究也常常充满政治斗争的火药味，造成了这个派别的自耗性斗争和相互排斥。在这个时期，业务派始终不是一个界限分明的完整实体。他们各自与马克思主义政治派的联系要远较彼此之间的联系更密切。这大大削弱了他们作为一个学术派别实体的力量。

二、严重的价值缺失感。这个时期的文化整合运动的实质是确立现实政治思想的一元化领导地位，它的结果必然是剥夺知识分子职业性劳动成果的独立价值和意义。这时的业务派知识分子接受了这种理论话语，也就意味着丧失了确定自己业务活动的独立价值和意义的社会思想尺度。在这种理论话语的形式下，知识分子的业务活动是以对政治的作用来衡量的，业务为政治服务，其接受主体是政治家和工农兵群众，但这些接受主体又同时被当作在政治立场上更先进的人物，知识分子则只是资产阶级、小资产阶级知识分子。在这种关系中，接受者（政治家和工农兵群众）被指认为教育者和审判者，宣讲者（知识分子）则被指认为受教育者和被审判者，知识分子怎能感到自己的业务活动是有其独立价值和意义的呢？当然，他们在思想深处未必承认这种双重关系的错位，但这同时也使他们感到自我理论话语的违心性质，从而在内心产生一种卑屈感。这种卑屈感同样也是自我存在价值缺失感的一种表现形式。总之，这时期的文化整合运动摧毁了业务派知识分子的独立的话语形式和方法论基础，同时也摧毁了他们自我存在价值和意义的感觉。

三、社会主动性的缺乏。一个无法感到自己的职业劳动的普遍社会价值和意义的阶层，是不可能对本民族的社会和社会思想的发展采取更主动积极的态度的。在这个时期，整个社会的命运和前途全部被系于政治领导的战略决策上，知识分子只是在其领导下活动，不能与之有任何本质不同的意见，因而他们也就不能产生对现实社会和社会思想发展的主动性和积极性；在更大的程度上，他们的研究活动是盲目的，是一种按照向来的学术研究的表面形式进行着的惯性运动。这表现在鲁迅研究中，其矛盾就更加突出。鲁迅是在中国历史上以知识分子的独立姿态面对整个中国社会和社会思想并表现出了最大主动性的一个现代知识分子，当业务派丧失了这种主动性，就很难在人生体验和审美体验方面找到与鲁迅作品的契合点了。不能不说，这是这时期业务派鲁迅研究在思想和艺术的研究中不可能取得更高成就的最根本的原因。

四、在业务研究中不具有自身的完满性。任何时代、任何个人的研究活动都不可能是真正完满的，但在正常的条件下，每个研究者的研究至少应当是自我完满的，即在他所能够认识到的范围内是完满的。这种完满性的缺乏是这时期业务派鲁迅研究较之此前和此后鲁迅研究都更为显著的弱点。我们可以不同意乃至反对陈西滢、梁实秋、苏雪林的鲁迅观，但我们感到它们是完满的，即在他们的文化思想基础上，他们的鲁迅观有其必然性。但对于这时期的业务派的鲁迅研究却不能这样说。例如在鲁迅研究资料的搜集中，资料工作是最具独立性的工作，它自身就是自身的根据，不假外求，不接受逻辑推理的制约，正像我们常说的，事实就是事实，能理解的是事实，不能理解的也是事实。但这时的资料工作也不具有自身的完满性。整个的资料工作都带有强烈的政治性色彩。现实政治允许的，被大量发掘出来，而现实政治所不需要的，则任其沉埋在历史的资料堆中和人们的记忆中。这样，即使每一条资料都是完全真实的，但所有资料所堆积起来的事实的大厦却是结构残缺的。个体的精确性并不意味着整体的精确性，整体的精确性是由理性框架的精确性程度体现出来的。我们之所以称它是不完满的，是因为能发掘这方面资料的研究者，同时也是能发掘在同一层次的另一些资料的研究者，能记得鲁迅对胡风的批评意见的人，也应是记得鲁迅对胡风的肯定性的意见的人。在资料搜集的同一原则下，它们应是同时被发掘和整理的，现在没有做到这一点，说明研究者并没有达到自我研究工作的完满性。资料工作尚且如此，思想艺术上的研究就更加会是如此。

五、缺乏自我保护机制。没有自己独立的理论话语，没有自我存在价值和意义的明确意识和价值标准，缺乏社会的主动性，必然导致自我保护机制的破坏。一个社会阶层乃至一个人之能在社会中立足，最基本的条件是他能向社会证实自己独立存在的价值和意义并能使社会亲身感受到他们。一个木匠不会因为是一个木匠而被社会所忽视，就是因为他能向社会证实自己作为一个木匠存在的价值和意义并能使社会感受到他们，而这时的业务派的知识分子却不具有这样的条件。文化整合运动使他们放弃了自己的独立性，放弃了能证实自己独立价值和意义的价值标准，社会主动性的缺乏又使他们与整个中国现实社会和社会思想的发展失去了有机的联系，使这时期的鲁迅研究不但没有在减少中国社会思想的大破坏中起到积极的作用，反而成了推波助澜的一股文化力量。这样，它就不再有任何强有力的自我保护机制，内耗性的斗争更加强了它的软弱性。不难看到，在这样一个历史时期，业务派知识分子几乎是最受歧视的一个社会阶层。不同政治派别的斗争是很残酷的，但其斗争有起有伏，失败时固然受到公开的政治迫害，但在顺利时却有崇高的政治地位和权力，即使失败，也掷地有声，把自己的独立思想留在社会上，为后来的被平反留下了明确的证据。而业务派的知识分子几乎在任何情况下都没有自己独立的地位，反右时被作为右派，反"左"时被作为极左，享受不到政治的权利但却经常受到政治的批判。在"文化大革命"中，政治上被分为两条路线，但任何一条政治路线都把批判"资产阶级反动学术权威"作为一个重要内容，其地位仅高于地、富、反、坏、右。恰恰因为它是无力的，所以在"文化大革命"中几乎是未触即溃，这个庞大但无力的派别在"文化大革命"中退出了文化阵地，其鲁迅研究也宣告中止。

原载《中国鲁迅研究的历史与现状》，王富仁著，福建教育出版社2010年版

中国鲁迅研究的历史与现状（九）
——新时期业务派的鲁迅研究

新时期鲁迅研究的高潮首先是由这时期的业务派知识分子掀起的。失望于政治批判的中国知识分子随着"文化大革命"的结束，退回到他们朝思暮想的学术文化界，这是他们能够自由发挥自己的聪明才智的唯一社会空间，也是他们得以安定地从事自己的本职工作的场所。这时期的业务派知识分子除老一辈知识分子之外，主要是由1949年以后成长起来的中年知识分子组成的。他们大多数在"文化大革命"以前便在鲁迅研究中做出过自己的贡献，"文化大革命"中止了他们的研究工作，但鲁迅作品是"文化大革命"中除马克思主义、毛泽东思想之外唯一被奉为权威性的著作，"文化大革命"后期鲁迅作品的注释、鲁迅作品的发掘和整理、鲁迅作品的教学和研究，使他们积累了丰富的资料，形成了自己的基本观点，为这个时期鲁迅研究的繁荣发展准备了充足的条件。可以说，在研究的广度和深度上，这时期业务派的鲁迅研究超过了以往任何时期，其作品的数量也是空前的，至今是中国乃至世界鲁迅研究的最雄厚的基础。这时期业务派鲁迅研究的一个显著的特点是走向系统化，几乎在鲁迅研究的各个领域都出现了研究专著，甚至是多部专著，改变了过去以单篇文章为主的鲁迅研究状况。这一转变的意义在于，人们不再满足对鲁迅做单纯评价式的性质判断，而努力在整体的结构中对鲁迅思想和作品的各个方面都做出全面的展示。显而易见，这是这时期业务派鲁迅研究学者与马克思主义政治派的最根本的区别。从毛泽东对鲁迅的评价到周扬的《精神界之战士》，再到"文化大革命"中两报一刊纪念鲁迅的社论，都是对鲁迅历史作用和精神价值的单向性质判断。毫无疑义，这些性质判断在开始是有革命意义和思想意义的，它在各种对鲁迅的诋毁和污蔑中表示了研究者本人对鲁迅的总体价值判断，对于不了解鲁迅价值和意义的社会群众有指导作用和宣传作用。但越到后来，这些单纯性质判断的鲁迅论文便越成了老生常谈，直到"文化大革命"它们甚至成了鞭打广大知识分子的一条条鞭子。因为这种单向性质判断的理论论述，必须是以反对这种性质判断的言论的存在为前提的，是对反对这种性质判断的言论的一种否定形式。1949年之后，马克思主义政治派的鲁迅研究成了大陆鲁迅研究的权威性话语，公开反对鲁迅的言论已被视为非法，这种对鲁迅的空洞赞颂便失去了自己存在的价值和意义。当到了在观念上知识分子不能不学习鲁迅的时候，这种性质判断的价值和意义已不在于鲁迅而在于对广大知识分子的命令和要求，它们对广大知识分子的思想压力也就成了不言而喻的事情了。对立统一，失去了对立面的语言也不再有自己的意义。这时期业务派鲁迅研究的学者从"文化大革命"的灾难中走出来，对于那种把鲁迅的某个侧面单独抽取出来、上升为鲁迅思想及其作品的本质，并以这种本质代替全体、作为对全体的不可移易的固定结论的思维方式和论述方式自然有着反感。他们在从"革命大批判"的先定政治目的中解放出来重新以自己的眼光去看待鲁迅作品时，便非常自然地发现在过去所强调的任何一个所谓的"本质侧面"之后，鲁迅作品中都还有与之并不相同的另外一种性质的论述；鲁迅讲过文学是有阶级性的，但他也不完全否定文学与人性的关系；鲁迅重视文艺的革命性，但他又非常重视文艺作品的艺术价值；鲁迅说文学是宣传，但他又说文学不等于宣传；鲁迅强调文艺与政治的关系，但又讲文艺与政治的歧途；鲁迅的作品是现实主义的，但又不全是现实主义的，又有浪漫主义、象征主义的因素；鲁迅参加了左翼作家联盟、支持中国共产党领导的政治革命，但又与左翼内部不少共产党人存在着有时甚至是尖锐的矛盾；鲁迅后期成了一个马克思主义者，思想更加深刻了，但他前期的思想在现在看来仍然非常深刻，甚至有很多方面比后期的论述更能说明问题,对现在更有直接的教育意义,等等,等等。过去的错误在于仅仅强调一个方面而忽视了另一个方面,而鲁迅研究界的极左思潮就是由这种片面性造成的。这时期业务派鲁迅研究的系统化除了表现为资料的丰富性之外,就主要表现在这种论述的全面性上。兼顾主要方面与次要方面,在重视主要方面的同时也不能忽视次要方面,是这时期经常被运用的思维方式和论述方式。

但是,这时期业务派鲁迅研究学者在实现鲁迅研究的系统化的过程中也遇到了一个重要的问题,即他们所使用的理论框架与他们自己的现实人生感受和艺术理想的关系的问题。我们不妨看一看他们对下列诸种关系的处理:

鲁迅后期思想	**鲁迅前期思想**
集体主义	个性主义
阶级论	人性、人道主义
文学的政治性	文学的艺术性
文学的群众性	文学的个性
"听前驱者的命令"	独立人格
无产阶级革命与无产阶级专政	改造国民性
革命现实主义	现实主义、浪漫主义、象征主义
乐观主义	悲观主义
马克思主义思想影响	西方其他思想学说的影响
对资产阶级思想的批判	对封建主义思想的批判
对农民阶级革命性的表现	对农民愚昧落后思想的表现
对知识分子软弱性的批判	对知识分子命运的同情
无产阶级文学的先驱	五四新文学的先驱
无产阶级革命文学	为人生的文学
文学为政治服务	"文艺与政治的歧途"
……	……

在我们任意挑出的这些相反相成的对应概念中,前一组概念是马克

思主义政治振作为反映鲁迅最本质的特征予以强调的，这些特征在"文化大革命"中被强调到了无以复加的程度，不只给中国文化和中国文学的发展带来了毁灭性的影响，而且给中国人民群众、其中也包括中国知识分子的人生命运带来了实际的灾难。显而易见，这时期的业务派鲁迅研究学者就其绝大多数所真正重视的是后面的一组概念，他们的意图非常明显，即通过补充这些概念而强调这些概念。但不论怎么说，他们的理论形式却与他们的主观倾向性不相符合。就其理论形式，他们是始终把前一组概念放在最重要、最崇高的位置的，而他们这时的真正意图，他们最深切的人生感受和艺术感受，他们是更加希望把后一组概念放在最突出的位置的。在这里，我们不能不思考它的原因。实际上，这与他们所使用的理论框架有着直接的关系。这时期业务派的鲁迅研究学者是在"文化大革命"前开始鲁迅研究的。在那时中国大陆几乎只有三种鲁迅研究的理论框架：马克思主义政治派的理论框架、马克思主义务实派的理论框架、马克思主义精神启蒙派的理论框架。马克思主义精神启蒙派在50年代初便在政治压力下退出了文坛，并且他们在政治理论和文艺理论上的激烈态度也使大多数知识分子没有接受他们的思想影响。这时期业务派鲁迅研究学者是在反感于激烈的政治斗争的情况下返回业务研究的，所以他们的理论框架使用的自然不是马克思主义精神启蒙派的政治框架。而在前两种框架中，马克思主义政治派的理论不但是"文化大革命"中引起了他们厌恶的理论口号，而且这个派别的理论框架从根本性质上就不适用于业务研究。因为它只是简单的性质判断，并且这种性质判断是已经被权威性的理论话语确定了的，不容你讨论，你还研究什么？在这个派别中发展起来的研究方式是注经式的，不论你转了多么大的一个弯子，最终你还是得回到人们早已牢记的那个权威性的性质判断上来。在这种情况下，这时期业务派的鲁迅研究学者实际上使用的是马克思主义务实派的理论框架。在马克思主义政治派与马克思主义务实派的鲁迅研究之间，他们很自然地感到马克思主义政治派的理论是片面的、极左的，而曾经受到马克思主义政治派排挤和打击的马克思主义务实派的理论则是比较全面、容易为人接受的。实际上，在五六十年代的鲁迅研究中提出的理论问题和其他学术问题大多数都是在马克思主义务实派的整体理论框架中展开的。这时期业务派的鲁迅研究学者大都是在五六十年代开始从事鲁迅研究和文学研究的，在那时他们思考和讨论的问题也是这样一些问题，这些问题在"文化大革命"期间被掩盖起来，这时在拨乱反正的思想口号下把它们重新提了出来，形成了这时业务派鲁迅研究学者从事自己的业务活动的理论基础。这个基础既与当时仍然具有权威性的马克思主义政治派的性质判断没有正面的对立关系，又能把自己的观点带进自己的研究中来，遂成为他们的基本理论形式。但是，马克思主义务实派的这个理论框架是在30年代产生的，是以瞿秋白、冯雪峰为代表的马克思主义务实派知识分子站在他们已经确定的马克思主义立场上对鲁迅的价值评判。他们重视鲁迅及其作品的历史价值和现实作用，力图说服站在同样的政治立场和马克思主义思想立场的左翼广大知识分子也认识鲁迅的价值，因而他们对鲁迅取着理解和分析的态度，既不同于创造社、太阳社那些青年马克思主义理论派的知识分子对鲁迅采取的简单否定态度，也不像后来取得了权威性地位的马克思主义政治派的知识分子主要维护毛泽东对鲁迅评价的权威性，所以他们的鲁迅研究更具有研究的性质。但他们力图让人理解的依然是鲁迅与马克思主义的关系，马克思主义理论理所当然的是评论鲁迅的根本标准，在前列两组基本概念中，他们自然以前一组概念为评价标准，后一组概念为有局限性的概念，但并不绝对否定它们，因为它们是鲁迅以前所持有的，与他们所理解的马克思主义所不同的。所以，他们的基本理论框架实际是"绝对真理（马克思主义）——相对真理（鲁迅前期思想）"的形式。但到了这时期业务派鲁迅研究学者这里，鲁迅是不是一个马克思主义者的问题已经没有多么重要的理论意义和实际意义。他们从"文化大革命"中走出来，"文化大革命"是在马克思主义旗帜下发动起来的，是在前列第一组概念被大力张扬的情况下进行的。而所有这一切都说明了向来人们认为有局限性的鲁迅前期思想至少在中国仍然有其独立的价值。在这时，重新思考我们的民族、我们的文化以及我们自己，才是这时业务派鲁迅研究学者真正关心的社会问题和思想问题，文学问题也同样因这些问题而在"文化大革命"中被弄得混乱不堪，而恰恰在所有这些问题上，鲁迅是我们的先驱，他的全部作品都说明他在这些问题上比我们思考得更多、更深，而不是比我们更少。不但我们这些刚刚从"文化大革命"的丛莽中灰溜溜地钻出来的知识分子还不具有仅仅以自己理解的马克思主义理论教条直接评判鲁迅及其作品的价值及局限性的能力，而且像瞿秋白、冯雪峰这样一些马克思主义务实派的知识分子也没有充分估价鲁迅的思想价值和文学价值，1949年以后的一系列事实没有证明瞿秋白和冯雪峰思想的深刻性，反而反复证明了鲁迅那些被他们认为有局限性的思想见解的深刻性。正是在这时期业务派鲁迅研究所持有的理论框架与他们所具有的现实感受的这种内在矛盾中，他们中的一些人开始放弃了务实派马克思主义的两分法平面评价框架，走向了以理解和阐发鲁迅思想及其作品的研究道路，形成了这个时期的启蒙派的鲁迅研究。

原载《中国鲁迅研究的历史与现状》，王富仁著，福建教育出版社2010年版

中国鲁迅研究的历史与现状（十）
——新时期启蒙派的鲁迅研究

一

新时期启蒙派的鲁迅研究实际是一个返回自我的鲁迅研究派别。不论是20年代的社会人生派、青年浪漫派、早期的英美派知识分子的对立批评，还是三四十年代的人生—艺术派、青年马克思主义理论派、马克思主义务实派、马克思主义精神启蒙派、马克思主义政治派、英美派知识分子的鲁迅观，都是在他们当时的思想立场上对鲁迅及其作品做出的自然反映，因而这些反映也标志着中国社会特定阶层的世界观和人生观。但到了50年代之后，这种研究主体和研究活动的契合关系便从根本上消失了。这个时期的鲁迅研究越来越向学院派知识分子范围中收缩集中。这些知识分子是在和平条件下从事思想文化事业的知识分子，他们自身的事业是以和平发展为基本条件的，因而他们的世界观和人生观也不是实践的政治革命者的世界观和人生观，他们不但没有政治革命的实践，也没有从事政治革命实践的愿望和要求，但他们所使用的理论标准却是从事政治实践活动的标准。这种研究标准的非自我化，也就标志着他们研究活动的非自我化。所有的研究似乎都只是为了论证一个与自我的实际人生追求没有直接关系的历史的是非，而这种历史的是非却与他们在实际的人生经验中建立起来的是非观念毫无关系，甚至取着对立的形势。在这种情况下，鲁迅研究的认识职能消失了，它不但不利于对鲁迅及其作品的理解和认识，而且也不利于对现实人生的理解和认识，从内外两面破坏了鲁迅研究。任何的研究活动，其目的都在于增益人的认识，并且认识历史归根到底仍在于认识自我和自我存在于其中的现实的社会人生。研究标准的自我化越来越成为中国鲁迅研究的关键问题。"文化大革命"及其失败的历史结局，给中国的知识分子提供了一个重新返回自我的历史条件。这个运动是以迫害知识分子和广大政治管理人员为特征的，共同受迫害的社会经历和当时几乎相同的社会地位使他们有了共同的语言及思想形式，在结束这场灾难性的"文化大革命"的过程中，中国的知识分子则以反对封建主义的思想宣传发挥了自己独立的作用。"文化大革命"结束之后，知识分子的自我意识得到了加强，以自我的现实人生体验直接面对周围的世界并对之做出符合自己意愿的评价则是这种自我意识加强的表现形式之一。这时期鲁迅研究中的启蒙派的根本特征是：努力摆脱凌驾于自我以及凌驾于鲁迅之上的另一种权威性语言的干扰，用自我的现实人生体验直接与鲁迅及其作品实现思想和感情的沟通。

二

　　新时期启蒙派鲁迅研究与鲁迅及其作品实现思想和感情沟通的基本桥梁是他们对中国现代知识分子独立历史作用的思考。30年代左翼知识分子，不论是马克思主义政治派、青年马克思主义理论派，还是马克思主义务实派、马克思主义精神启蒙派，都是在鲁迅及其作品与当时进行的政治革命的联系中感受鲁迅与评价鲁迅的，他们自身就是当时政治革命的参加者或拥护者，他们之用政治革命的需要思考鲁迅及其作品的价值和意义是十分自然的，不论他们各自得出了什么样的结论，但这个评价标准却确实体现着他们自己的愿望和要求。但是，任何的沟通都是相对的，左翼知识分子与鲁迅及其作品在政治革命基础上的思想沟通也不可能是在全部意义上的沟通，不但当时的青年马克思主义理论派、马克思主义政治派保留了自己对鲁迅的不同认识，而且以瞿秋白、冯雪峰为代表的马克思主义务实派,以胡风为代表的马克思主义精神启蒙派也并非在全部的意义上接受了鲁迅及其作品,所谓鲁迅的局限性的所有论述都不过是对鲁迅及其作品的某些思想侧面的否定形式。由于政治革命阶段的结束和鲁迅研究学者自身的学院化,政治革命的价值标准已经不是鲁迅与其研究者之间的共同追求目标,因而也不再是彼此相沟通的思想桥梁。在这时,中国的知识分子还能不能找到与鲁迅及其作品的思想沟通形式,不但是鲁迅研究者自身能不能在鲁迅研究中体现自我的思想追求的问题,而且也是鲁迅及其作品能否经得起历史的考验继续作为有生命力的价值形式存在在当代知识分子心中的问题。1949年之后,马克思主义政治派对鲁迅及其作品的解读方式越来越脱离开了中国当代知识分子的社会职能,使他们仅仅作为现实政治需要的传声筒,最后在"文化大革命"中受到了全面的否定。这时期的启蒙派鲁迅研究者是在"文化大革命"结束后中国大陆知识分子重新寻找自己在现代中国的存在价值的愿望下从事鲁迅研究的,"文化大革命"的失败使他们在鲁迅作为一个伟大的中国现代知识分子的存在中重新发现了自我的独立存在价值。正是在这种思想和感情的沟通形式下,鲁迅已经不再主要以曾经支持过中国共产党领导的政治革命的左翼知识分子的形象出现在他们的面前,而开始主要以一个在中国现代历史上发挥了最大历史作用的知识分子的形象出现在他们面前。这并非说他们否定鲁迅后期这种政治态度,而是在他们的观念中鲁迅作为一个独立的知识分子而在中国现代历史上发挥的独立历史作用更为重要也更值得当代中国知识分子进行研究和思索。当代中国的知识分子并不是没有支持政治家的政治事业,并不是没有虔诚地学习作为中国政治革命的指导思想的马克思主义和毛泽东思想,在这一方面他们比鲁迅做得更多而不是更少,但他们却在这种服从和学习中失落了自己和自己的历史职责。"文化大革命"及此前的历次政治批判运动的教训在他们的研究工作中起到了强大的制衡作用,使他们不能不冲破此前各种理论结论的障碍而向鲁迅及其作品的独立性的方面转移。所谓转移,就是说他们并非绝对地否定此前的各种鲁迅研究成果,而是这些成果和他们的理论构架已经不能满足他们的现实需要,他们必须在自己的目的上建立新的思想构架,这个思想构架就是以中国的思想革命为基础的思想构架。

三

由于新时期启蒙派的鲁迅研究者旨在突出鲁迅作为一个伟大的中国现代知识分子的历史作用和价值，所以他们首先区分了政治革命和思想革命的差异。任何一个社会都不是由单一的成分构成的，它是一个复杂的结构。政治结构是以权力为手段实现整个社会的行政管理的社会组织形式，政治家的职责是根据现实的条件实现社会的有效管理并为实现这种有效的管理而改造政治管理体制。他们所根据的现实条件包括物质生产力的发展状况和社会思想发展的状况，越是杰出的政治家越是善于利用物质的和精神的现有有利条件实现自己的政治目标的人。他们不是直接从事物质生产和精神生产的社会成员；科学文化结构是以智力的或精神的能力发展社会认识和社会精神的社会结构体，知识分子的职责是根据现实条件实现社会认识和社会精神的发展。他们所依据的现实条件包括政治环境和物质生产力及其发展状况，越是杰出的知识分子越是善于利用物质的和政治的现有有利条件而实现自己的思想文化追求的人。他们不是直接从事物质生产和政治事业的社会成员。经济结构是以经济的手段实现社会物质生产力发展的社会结构体，从事物质生产的社会成员的职责是根据现实的条件实现社会物质生产力的发展。他们所根据的现实条件包括政治环境和社会思想、社会文化发展状况，越是杰出的企业家越是善于利用政治的和文化的现有有利条件而实现社会物质生产力发展的人。他们不是直接从事精神生产和政治事业的社会成员。鸦片战争之后，中国在外力的压迫下结束了自己的封闭状态而介入了广泛的世界联系，它所暴露出的中国的落后不是单方面的，而是整个社会的。经济上的贫穷落后、政治上的封建专制、思想上的愚昧保守是同时存在于中国社会的三个最现实的根本问题。中华民族为结束自己的这种落后状态所做的所有的努力都是有其社会的价值和意义的。鲁迅是在五四新文化运动中成长起来的一个伟大的文化巨人，对中国国民性改造的思想追求形成了他的思想和创作的最明确的理性基础。这时期启蒙派的鲁迅研究者正是在这里看到一个独立的鲁迅和他的独立的历史意义的。从20年代末30年代初左翼知识分子的鲁迅研究开始,便把鲁迅对中国政治革命的贡献当作他最主要的贡献,虽然从一个侧面发掘了鲁迅及其作品的意义和价值,但同时也带来了不可避免的弊病,即他们常常把鲁迅与之相区别的具有自己独立性的东西当作次要的或错误的东西,而把与他们相同或相近的东西当成了鲁迅最宝贵的东西。包括"文化大革命"在内的历次政治批判运动不是由于人们忽视了在政治革命的过程中形成的一系列思想原则,而恰恰因为漠视了鲁迅在五四时期便提出的一系列思想原则,从而导致了中国社会关系的严重破坏。这时期启蒙派鲁迅研究者要把思想革命的原则作为独立的原则从它与当时占统治地位的政治思想体系的复杂联系中独立出来,就必须划分思想革命和政治革命的界限。迄今为止,这仍然是他们常遭同行专家们批评的地方。但这些同行专家恰恰忘记了一点,即他们自己也是实际上从事着思想文化事业而并没有进行实践的政治革命的主观目的的。思想文化事业是人类社会中一个永恒的事业,而政治革命却只在极短暂的历史时期才具有推动历史发展的作用,中国现代知识分子的神圣职责不是仅仅为巩固现实政权服务,而是为了改变中华民族愚昧落后的文化状态、发展中华民族的现代科学文化事业。所以,不论鲁迅在当时所具体表现出来的政治倾向性是怎样的,但他对中国历史的最大贡献仍是由于他对国民性改造问题的重视以及他对中国各种文化现象的富有独创性的表现和解剖。启蒙派通过区分思想革命和政治革命把鲁迅研究从重点突出鲁迅对各个政治派别的态度转向重视鲁迅对中国文化及其精神效果的解剖,实际是进一步拓展了鲁迅研究的领域,使鲁迅研究与整个中国文化的研究密切结合起来。

四

新时期启蒙派鲁迅研究在研究方法上与左翼各派的研究方法都有不同。左翼各派的鲁迅研究者由于以马克思主义、毛泽东思想为现成的最高标准,因而他们的研究方式中起主导作用的是判别式的。例如,鲁迅前期哲学思想的研究的基本模式是在鲁迅前期的作品中发现哪些属于唯物主义因素,哪些属于唯心主义因素,哪些属于辩证法的因素,哪些属于形而上学的因素,并由此确定鲁迅前期哲学思想的先进性表现在何处,而又有哪些不可避免的局限性。这种研究方式产生的最基本的前提是马克思主义是颠扑不破的绝对真理,凡是符合它的都是正确的,凡是与之不同的都是不正确的。但这种研究方式只有在有限的范围中才是合理的和有效的,对于像鲁迅这样已经成为一个杰出的思想家和文学家的研究对象而言,它的不合理性更大于合理性。鲁迅存在的价值和意义不在于要成为一个什么主义者,而在于他在追求着民族文化在现代的复兴,他的哲学思想的价值是由对于中国文化这个特定语境的特定作用所决定的。鲁迅的《文化偏至论》所重点介绍的是最典型的西方主观唯心主义哲学思想,但这毫不影响它成为中国文化史和中国思想史上的一篇有重要意义的论文,它所提出的立人思想构成了鲁迅全部思想的最根本的基础。这时期启蒙派的鲁迅研究所使用的基本研究方法是历史主义的,是依照历史的发展线索考察一种思想产生的历史根源并依其在历史上的具体作用判定其思想价值的方法。这种方法本身不承认任何现成理论形式的绝对合理性,因而也不以鲁迅作品及其思想之外的任何理论形式作为判定鲁迅作品及其思想的价值和意义的理论标准。它的标准是从鲁迅自己追求目标中引申出来的,因而也是具有个性特征的。这使他们与20年代末、30年代初形成的各派左翼马克思主义鲁迅研究学者都有了严格的区别。当时的青年马克思主义理论派以是否信奉马克思主义为标准否定鲁迅前期作品及其思想的价值和意义,尤其否定它们到了20年代末期还有其积极意义。而这时期的启蒙派则从整个中国文化发展史的角度给予了鲁迅以极高的历史地位,并且认为这种地位至今没有任何人可以代替。以胡风为代表的马克思主义精神启蒙派重视鲁迅前期作品及思想的价值和意义,但也因此而把前期的鲁迅说成是一个马克思主义者和社会主义现实主义者,分明不符合鲁迅前期思想发展的自身逻辑。而这时期的启蒙派同他们一样重视鲁迅前期作品及思想的价值和意义,但并不承认鲁迅前期是一个马克思主义者和社会主义现实主义者;以瞿秋白、冯雪峰为代表的马克思主义务实派以马克思主义为基本标准衡量鲁迅,对鲁迅的后期思想给予了完全的肯定,而对他的前期作品和思想则作了有保留的肯定，而这时期的启蒙派则并不绝对地肯定前者也不绝对地肯定后者，他们把鲁迅前后期的作品和思想都看作鲁迅统一的思想追求的不同表现形式，各有其不可忽视的思想内涵但又各有其相对性。马克思主义政治派把鲁迅研究直接纳入夺取政权和巩固政权的现实实践目的下进行研究，而这时期的启蒙课则主要从认识中国现代文化和现代文学发展的道路出发从事鲁迅研究，他们的目的是学术性的而不是政治性的。在某种意义上，这时期的启蒙派是对20年代以周作人、茅盾、张定璜为代表的社会人生派和30年代以李长之为代表的人生——艺术派鲁迅研究的复归，他们都重视从人生意义的角度探讨鲁迅作品及思想的价值和意义，但这时期的启蒙派所使用的研究方法是马克思主义的社会历史学的研究方法，这使他们的论述更集中于鲁迅作品及思想的社会历史的价值上，包容了东西方文化发展史的更多的内容，李长之否认鲁迅作为一个思想家的存在，主要把他作为一个文学家来探讨，而这时期的启蒙派则主要重视鲁迅作为一个思想家的存在。在他们的研究系统中，文学家的鲁迅是从属于思想家的鲁迅的。

五

新时期启蒙派的鲁迅研究主要由两部分人组成，其一是在"文化大革命"前就在鲁迅研究中卓有成就的鲁迅研究专家，其二是在"文化大革命"结束后才走进鲁迅研究界的中青年知识分子。前者在否定"文化大革命"的社会思想潮流中重新思考并阐释鲁迅及其作品，渐渐将自己的视线集中于鲁迅作品的反封建的意义。关于国民性问题的重新讨论，纪念鲁迅诞生一百周年北京学术讨论会上所提供的关于鲁迅"立人"思想的学术论文，以及关于阿Q革命性等等具体学术问题的讨论，都表明在鲁迅研究界一种新的研究方向正在形成，但由于鲁迅研究界原有的理论框架是在马克思主义、毛泽东思想的旗帜下形成的，毛泽东、瞿秋白、冯雪峰、陈涌等政治领袖人物和在鲁迅研究中做出了杰出贡献的鲁迅研究专家在鲁迅研究界有着崇高的威望，有赖于这些人的努力鲁迅才在中国社会的一片攻击谩骂声中确立了自己的地位，这部分鲁迅研究者并没

中国鲁迅研究的历史与现状（十）

有在理论上把自己与原来的研究框架区分开来，自觉作了这种区分的是"文化大革命"后以第一、二批研究生为主体的中青年鲁迅研究者。他们较少思想负担，直接以前一代鲁迅研究提出的理论问题为基础并予以明确化、系统化，使这个派别作为一个独立的派别出现在鲁迅研究界，公开告别了自己的学术前辈。但这两批知识分子都有自身的严重的局限性，这种局限性集中表现于他们自身的素质与他们研究基础之间的尖锐矛盾。这两批知识分子都是在1949年至1966年之间的封闭的文化环境中接受教育的，他们的理论话语基本上由当时占主导地位的三种权威性话语构成：马克思主义、毛泽东思想、鲁迅思想，其文学观是在两种不同的现实主义作品的影响下形成的：西方19世纪的批判现实主义、苏联和中国的社会主义现实主义。在实际的现实人生的影响下，他们开始以鲁迅思想为基点思考现实人生并以现实人生的实际感受解读鲁迅作品及鲁迅思想。但当他们形成自己的思想和风格的时候，恰恰是中国大陆由封闭走向开放的时候，思想解放同时也使中国固有的各种传统思想在中国社会上活跃起来。他们赖以建立自己的理论框架的基础是中国现代的思想启蒙，它涉及的不仅仅是哪一种社会思想，而是所有可能在中国出现的思想文化潮流，鲁迅就是在中国向整个世界开放的火口上完善并发展着自己的启蒙思想的，但这时期的启蒙派却是在长期封闭的状态下成长起来的，他们的启蒙思想比鲁迅的更加单纯、更加笼统，这不但使他们对鲁迅启蒙思想的阐发仅仅停留在"五四"科学、民主、人道主义、个性主义、思想自由等几个尽人皆知的理论口号上，而且也使他们没有能力回答后来出现的各种文化学说向鲁迅研究提出的各种挑战性的问题。时至现在，他们的研究成果仍然主要集中于对鲁迅前期思想及作品的研究上，并且更多地集中于鲁迅小说，特别是《呐喊》《彷徨》的研究上，如何把包括鲁迅杂文、散文、散文诗和鲁迅后期作品及思想在内的所有内容都纳入自己的思想理论框架中并对之进行一以贯之的统一论述，仍然是他们需要解决而未曾解决的问题。他们曾经努力把鲁迅作品的思想分析和艺术分析结合起来，但由于他们的艺术语言仍然主要是"文化大革命"前的艺术语言，而这时期由于重视政治批判，其艺术语言是极为贫乏的，因而他们的艺术分析仍然比较陈旧，较之他们的思想分析与当代思想发展需要的距离来,他们的艺术分析与当代文学发展需要的距离更大。

六

新时期启蒙派的鲁迅研究从中国社会思想发展的角度而言,实际上标志着在"文化大革命"结束之后,少部分知识分子把鲁迅思想从"文化大革命"前形成的以毛泽东思想为核心,以马克思主义和鲁迅思想为辅佐的统一的权威性话语中独立出来,并将之作为自己的权威性话语的一种发展趋向。由于他们所接受的文化传统的影响,他们没有能力也不会想到以自我为中心独立地形成属于自我的思想框架,他们需要在历史已经存在的并且已经具有一定的权威性、可以借助于实现自己与整个社会的思想交流的语言中找到表达自我的方式。他们的思想借助于鲁迅思想的存在而形成,也借助于鲁迅的话语形式予以表达,他们自觉意识到的历史使命,是在新的历史时期重申鲁迅的思想原则,"回到鲁迅那里去"之所以能成为他们之中普遍可以接受的口号,其根本原因就在于此。这也决定了他们在自己的研究著作中对鲁迅的论述方式。正像所有的鲁迅研究者都不可能复活一个完全完整客观的鲁迅一样,他们笔下的鲁迅也是一个被他们的主观需要整合并立体化了的鲁迅。这个鲁迅是作为一个伟大的中国知识分子的鲁迅,而不是作为一个政治活动家的鲁迅,也不是作为一个与任何一个平庸无为的人有着相同特征的自然形态的人;这个鲁迅是具有为历史的和现实的中国知识分子所普遍可以认识并可以接受的特征的鲁迅,而不是作为具有为任何人都不可能作第二次的重复、绝对封闭在个体之内的特征的鲁迅。这个鲁迅呈现出的面貌是客观的、社会的、有明确自我意义的,在理性和情感、现实与历史、主体与客体、思想与行为间找到了均衡感的人。但是,他们之所以对鲁迅做了这样的主观化的处理却不是没有客观根据的。他们曾经在"文化大革命"中及"文化大革命"前依照不同于鲁迅的另一种文化思维模式看待中国社会、中国历史和中国现实的社会生活,对于鲁迅的一些观点,他们是了解的,但他们并没有把与流行的观念不同的鲁迅的观点作为自己思考社会人生的基本原则，而是把它们作为鲁迅的局限性来看待的。当他们在自己的文化环境中感到严重的自我失落并产生了以自我的真实生活体验独立地思考自己的文化环境的时候，才发现鲁迅对中国文化的分析和批判是异常深刻的。这种强烈的认同感使他们感到鲁迅对中国文化的分析和批判是客观的而不是纯主观的，是真实的而不是想象的，是具有跨时代的普遍意义的而不是仅仅适用于鲁迅所处的时代、所生活的有限的生活空间的。但是，在稍后于启蒙派鲁迅研究者走入鲁迅研究界的青年知识分子却是以另一种形式建立了自己与鲁迅及其作品的思想和精神的联系的。在"文化大革命"及"文化大革命"前，他们在社会上还没有任何主动选择的权利，也没有主动选择的意识，所以那时的权威性话语对于他们并没有实际的影响力。他们是在"文化大革命"后的思想解放过程中选择自己的人生观念的，这时西方哲学和美学学说的翻译和介绍使他们有了广泛比较的可能。如果说启蒙派的鲁迅研究表现着研究者自身由旧蜕新的艰难，他们则更表现着主动选择的勇气。特别是西方存在主义哲学学说，在"文化大革命"刚刚结束时的普遍的意识危机中，为中国的青年知识分子意识自我和把握人生发生了明显的影响作用。但当他们以新的人生哲学观照中国现代文化和现代文学的时候，鲁迅却突然在他们的眼前放出了独异的光彩。我们这些不属于人生哲学派的鲁迅研究者常常发生一种错觉，即认为在更年轻的一代人、包括受西方现代哲学影响的人生哲学派鲁迅研究者那里，鲁迅及其作品的价值已经跌落下来，实际上，恐怕没有任何一个派别的鲁迅研究者能像这时期的人生哲学派一样对鲁迅及其作品在中国文化史和中国文学史上的独特重要地位有着这么强烈的感受和这么深刻的认识。仅仅依靠左翼各派的理论框架，你很难把鲁迅、郭沫若、茅盾这样一些杰出的左翼作家区分出不同的层次。左翼批评家中那些十分尊崇鲁迅及其作品的人是从自我的实感当中将鲁迅与其他人相区别的，他们的理论框架不足以传达他们的实际感受。同样，仅仅依靠新时期启蒙派的理论框架，你也很难把鲁迅、胡适、周作人这样一些杰出的思想启蒙者区分出不同的层次。假若他们更重视鲁迅及其作品，那也是由于他们的实际感受而不是来源于他们所使用的理论框架。但在人生哲学派的鲁迅研究者这里，鲁迅与其他所有那些在现代中国发生了广泛影响的思想家和文学家是自自然然地被分别开来的。从鲁迅早期的《文化偏至论》开始，鲁迅的思想便表现出了与其他所有中国现代著名的思想家和文学家不同的思想渊源，而所有这些西方的思想家却恰恰是新时期青年知识分子所受其影响的存在主义哲学的先驱式人物；五四时期的鲁迅像陈独秀、胡适、周作人等人一样参加了旨在启发民智的思想启蒙运动，但鲁迅又是以与他们完全不同的一个精神实体加入这个运动的，鲁迅不仅有着与他们相近或相同的理性选择，而且有着与他们迥不相同的人生感受和人生体验，这些都来自东西方的思想启蒙者不同的思想潮流和文化学说。当马克思主义各派鲁迅研究者和这时期启蒙派的鲁迅研究者把鲁迅及其作品就当作这个运动的伟大产物的时候，鲁迅思想和作品是被作为这些思想先行者对中国社会现实的共同的感受和认识而受到研究者的肯定的，不同的主体对同一对象的相同把握使他们眼前的对象呈现出客观性的面貌，鲁迅的思想和作品这时也会被作为客观现实的真实的反映，但在人生哲学派注意到鲁迅与其他所有五四时期的思想启蒙者都有迥不相同的人生观的时候，在他们意识到由于彼此的精神实体不同根本不可能对周围现实做出相同的反应的时候，鲁迅作品的客观性又如何确定呢？相同的客观现实（在观念上存在的、存在于人的认识之外的绝对客观的现实）而不可能形成相同的文学作品，文学作品是由客观现实决定的呢，还是由作家的精神主体所规定的呢？正是由于人生哲学派的鲁迅研究者主要关注于鲁迅精神主体的独异性，所以他们开始拒绝主观反映客观的现实主义的理论框架而把鲁迅作品作为鲁迅精神主体的产物。

七

人生哲学派的鲁迅研究者是在中外思想史的背景上考察鲁迅的主体精神结构的，鲁迅主体精神结构的复杂性在他们的著作中得到了最为充分的重视。左翼各派的鲁迅研究和新时期启蒙派的鲁迅研究，都以自己的形式把鲁迅作为一种人格的典范，因此他们都按照自己的理解把鲁迅的某一方面的特征突出出来并将之作为鲁迅精神的本质加以肯定，只有

中国鲁迅研究的历史与现状（十）

到了人生哲学派这里，鲁迅的精神结构才成为研究者重点分析研究的对象。在这时，也只有在这时，鲁迅的精神才不能仅仅由鲁迅精神中的某一个特征所代替。研究者不可能巨细无遗地把他精神中的所有因素都逐一加以分析，因此将之想象成一种有类于结构的形式便成了研究者的需要。所谓结构，不是只有左没有右、只有上没有下、只有前没有后，它是由各种相反相成的因素以一定的方式组成的有机统一体。左翼各派的鲁迅研究者把鲁迅描述为中国传统封建制度的毫不妥协的反叛者，新时期启蒙派的研究者把鲁迅描述为中国传统文化的彻底的批判者，对于他们的目的和他们的研究框架这无疑是合理的，但对于以研究鲁迅精神主体自身以深化人们对它的精确认识的人生哲学派的鲁迅研究者来说，这则是无论如何也不允许的。鲁迅生在中国传统的社会里，是在中国固有文化的教养下长大的，如果说他的精神主体中就绝对没有中国传统文化的因素，在逻辑上是说不通的，但是如果鲁迅主要接受了中国传统文化的影响，外国文化的影响只是他思想精神中的次要的、不占主要地位的因素，那么，鲁迅一生对中国传统文化的始终不渝的批判和解剖就成了不可理解的事实。在所有以往的中外文化的研究中，都给人产生了这么一种印象，即中国文化是一种文化，西方文化是一种文化。实际上，中国固有的传统文化远不是一个统一的文化，并且也极难证明它就是一个有着统一的本质的文化，就思想传统，儒、道、法、墨、道教、佛教；就阶层，雅与俗；就地域，南与北，各个不同的文化区域，所有这一切都程度不同地构成了鲁迅文化心理中的不可驱除的因素。在西方的文化传统中，鲁迅从青年时代就不像他的许多前辈和后辈一样，把其中的一种文化概括为代表西方文化的东西，他也不把西方最新出现的一种文化视为唯一必须学习的文化。他是在历史的矛盾运动中体验西方文化的，他的《科学史教篇》在科学和宗教的此消彼长中介绍西方文化的发展，不把其中任何一种传统作为绝对否定或绝对肯定的文化传统；在《文化偏至论》中他又在物质的和精神的、唯物的和唯心的两种思想潮流中介绍西方的哲学思想，并公开提出文化的发展总是"偏至"的，你不可能在任何一个特定的时间和空间找到体现永恒和完全的文化形态。这时期的人生哲学派由于是在对这时期的思想启蒙派的批评中建立自己的研究体系的，所以他们主要在西方的理性传统和非理性传统间论述鲁迅精神结构中的矛盾因素。这时期人生哲学派的主要代表人物是汪晖，他在他的代表作品《反抗绝望》中这样描述了鲁迅的精神结构：

> 正如列文森把梁启超的精神结构视为"关押自己的牢笼"一样，鲁迅的主观精神结构也是一种宛如蛛网的意境，它是由许多无法避免的矛盾言行，各不相容的思想交织而成的。问题的复杂性在于，鲁迅对自身的矛盾有着深刻的内省与自知，但却不得不同时信奉这些相互矛盾的思想，从而长久地处于精神的矛盾和紧张之中。他追求人的主体性和普遍解放，却相信现代哲学对人的生存状况的深切忧虑；他倡导科学、民主、理性，却高扬着施蒂纳、尼采等对科学、民主、理性持非议态度的思想家的旗帜；他相信进化论，相信历史的规律性、目的性和永恒的发展，以及这种发展与人的解放的内在联系，却又在中国历史的延续中看到近乎永恒的轮回；面对中国历史与现实的政治、文化秩序，他毫无畏惧地举起投枪，而对自己的个人生活，他却无法摆脱旧的道德伦理的纠缠……于是，他不断地向人们昭示着希望，鼓舞人们否定旧生活，开辟新生活的勇气，同时又频频地谈论着绝望，死亡，坟墓和孤独。①

所有这些不同的乃至相反的思想学说存在于鲁迅一个人的灵魂中的时候，它不是加强了鲁迅思想的统一性和条理性，而是加强了它的灵魂的内部裂变。显而易见，这时期人生哲学派不但较之任何一个曾经存在过的鲁迅研究学派都更能说明鲁迅精神结构和中国文化的现代发展特征的关系，而且也较之任何一个学派都更加深刻地揭示了鲁迅的独特情绪体验的内在依据。中国文化由古代向现代的发展，不是由一种单纯走向了另一种单纯，而是由相对单纯走向了相对复杂。鲁迅思想的特征恰恰在于它的复杂性，不论较之"左翼"的郭沫若，还是较之"右翼"的胡适，他的思想都要复杂到不知多少倍。大部分中国现代的思想家和文学

---

① 汪晖：《反抗绝望》，上海人民出版社，1991，第11—12页。

家都追求着自己的单纯，都以自己的单纯炫耀，喜欢用东方的或西方的某种学说标榜自己和奉承别人几乎可以说是中国现代文化的一大特征，独有鲁迅意识到自己的矛盾和复杂，他在中外任何一种思想学说中都找不到自己的思想立足地，因此他也从来不用东方的或西方的某种思想学说确定自己的思想性质。中国现代社会是中外各种思想、各种学说因而也是各种价值观念的竞技场。这不仅意味着有坚持着各种不同思想学说的各种文化派别的人同时存在在中国现代社会上，而且也是说在一个现代中国人、特别是现代中国知识分子的思想意识中同时有各种不同的价值观念在发挥着作用。在中外历史上，还从来没有像中国现代文化这么复杂、这么紊乱的文化系统，它包容了全部的中国传统的文化，也包容了从古希腊罗马到20世纪西方的各种文化学说，这些文化学说都是在人类的特定需要的基础上产生的，都不是绝对的谬误但也都不是绝对的真理。带着宗经宣道传统的中国知识分子一时间成了中外所有这些学说的传扬者，并把自我投入到这各种具有相对真理性的思想学说之中去。但当他们这样做的时候，他们又都同时遇到了其他各种价值观念的不同形式的狙击。在这个竞技场上，一种学说因其特定的原因而压倒其他的所有学说成为占统治地位的思想、一时呈现出绝对真理的面貌，但在同时它也压抑了其他所有具有相对真理的思想文化学说而更多地表现出自己的相对性。在这时，它越来越把自己的权威性伸展到无法起到认识作用反而足以造成破坏性影响的文化语境中去，以自己的荒诞性表现而显示其他所有思想文化学说的存在价值。其结果必然是这样，占统治地位的思想因过多地占领了不适于它表现自己的作用的文化语境而受到人们越来越多的怀疑，受到压抑的思想却因自己潜在的能量而越来越受到人们的重视甚至崇拜，其他所有思想文化学说的发展则又是以绝对排斥这种占统治地位的思想学说为基本前提的。在这种思想对思想的排斥中，一种思想文化学说往往不是由它的社会实践的价值被中国现代知识分子所感受的，而是依照它对另一种文化学说的排斥力的大小得到中国现代知识分子的重视。这样，那种在排斥原来占统治地位的思想文化学说中起了最大作用的一种思想文化学说便又以新的统治思想占领整个中国社会，从而把其他各种思想文化学说重新压抑在中国文化的底层，连它们自己原本具有的真理性也不再被人认识、被人接受。但它们又会像其他被压抑的思想文化学说一样等待着现在这种占统治地位的思想文化学说的自行溃灭……鲁迅的这种复杂性所体现的恰恰是中国文化的包容性特征。理性的与非理性的、唯物的与唯心的、科学的与宗教的、传统的与现代的、出世的与入世的、社会的与个人的、阶级性的与人性的、乐观主义的与悲观主义的等等这些尖锐对立着的概念，其对立都是有条件的、相对的，其意义是不可以它的抽象概念加以确定的，只有在它的运用中、在它的与其发生学相近的意义上才能判定，并且它们在任何情况下都不能失去它的对立面的制约和限制。鲁迅作为一个伟大的思想家的特征，恰恰在于他从不把任何一种思想文化学说视为绝对的、永恒的真理，他总是在特定的语境中把握各种思想命题的真实思想内涵，并依其需要使用他需要使用的思想命题。他从不在一种思想倾向在中国文化中没有任何立足之地的时候向它发起攻击，他总是狙击那些在中国社会上具有强大影响力而可以不受任何约束地否定掉其他相对真理的思想文化表现。因此，他的表面看起来的那种严重的排他性实际是与他的最大程度的思想包容性结合在一起的。不难看出，从人生哲学派的分析中，我们对鲁迅的独特情绪体验也开始有了一个文化学意义上的理解。左翼各派主要从鲁迅的思想局限性的角度说明鲁迅的苦闷，其假定性是建立在他们自己已经认识到中国革命的根本出路、找到了中国历史发展的基本规律、因而也不会有苦闷彷徨情绪的基础之上的。显而易见，这种假定性本身就有些盲目乐观主义的味道；启蒙派把鲁迅的苦闷视为不被群众所理解的苦闷固然从外部形式上说明了他的苦闷发生的社会原因，但这种说明却不具有文化哲学的内涵，并且容易把鲁迅的苦闷视为传统知识分子那种生不逢时的纯个人的苦闷。实际上，鲁迅的苦闷不仅是别人难以理解自己的苦闷，也是他自己也无法界定自我的苦闷。那些讥讽他的人更多地看到他不满于别人对他的批评，而没有看到他同样常常不满于别人对他的肯定，别人说他的作品冷静，他觉得他比别人更加热烈；别人说他的作品充满热情，他说他身上有冷气和鬼气；别人赞他为革命家，他说他只是一个破落户子弟；别人认为他是敢于说实话的人，他说他并不总是说实话……可以说，只有人生哲学派才使我们感到鲁迅的这种无法摆脱的苦闷不仅是他个人的苦闷，也是中国现代文化的整体的苦闷。中外纷纭复杂千奇百怪的思想文化学说在几十、几百、几万、几十万，至今也不超过几千万的知识分子中间膨胀、发酵并且万头攒动、彼此撕咬，使中国文化不但有贫弱的悲哀，同时也有壅塞的苦闷。他或者被这种苦闷所压死，或者要对这不可摆脱的苦闷作绝望的抗争：反抗绝望。人生哲学派就在鲁迅的这种反抗绝望的心灵挣扎中感受到了鲁迅的主体性力量，这是一个合乎逻辑的结论。

鲁迅无法在任何一个现成的思想文化学说中界定自己，但他仍然是在中国现代史上最富于自我意识的思想家和文学家。人生哲学派把鲁迅对自己的矛盾，对自己的历史困境的清醒意识，视为他之所以堪称中国现代文化史上最伟大的思想家和文学家的原因。汪晖在中国鲁迅研究史上第一次把鲁迅的"历史的中间物"的意识作为鲁迅的核心意识，从而为中国的鲁迅研究开辟了一个全新的境界。他这样归纳了历史的"中间物"的精神特征：

1. 与强烈的悲剧感相伴随的自我反观和自我否定；
2. 对生和死的人生命题的关注；
3. 建立在人类社会无穷进化的历史信念基础上的否定"黄金时代"，或者说是一种以乐观主义为根本的"悲观主义"认识。

汪晖和他的后继者以"历史的中间物"为核心观念对鲁迅的小说、特别是鲁迅的散文诗集《野草》都做了几乎是全新的分析，我甚至认为，有赖于这时期的人生哲学派，中国的知识分子才重新发现了《野草》。

八

这时期人生哲学派之所以呈现着与鲁迅研究史上任何一个研究学派都迥然不同的特征，其根本原因还在于它在研究方式上实现了一个根本的转移。在它之前的所有研究学派自觉与不自觉遵循的都是对鲁迅作品的直接观照，并把他们在鲁迅作品中所感受到的就视为鲁迅所要表现的，视为鲁迅本人所自觉追求的理性目标。他们也经常引述鲁迅自己的论述，但这种引述也是为了印证自己对作品的直感判断。这种研究方式把研究者的主体意识直接转化为作品的客观实际，是用研究者的主观意图将作家的作品立体化，使之呈现出研究者对作品的明确价值判断的研究方式。这时期的人生哲学派的鲁迅研究运用的则是以作家的主体性考察他的艺术创造的研究方式。他们不把作品看成是自为的客体，而将之视为作家主体意识的外化形式，作品的意蕴是作家主体精神结构在作品中的投射。在他们之前中国的鲁迅研究者与作家和作品的关系基本遵循着这样一个模式：

→研究主体
作品文本→作品意蕴→作家的主体意识

在这种研究方式下，作品文本是经过研究者的主观把握而确定其思想意蕴的，而这种意蕴也同时被作为作家本人的主体意识。这时期人生哲学派则遵循着另外一种关系模式：

→研究主体
作家的主体意识→作品意蕴→作品文本

这种研究方式为发掘鲁迅主体意识的复杂性开拓出了更加广阔的空间，从而也有利于发掘作品文本中那些不是被读者直接捕捉住的意义内涵。但由此我们也可看到，人生哲学派的研究方式也只是全部研究方式中的一种，它有它的有效性的一面，也有它的局限性的一面。从理论上讲，作品文本并不单单由作家的主体意识所决定，它还受制于作家所假想的读者对象。它有主观性的一面，也有客观性的一面。这种客观性是作家必须接受他所假想的读者对象的制约的结果。这种制约首先要求作家要根据读者的接受把自己的主体意识立体化，以在将其输入读者的精神结构之后按照自己所希望的方向作用于读者的思想意识，而不是与此相反。作家这种把自己的意识立体化的过程实际是以自己的理性调动自己的全部人生体验的过程，也是将自己的主观意志加之于自己的无序的意识库藏的过程。正是由于作家的理性作用和主观意志的贯彻，各种矛盾着的思想意识和生活体验才变成了有序的整体，作品才不再是主体精神中各种矛盾着的思想意识因素的平面展示，而具有了它们的特定的、不被它们的复杂性所淹没的主导思想倾向。在这个意义上，作品的意义并不完全等于作家的主体精神结构，甚至不是它的同构体。就鲁迅主体精神结构自身，人生哲学派将其归纳为"历史的中间物"意识，其合理性就大大降低了。人生哲学派的鲁迅研究者在这里忽略了一个相当重要的美学原理，人之所以需要艺术，恰恰因为人只有通过艺术的创造才能超越于现实的自我，即使现实主义文学也是一种实现对现实的超越的艺术手段。迄今为止，中外鲁迅研究者仍然非常热衷于谈论鲁迅受旧的伦理道德束缚的事实，这在事实上是正确的，我们也不必否认这些事实的存在，但作为一个思想家和文学家的鲁迅却不能由这些事实来决定、来判断，因为作为思想家和文学家的鲁迅是由他的作品所规定的，而他的作品不是他对自我现状的描述和复制，不是自我一切现实行为的辩词，而是他对现实和现实的自我的超越方式。现实的鲁迅是没有也不可能摆脱传统伦理道德束缚的，但他并不因此而承认传统伦理道德的永恒性和合理性，而这也正是他作为一个思想家和文学家的本质所在。

　　这时期人生哲学派的鲁迅研究者和这时期启蒙派的鲁迅研究者有一个共同的研究误区，即他们都自觉不自觉地仅仅从认知的层次上阐释鲁迅，而忽视了意志在他的精神结构中的独立作用。他们都属于中国学院派知识分子，这个阶层的特点是重学理而轻意志。他们把人的一切都归结为知的问题，他们所说的主体精神结构只是理性的认识结构。实际上，在主体精神结构中起更关键作用的不是认识而是意志。只有在意志的作用下，各种认识才被组织成一个有序的整体，这种组织以压抑各次要的欲望而实现最主要的欲望要求为基本的形式。作为人的自然形态的存在，它有各种相互矛盾的欲望要求，这些相互矛盾的欲望要求是不可能同时得到满足的，人的意志是把自己在特定时空条件下最主要的欲望要求固定下来，使各种次要的欲望要求服从这种主要欲望要求的实现的主体调控力量。这种意志的力量还控制着一个人的认知方向，使其在实现其主要欲望要求的方向上积累自己的认识，在这种欲望要求未得基本实现之前一直在这样一个方向上积累并整理自己的理性认识，从而把人类的各种文化成果包括自己的实践经验系统化为自己的理性认识结构。人对环境的主体性地位首先表现为人是有自己的主观意志的，有了自己的主观意志才有主动认识周围世界的积极性，放弃意志就是放弃认识。这时期人生哲学派在考察鲁迅的精神结构的时候，所忽略的恰恰是意志在他的精神结构中的调控作用，当他们把鲁迅思想中各种矛盾着的因素发掘出来之后，所给予的是它们的平面展示，而不是立体构造。从平面展示，鲁迅所受传统文化的影响要大于所受西方文化的影响，但他不是一个复古主义者，因为他的主观意志的选择在后者而不在前者。

原载《中国鲁迅研究的历史与现状》，王富仁著，福建教育出版社2010年版

中国鲁迅研究的历史与现状（十一）
——新时期的先锋派鲁迅研究

新时期的鲁迅研究是在改革开放的历史潮流中重新起步的，对外的开放不但引进了西方近四分之一个世纪以来的社会思想学说、美学理论和文艺理论、文艺创作，而且也引进了西方文学研究的新方法、新的操作方式。中国的鲁迅研究者和其他领域的文学研究者遂把这些研究方法或操作方式用于鲁迅及其作品的研究。由于这些研究方法是直接从国外引进的，对于中国鲁迅研究界是一些新鲜的方法，不但多数人对它们还不太习惯，就是引进者运用起来也有些生涩，但在表现形态上则又是当时最新的方式，所以我称这些带有试验性的研究为"先锋派的鲁迅研究"。

一

最早影响到鲁迅研究界的是比较文学研究。在中国，比较文学研究已经不是一种新的研究方式，鲁迅、茅盾、郑振铎等现代文学作家都曾有过属于比较文学的论文或著作，吴宓、戴望舒等现代作家和学者也曾翻译和介绍过西方的比较文学理论，赵景深、冯雪峰、戈宝权、韩长经等学者把比较文学研究运用于鲁迅研究并取得了显著的效果。但由于四分之一个世纪的对外封闭，中国鲁迅研究者没有自觉地把比较文学研究作为一种独立的研究方式，而在这个期间，西方的比较文学研究不论在理论上还是在实践上都取得了迅速的发展。在新时期开始之后，中国鲁迅研究界的比较文学研究很快得到了发展，更由于它与对外开放的社会需要相呼应，一时形成了比较文学研究的热潮，不论研究规模上，还是研究的力度上，这时期的比较研究都超过了以往各个时期。戈宝权的《鲁迅在世界文学史上的地位》，刘柏青的《鲁迅与日本文学》，张华的《鲁迅与外国作家》，俞元桂、黎舟、李万钧的《鲁迅与中外文学遗产论稿》，李春林的《鲁迅与陀思妥耶夫斯基》，王富仁的《鲁迅前期小说与俄罗斯文学》是这时期有较大影响的几部比较文学专著。这时期中国大陆鲁迅研究界的比较文学研究仍然重在鲁迅思想、艺术和国际影响的研究，重在阐明文学的国际联系的必要性和接受外国文学影响对发展中国文学的重要性，所以多数著作都属于影响研究，平行研究和跨学科研究的著作甚少且成果不大。由于多年来的排外主义对学校教育的破坏，这时期除戈宝权、刘柏青等少数从事外国文学研究的专家之外，专门从事鲁迅研究的学者外语水平极其有限，这大大影响了鲁迅研究界比较文学研究的深度，所以这时期的比较文学研究多停留在有形的外部联系和总体的特征上，艺术的比较弱于思想的比较，特别是艺术语言和具体审美特征的比较更加薄弱，中西文化的巨大差异也给中国大陆鲁迅研究界的比较文学研究增加了极大的困难。但也正因为如此，随着中国青年一代外语水平的提高、中外文学联系的加强、中国比较文学研究的深入发展，中国鲁迅研究领域的比较文学研究还会有持续发展的可能。严格说来，对鲁迅与外国文化和文学的比较研究，主要不在于鲁迅研究本身，它更是对中外文化和文学的整体研究，但这恰恰可以把鲁迅研究同世界的文化和文学研究融为一体，并返转来为鲁迅研究开辟更广阔的空间。

二

西方心理学对中国鲁迅研究的影响表现在吕俊华的专著《论阿Q精神胜利法的哲理和心理内涵》上，承袭着二三十年代弗洛伊德精神分析学的介绍，新时期大量翻译介绍了弗洛伊德的精神分析学说和他的文艺观，这对于鲁迅某些作品的分析和鲁迅翻译厨川白村的《苦闷的象征》的研究无疑有着极大的促进作用，这些影响散见于各类鲁迅研究著作，而余凤高等人则有用弗洛伊德精神分析学说阐释鲁迅作品的较集中的尝试。直至现在，一些作品中也出现了用不同的心理学的理论揭示鲁迅的文化心理和创作心理的内容。但总括说来，用心理学的理论进行鲁迅研究所取得的成果还不显著，这里的原因大约有下列几点：一、如何把对人的一般的、科学的（带有机械性质的）心理研究转化为审美的、艺术的、具有个别性的文化和文学研究的方式，对于我们还是一个巨大难题。我们看到，在西方心理学的发展，特别是弗洛伊德的精神分析学并没有直接转化为像我们这样的对文学作品的直解方式，而是发生了我们难以预料的转化。詹姆斯的心理学产生了意识流小说，弗洛伊德对《俄狄浦斯王》和达·芬奇名画《蒙娜丽莎》的解读也是我们难以想象的，弗洛伊德的学生荣格则从精神分析学的角度创立了他的集体无意识学说。用科学的心理学常识说明带有强烈审美特征的文学作品往往无形中对其文学性有消极作用，如何在中国的读者中实现这种复杂的转换还需要做更多的努力。例如阿Q，如若他的心理特征在心理学上是无法得到解释的，心理学对于它的解读就是没有作用的；如若他的心理特征在西方的心理学中能得到直接的说明，那么他的心理特征就是符合人类的一般心理活动规律的，就没有可笑性可言了，说他体现了中国国民性的弱点也就失去了基本的依据；二、中西文化的巨大差异给心理学在中国文学研究中的具体运用造成了巨大的困难。在中国社会，具有最大影响的至今是儒家的伦理道德，而这种道德不是建立在对人的科学认识的基础之上的，是建立在稳定家庭关系和国家统治秩序的基础之上的，性道德则是它的核心和基础。可以说，在西方的科学学说中，与儒家伦理道德构成直接对立关系的莫过于心理学，特别是弗洛伊德精神分析学了。中国附着于儒家伦理道德体系发展起来的心学是用这种道德"净化"人的心理的学说，人的心理活动中的任何一个微小的与儒家伦理道德不相吻合的活动都被视为不道德的表现，视为不正经的、可耻的心思，它在社会上演变为严重的窥秘和诛心倾向。西方的心理学研究是把人的各种心理倾向都作为合理的、客观的内容加以揭示的，当把这种科学的揭示置入有强烈窥秘、诛心倾向的中国社会的时候，其色彩和作用就会有巨大改变。这甚至在我们中国知识分子之中也是如此。这种中西文化的差异一方面会影响运用心理学解读文学作品的深度，另一方面则有可能将其运用于非学术性的道德挑剔中去。我认为现在那种用变态心理学解读鲁迅的创作心理的文章就有流于非学术性的目的；三、人的一般的心理机制和文化心理的关系是至今没有得到统一的、科学的说明的问题，心理学是在当前世界上得到迅速发展的一个学科，但它仍在发展中，它还不可能说明各种复杂的人类的心理现象。人类有着共同的心理机制，但又由于文化的差异而有各种细微的差异，这二者之间的关系我认为恰恰是在现代心理学研究中尚未得到充分揭示的问题。而这恰恰是对我们从事鲁迅研究最最重要的。鲁迅是在中国传统文化中把握、表现中国社会各阶层、各类人的心理活动的大师级人物，在把握中国人的心理活动的精确性、细致性方面，至今还没有一个中国的或外国的心理学家能够超越于他，这也是新时期心理学研究在中国鲁迅研究中还没有得到充分发展的重要客观原因。但我认为，这个时期所揭示出的心理学研究方式，对中国鲁迅研究在今后的发展是至关重要的，它有可能代替一般的文化研究而成为鲁迅研究中起最重大作用的一个研究派别，而它能否发展成这样一个派别，其关键将在于它能否与文化研究相结合而把鲁迅对中国国民心理的揭示的研究推向新的高度。

三

三论（系统论、控制论、信息论）的影响在中国的鲁迅研究界产生了一篇论文，它就是林兴宅的《论阿Q性格系统》。在鲁迅作品的研究中，《阿Q正传》的研究是最为充分的，研究者曾经指出阿Q性格当中的许多弱点，但对这些弱点如何做一个统一的说明，一直是没有得到很好解决的问题。林兴宅在这篇文章中用系统论方法对之作了综合性的描述，并把这种描述同阿Q的二重人格、奴性性格、泯灭意志、丧失自我等总体的性格特征有机结合起来。他把阿Q的性格从自然质、功能质、系统质三个侧面进行阐释。他所谓的"自然质"实际是对阿Q性格要素的静态分析和综合；他所谓的"功能质"实际是阿Q性格在动态过程中的性质显现；他所谓的"系统质"实际是阿Q性格在社会文化系统中的地位和作用。通过一种论述方式把人们感受到的一系列特征做出综合性的统一阐述，可说是这篇学术论文的独立贡献。但系统论等三论产生于自然科学研究，如何把它们用于社会科学和文学研究还是没有得到解决的问题。因而我们还难以断定它的发展前途以及对以后中国鲁迅研究的影响。假如仅就这篇论文而言，它更停留在综合性的描述上，缺乏向纵深挖掘的力度，它的"自然质""功能质""系统质"的分类方式也还带有自然科学研究经常带有的机械性质，是把人的心理结构当作虽然复杂但却固定不变的封闭系统进行处理的，它反而不如弗洛伊德对人的精神结构的分析更具有开放的性质。弗洛伊德的潜意识理论把人的内部世界设想为一个极不清晰的黑洞，对于我们探索人在自己的成长过程中受到的心理压抑和心理伤害留下了无限大的空间；他的超我的理论则使我们在考察人的心理时面对一个民族的全部文化以及这种文化对人、对人的道德观念、对人的理性思维所发生的各种或大或小的影响。在人的内部精神世界中，弗洛伊德也把力比多、自我、超我的关系当作极不固定的关系，对之起作用的是各种偶然的事件。正是这种复杂性，给对人的探索留下了广阔的空间。而林兴宅在这篇论文中对阿Q性格的论述却呈现着数学图表似的精确性，把隐于阿Q性格的全部中国传统文化的内涵都用整整十对阿Q外部表现的特征掩盖起来，给人以一语道尽的感觉。我认为，这并不是林兴宅本人的过失，而是一种自然科学的方法论被直接用于文学研究所不可避免的局限性。林兴宅之后就没有人在鲁迅研究中做这种试验性的研究，除了人们还不熟悉这种研究方法外，恐怕也与这种方法自身的局限性有莫大的关系。

四

80年代中后期是西方文学研究方法大量被介绍到中国的时期，那时甚至有"方法年"的说法，但在这时外国文学、当代文学乃至中国古典文学研究都已发展起来，鲁迅研究已经不是各种新的研究方法的试验场，所以从那时开始引入并在中国文学研究中获得了运用的诸如结构主义、解构主义、原型批评、俄国形式主义、符号学、接受美学、西方马克思主义等等美学、文艺学的研究方法都没有对中国的鲁迅研究产生比较大的影响,只有叙事学在鲁迅小说的研究中发挥了明显的影响作用。中国古代的诗学批评传统主要是直观的、感受的、概括的,除了概括性的直感评论外,就是一些技法的评论了,它的优点是重欣赏、重直观感受,其弱点是缺乏理性分析,无法把任何一个侧面从整体中抽取出来并给予切实的、精细的解剖。五四新文化运动之后,西方的理性批评传统对中国的文学批评发生了初步的影响,但由于当时由胡适引进的实用主义批评同中国固有的乾嘉学派的治学传统相结合,在学院派中有着很大的影响,其他批评家则继续承袭着传统的感悟式艺术批评的方式,只有社会思想学说受西方理性传统的影响较为明显。20年代的鲁迅研究主要是感悟式的。30年代的鲁迅研究是在左翼文艺阵营发展起来的,这个阵营重社会思想分析,轻艺术分析,所以在1949年之后艺术分析一直是非常薄弱的一环。思想上有马克思主义、毛泽东思想的整体理论框架,而艺术上则没有一个这样的框架。现实主义主要注目于文学与现实的外部关系,对文学内部的关系较少注意。"文化大革命"结束后,业务派和启蒙派都表现出了对艺术分析的重视,但他们没有完整的艺术批评的方式和方法,所以他们的艺术分析带有拼凑的痕迹,意识流、精神分析、横断面、圆形人物与扁平人物等等,这些从各种不同的艺术理论中摘取的概念都烩于一炉。可以说,叙事学是在鲁迅研究中所运用的第一个完整的艺术分析框架。这种批评理论的运用还是初步的、粗浅的,只在像汪晖《反抗绝望》这样的专著的部分章节和少数单篇论文中得到运用。但我认为,叙事学的方法在以后的鲁迅研究中会得到越来越广泛的应用。但是,迄今为止,鲁迅作品之得到中国读者的重视,仍然不在于它们在艺术上的成功,多数从事创作的文学作家还仍然注重从西方文学作品中直接学习写作艺术,中国读者重视鲁迅的原因,在可见的将来依然是由于他的思想和文化批判,这决定了叙事学的艺术分析在总体上要与文化分析相结合,很难像在西方一样成为一个独立的研究体系。

五

先锋派鲁迅研究的总体特点是他们不是在中国文化或文学研究的自然发展中形成并发展起来的,而是在受到外国同类研究方式的影响后直接从外国接受过来的,所以他们存在的主要问题是如何与中国鲁迅研究的需要实现对接的问题。凡是从本民族内部自然发生的东西,不论在刚刚出现时受到多少人的反对,它的存在基础都是稳固的,因为它是这种文化的自身机制,这种文化本身就提供了理解它的思想形式和语言基础;它是这种文化的一种自然机制,所以它在这种文化中就是可重复的,这种可重复性给这个民族的成员提供了不断重新认识它并丰富发展它的可能。但是,中国的宗经传道的文化传统扼杀了中国知识分子的创造力,任何与固有的传统不同的东西都难以在中国出现,即使出现也很难得到承认、获得发展的机会。所以中国近现代文化主要是在吸收外来文化的现有成果的形式下取得发展的。这种发展形势之所以能够在中国得以实现,其主要原因就在于它是以外国的"经"和"道",对抗中国固有的"经"和"道",用外国的权威对抗中国固有的权威,在外国文化已经获得成功的思想理论学说中寄托中国现代知识分子的思想愿望、取得中国文化的现实发展。但是,这种发展形式又有它的不可避免的弱点,因为它必须依靠西方某种文化学说在它本土的地位和影响,所以它关注的是当时在西方文化中走红的思想文化学说,而这些思想文化学说却是在西方文化的已有基础上产生的,是在它的整个语境中被理解和被利用的,一旦直接纳入中国文化环境中来,由于固有文化基础的不同,它的作用和意义就发生有形与无形的变化。要使它获得在西方文化背景上的意义和作用,就必须把西方文化中固有的基础充实进来,但这些属于基础性的东西在西方则是已经陈旧了的东西,不但一般社会公众对之不生敬畏之心,就是中国的先锋派自己也从中受不到精神的鼓舞,所以从五四新文化运动以来,中国的先锋派就一直追逐着西方最先进的潮流,并且一旦抓住这种最先进的东西便把已往的东西全部抛掉。新时期的开放是在中国重新向世界文化实行封闭政策达四分之一个世纪之后开始的,这时期鲁迅研究中的先锋派通过输入西方的研究方法打破了中国鲁迅研究界的封闭局面，为中国的鲁迅研究界带来了新的研究方式和研究方法，开拓了中国鲁迅研究者的思想视野，也为中国的鲁迅研究输入了新的语言概念。但这时期的开放仍然是在中国意识到自己的落后状态之后才实现的，因而它仍然采取着向西方学习的形式，而这种形式并不是真正的心理开放，在这种心态下一旦意识到自己已经赶上或超过了对方，马上就会重新把自我封闭起来。所以，这时期鲁迅研究中的先锋派也是有自己的先天不足的特征的。他往往不是从解决中国鲁迅研究中提出的认识问题而从事自己的某种方式的研究，而仅仅从运用西方某种新的研究方式入手，这妨碍了它的作用的充分发挥，并且往往只热上一阵子，当这种方法已不是多么新鲜的东西，便抛开它而去试验一种更新的方法。所有这一切都妨碍了它与中国鲁迅研究的对接，也妨碍了他们以中国鲁迅研究的特殊实践丰富发展西方原有的方法论体系，并形成自己的独立学派的可能性。

原载《中国鲁迅研究的历史与现状》，王富仁著，福建教育出版社2010年版

厦门时期的鲁迅：穿越学院文化

厦门是鲁迅人生旅途上的一个驿站。鲁迅一生从事过四种主要的社会职业：杭州—绍兴时期的中等学校教师、南京—北京时期的教育部官员、厦门—广州时期的学院教授、上海十年的自由撰稿人。

一

相对于鲁迅及其在留日期间形成的思想理想，杭州—绍兴的中等学校教育是一个陈腐而又封闭的文化空间。虽然鲁迅在这个文化空间中也曾经进行过思想的抗争和文化的斗争，但即使在这些不乏坚忍执着的反抗中，鲁迅也无法感到其真正的意义和价值。一般说来，中等学校教育较之高等教育是带有更强烈的国家主义性质和更鲜明的保守主义色彩的文化空间。国家主义的要求与社会的习惯势力，在中等学校教育中最容易凝结成一个文化的板块，使像鲁迅这样富有抗争精神和革新愿望的知识分子找不到冲出旧传统的文化缺口，尚未形成思想个性的中等学校的学生无法构成任何有实质意义的文化革新的社会基础。他们是正在成长中的人，其成长不但有赖于家庭的经济支持，更有赖于学校教师的引导，家庭和多数教师的思想倾向不能不影响到他们的最初的文化观念。尽管他们对新生事物怀有本能的热情，但却不是一个独立的社会力量，构不成有实质性内容的文化革新的基础力量。没有全国范围内的革新运动，一些个别中等学校内部的革新是不可能取得实质性的胜利的。鲁迅在这个时期感到的几乎只有苦闷和无望，它消磨着鲁迅的思想追求和人生理想。在这样一个文化环境中，鲁迅不但不能"立人"，甚至也无法"立己"。

相对于杭州—绍兴的中等学校教育，教育部更是一个具有开放性能的文化空间，但这个空间的自身却不能不是国家主义的，个人的主动性在这样一个按照行政等级组成的国家机构内，是不可能得到稍为充分的发挥的。国家的意志，通过长官的意志极其顺利地从上到下一级级地传达下来，而下级的意志却不可能同样顺利地通过长官意志一级级地传递上去，并形成国家的统一意志。国家从来都是以稳定为主要的价值趋向的，只有在国家政权受到严重威胁的时候，国家才会将改革提交到议事日程上来。否则，就宁愿维持现状，"率由旧章"。即使每一个教育部官员都已经具有新思想的萌芽，但在这样一个国家的机关中也不可能形成一个统一的革新力量。与此相反，倒是传统的读书做官的思想在这样一个国家机关中最容易死灰复燃，重新将这些接受过新教育的现代知识分子诱引到旧的思想道路上去，与权力欲望共生的旧官场习气，消磨着这些知识分子的新的思想追求和人生追求。鲁迅在这样一个文化环境中越来越感到人生的虚无和无奈。他是做过一些有意义的工作的，但这些零碎的事务性的工作并不能开拓出一种新的文化境界来，无法对现实社会及其文化构成根本性的影响，同时也不可能重新激发起鲁迅的追求热情，他的自由意志在这种官僚体制之中，仍然受到严重的压抑和束缚。

但是，如上所述，教育部本身是一个具有开放性能的机关。它虽然是一个官场，但到底不是一个没有文化含量的官场。国家的政治、国家的权力在教育部多多少少要通过一些文化的过滤，它不可能像在其他国家机关中那样可以不受任何文化思想的影响。它不但是由较多的知识分子构成的，而且也与社会上的知识分子有着广泛的联系，受到周边环境的知识分子文化的影响。不难看出，正是因为如此，鲁迅才有可能成为五四新文化运动的发起人之一。这种转变在杭州—绍兴中等学校是不可能的。显而易见，鲁迅清醒地意识到这两种文化环境的不同。在发表《狂人日记》的时候，他用了笔名"鲁迅"。从此，他是以两种身份出现

厦门时期的鲁迅：穿越学院文化

在中国社会的：在教育部，他是"周树人"，一个教育部的官员；在社会上，他是"鲁迅"，一个新文化运动的发起者。前者是他的社会职业，后者是他的自由选择。假如他像一般的政府官员那样，按照官场的要求"辛辛苦苦地爬上去"，可能会爬到很高的政治地位的，但他的自由要求破坏了他在自己职务范围内的"大好前程"，把他引领到了一条独立但却艰难的人生道路上去——但这也是他之所以能够成为一个伟大的文学家和思想家的前提条件。

现在有些学者、教授，为了取得一点蔑视鲁迅的权利，总是喜欢强调鲁迅在北京高校中的"职称"，说他当时只是一个"讲师"，言下之意是说他根本不能与胡适这些教授相比。实际上，鲁迅在北京始终是一个教育部的官员，在大学只是兼职。是"兼职"决定了他的"讲师"身份，与"学问"的大小无关。鲁迅在北京高校任课，除了经济的原因之外，体现了他作为一个新文化运动的发起者的文化选择，而不是作为一个教育部官员的政治选择。在他的教育实践中贯彻的是他的思想革命和文化革命的独立意志和自由意志，而不是作为一个教育部官员的国家意志和长官意志。但是，现当代的高等教育，具有二重性：一方面，它是各种新思想的发源地。离开家庭、即将走向独立的高等学校学生的个性要求与独立知识分子革新中国文化的思想要求结合在一起，成为中国现代新文化、新思想的发源地；另一方面，它又是在国家直接控制下的一个教育单位，国家主义仍然是它的基本组织形式和组织原则，这条线通过"校长"直接连接到鲁迅供职的教育部，又通过教育部连接到当时的北洋军阀政府。不难看到，正是这种矛盾，使鲁迅逐渐陷入了生存的困境。"女师大事件"和"三·一八"惨案对于鲁迅的严峻性，就是使他与他供职的国家机关以及控制这个国家机关的国家政府直接对立起来。"杨荫榆—章士钊—段祺瑞"这是一个用国家权力连接在一起的国家主义政治—思想壁垒，正是这个壁垒直接压迫着鲁迅及其自由意志。在过去，我们将这个壁垒就直接称之为"反动势力"或"封建势力"，实际不是，不但杨荫榆是一个留学美国的现代知识分子，章士钊也是世纪初年中国文坛的一员宿将，一个"革命"文人。他所任职的教育部，在整体上是建立在现代教育基础上，并继续推动现代教育发展的中华民国的政府机关。

段祺瑞政府应当怎样定性，是历史学家们的事，但它已经不是清代的封建王朝则是毫无疑义的。

我认为，如何看待这个上下勾连、沆瀣一气、对鲁迅构成了压迫的思想—政治势力，对于更精确地感受和理解鲁迅以及他此后的人生选择，是至关重要的。我们看到，由杨荫榆及其女师大事件、"三·一八"惨案带出来的不仅仅是章士钊、段祺瑞这个上下贯通的国家政治权力链条，同时还有一个以现代评论派为主体的横向思想文化链条。这个链条是以留学英美的学院教授等现代精英知识分子构成的。他们在理论上都是提倡现代民主和自由的，但在女师大事件和"三·一八"惨案的前前后后，所表现出来的却是明白无误的国家主义立场，这使鲁迅陷入了腹背受敌的文化困境。我认为，鲁迅心里十分明白，五四新文化运动之后，只要他不是为了争夺个人的政治权力和空洞的文化名声，而是立足于中华民族现代精神的重建，那些没有任何西方现代文化知识，并且失去了现实政权怙恃的旧派知识分子，对他已经构不成实际的威胁，但他却根本无法战胜这个已经具有西方现代文化知识，但却与新的国家政治权力实现了思想文化结合的现代精英知识分子集团。他离开北京仅仅是为了躲避段祺瑞政府的通缉吗？仅仅是为了离开朱安而与许广平"双燕南飞"吗？我认为，其中还有一个难以明言的重要原因，就是：逃离已经严重国家主义化了的北京学界，寻找一个对于自己相对自由、即使战斗也能在心灵上感到更加轻松的文化空间。

二

鲁迅选择了厦门。鲁迅到厦门大学任教是由于林语堂的介绍，他之所以选择了这所学校则应是有自己的希望和期待的：他远离了国家的政治，也远离了以英美派精英知识分子为主体构成的京城学者、教授圈。在某种意义上，北京青年作家圈的是是非非，不能不使鲁迅感到精神上的疲惫，而在厦门这个相对僻静的环境中，静下心来，一方面与北京创作界保持联系，从事文学创作；一方面在学院教学，切切实实地从事一两项学术的研究活动。我认为，这不能不是鲁迅来厦门大学时的愿望。

厦门时期的鲁迅：穿越学院文化

实际上，鲁迅一向是偏于学术的。他在最苦闷的时候不是像传统的才子文人那样用诗文自娱，而是以"学术"释闷。鲁迅的特点是：越是在苦闷的时候，越是以在别人看来是极为无趣的搜集、整理、抄写、编辑古代文化典籍作为消磨时间的方式，但这也说明他对学术的兴趣。他是章太炎的学生，他尊重章太炎，是因为章太炎是一个"有学问的革命家"。[1]鲁迅终其一生都对革命充满内在的热情，但对那些没有思想信仰的人的"革命"却有本能的警觉乃至恐惧。

他对西方文化的趣味，与其说更偏重西方的"纯"文学，不如说更偏重西方的当代思想和西方文艺作品中所浸透着的文化精神。这都是使他产生学术热情和能够认真地从事学术活动的主观条件。当胡适转入学术研究领域之后，他对胡适及其弟子们的治学方法一直是心存疑虑的。他的不满既在于直接将缺乏现代人生体验的青年引入大量古代典籍，会影响青年的思想成长[2]，也在于仅仅用进化论的观念研究中国古代文化，会从根本上抹杀中华民族赖以存在和发展的民族精神。虽然他始终坚持着对民族劣根性的批判，但他却始终没有成为"疑古学派"的一员，也没有主张过"全盘西化论"。他认为中华民族的脊梁始终是存在的，不过不是中国官僚知识分子所提倡、所宣扬的那些儒家伦理道德教条，而是为了中华民族的生存和发展做出过艰苦努力的那些民族成员的拼命硬干的精神。

厦门大学是陈嘉庚创办的大学，地处南方的厦门，是当时军阀政府控制相对薄弱的地区，相对于北京学术界，应该有更大一些的思想自由和学术自由。这一切，都不能不使鲁迅充满新的幻想，产生新的希望。他到厦门大学的初期，在学术上是有过一些雄心的。[3]但是，当他全身心地进入到学院文化的内部，当时中国学院文化的现状却不能不令他感到极度失望。厦门大学国学院的学者、教授，就其"出身"大都不是旧派人物，也还没有像"现代评论派"这样一个能够窒息鲁迅的精英知识分

---

[1] 鲁迅：《关于太炎先生二三事》，载《鲁迅全集》第6卷，人民文学出版社，2005。
[2] 参见鲁迅：《未有天才之前》，载《鲁迅全集》第1卷，人民文学出版社，2005。
[3] 参见鲁迅：《厦门通信（三）》，载《鲁迅全集》第3卷，人民文学出版社，2005。

子集团。但是,他也遇到了另外一个问题。这个问题,鲁迅在北京学术界没有深刻的亲身体验。即:外省教育、学术与中国现代社会、中国现代文化的隔膜。

鲁迅为什么感到当时的厦门大学对学术并不是那么重视的?我认为,我们必须从鲁迅对学术的感受和理解出发来理解他的这种感受。鲁迅是从新文化运动中走过来的人,他是从中华民族的文化重建的需要来感受文学、感受学术的。对北京的高等教育,他感到失望,但五四新文化到底是在北京高等学府内部产生的,中国文化的各种矛盾都在北京的高等学府中表现出来,从而也与中国现代文化的重建过程紧密联系着。其中每个学派都有每个学派的思想倾向和学术追求,并且都把自己的倾向视为中华民族文化的方向。这就激发了北京学术界的探索精神和学术热情,使北京学术界呈现着"万类霜天竞自由"的热闹场面。而当时的厦门大学,不可能营造这种学术氛围。陈嘉庚是个爱国华侨,他从现代教育对现代社会发展和现代经济发展的作用和意义的角度,创办了这所大学,在中国教育史上的贡献是不容抹杀的。他创办了这所大学,为其中的教授和学者提供了从事教学和科学研究的良好的外部条件,但却不一定能够激发起这些学者和教授从事学术研究的积极性和创造性。他提供了第一流的"硬件设备",但却无法提供第一流的"软件设备"。

事实上,直至现在,在边缘地区高等学校担任教职的教师,仍然存在这样一个尖锐的问题:即我们的教学和科研的价值和意义到底何在?它仅仅是一种学问和才能呢?还是与整个中华民族现代文化的发展息息相关呢?假若仅仅为了前者,当我们已经成为教授和名人之后,我们从事教学和科学研究活动的动力又从哪里生发出来呢?而假若我们内部并没有这种动力,我们的所有学术活动不都带有一点虚应故事的性质吗?

鲁迅一到厦门大学,就感到与其他教授共同进餐时的谈话是很无聊的。应该说,他的这种体验并不是没有一点内在根据的,并不能仅仅理解为他的脾气的古怪。假如我们对自己所从事的教学和科研活动并没有内在的热情,假若我们像一个被雇佣的苦力一样仅仅将学问和才能作为赚钱的工具,我们日常生活的谈话也就不再具有任何文化的意义和价值,也就与我们在书本上、课堂中所宣讲的思想没有了任何联系。这种的谈

厦门时期的鲁迅：穿越学院文化

话，在鲁迅这样一个新文化战士的耳朵里，感到无聊就可以理解了。[①]与此同时，这样一种与中国现代社会、中国现代文化相疏离的学术，是不会有一个确定的价值标准的，多数人认为好的就是好的，多数人认为不好的就是不好的，而在中国新文化还处于萌芽状态的当时社会上，自然也是受到自觉与不自觉的蔑视和冷遇的。

在北京，思想是不自由的，但新文化到底已有相对大的力量，任何一个尊孔读经的潮流都会受到新文化阵营的制约和反对，鲁迅自然也会争取到更大一些的自由。但在厦门大学这座文化教育的孤岛上，情况就有了些不同。不论是创办厦门大学的陈嘉庚，还是当时的校长林文庆，重视的都是中国有没有文化、有没有教育的问题，而不是发展什么样的文化、什么样的教育的问题。他们在文化思想上都更是随顺潮流的，对像鲁迅这样的文化"激进派""先锋派"，即使不加有意的排斥，也有一种无意的漠视。我们可以想见，当厦门大学全校师生进行盛况空前的"恭祝圣诞"的纪念活动和林文庆博士用英文对孔子思想大加弘扬的时候[②]，对鲁迅意味着什么呢？当从校长到教师都热情迎送从北京邀请来校讲学的现代评论派教授的时候，对鲁迅又意味着什么呢？显而易见，对于厦门大学时期的鲁迅，存在的绝不仅仅是一个人事关系的问题，也不仅仅是鲁迅和许广平"两地分居"的问题，而是鲁迅的文化追求与当时外省学院文化的差异和矛盾的问题。鲁迅到厦门大学来是为了相对静下心来更多地从事一些学术研究活动，但当时的学院文化却无法满足他这样一种要求。他在这种文化中所感到的不是更大的自由，而是更大的不自由；不是鲁迅没有更大的肚量容得下当时的学院文化，而是当时的学院文化还没有更大的肚量容得下中国现代最伟大的思想家。

但是，鲁迅在厦门大学的这个短暂的时期却是没有白白度过的。人都是通过自己的亲身体验而成长的，鲁迅也不例外。鲁迅正是有了这种在学院文化内部的人生体验，有了在学院文化内部所感到的无可排泄的孤独和寂寞，才将他当时的文学创作推向了一个更加诗意化的高度。不

---

① 鲁迅、许广平：《两地书》，载《鲁迅全集》第11卷，人民文学出版社，2005。
② 《恭祝圣诞之盛况》，《厦大周刊》第158期。

难看出，不论是他的小说、散文、散文诗，还是杂文，厦门时期的创作都带有较之此前更加浓郁的诗味，这与他同许广平的爱情关系有关，更与他在厦门大学这个文化环境中的具体感受有关。在北京，他还不是一个正式的学院教授和学者，他对中国学院文化的感受和体验还不纯粹是内部的体验，而在厦门大学，他则是一个纯粹的教授和学者，他是在学院文化的内部体验中国现代学院文化的。寂寞浓得如酒——这就是鲁迅在厦门大学学院文化内部，对中国现代学院文化的感受和体验。一个在更大的程度上疏离了与中国现代社会、中国现代文化的有机联系的文化，能不是寂寞的吗？他要摆脱这寂寞，于是到了广州。

在我看来，鲁迅从北京到厦门，意欲寻找的是与社会拉开一定距离、在相对平静的环境中更多地从事学术活动的场所，而鲁迅从厦门到广州，意欲寻找的是将自己的文化活动与现代革命运动更紧密地联系起来的环境。但他不是去革命，而是在近距离上观察这革命、用自己的思想去影响革命青年。但在这里，他却在更加深刻的程度上加强了对中国现代学院文化的失望情绪。

这与现代评论派的南下有关。在鲁迅的观念里，革命是由于受到政治的压迫，"活不下去了"，必须反抗当时的政治统治。现代评论派在女师大事件、"三·一八"惨案的前前后后是倾向于段祺瑞政府的，他们没有受到这个政府的压迫，但当革命势力发展起来，他们纷纷南下，"投靠"了革命。这对于鲁迅，是一个启示，那就是使他意识到中国学院文化对现实政权的依附性和柔韧性，而鲁迅是将社会批判、文化批判当作知识分子神圣不可推卸的文化责任的，"现代评论派"这种灵活的处世态度令鲁迅感到烦厌和无奈。

中国革命又一次半路夭折，鲁迅到了上海。他告别了学院派，告别了学院文化。但厦门—广州的经验并不是无益的，因为失望，也是因为他希望过。

鲁迅精神还能不能重新回到学院文化中来呢？回来后还会不会像当年那样感到寂寞和孤独呢？——这是我们当代学院知识分子必须回答的问题。

原载《厦门大学学报（哲学社会科学版）》2006年第4期

论《怀旧》

《怀旧》是鲁迅的第一篇小说创作，是鲁迅全部创作中的一个重要环节，但至今很少有人对它进行细致的分析和专门的研究。本文试图谈一谈我对这篇小说的一些理解，其意在于引起研究者对它的重视。

彻底反封建文学的一支前奏曲

关于《怀旧》的主题意义，至今有两种说法：
1. 揭露腐朽反动的封建教育；
2. 反映社会各阶层人士对革命的态度。
对这两种说法，我都不能苟同。
小说开始对书塾夜课的描写，确实暴露了封建教育的腐朽，反映了它对少年儿童身心健康的束缚和禁锢，但它只是全文的一小部分内容，大部分描述与此无关或关系甚微。"秃先生"是小说中的主要人物，但不是唯一的主要人物，小说的主要矛盾也并非重点环绕着"吾"和"秃先生"两个人物的冲突展开，而主要纠结在"长毛"（今之"长毛"与历史上的所谓"长毛"）与当地居民（有地主阶级及其附庸文人，也有一般劳苦群众）的关系上。"吾"则是这一系列场景的目睹耳闻者，在小说中起到了情节发展的线索的作用。所以我不同意把《怀旧》的主题意义仅仅拘囿于揭露封建教育和讽刺"秃先生"一类封建知识分子上面，这样势必会大大缩小小说的艺术概括范围。

现在多数同志持第二种观点。但我认为即使第二种说法，也大有争议之处。这里有两个需要弄清的问题：

一、小说中有没有发生与辛亥革命军的关系问题。金耀宗所说的"长毛"，即使在"秃先生"的揣测中，也无非"殆山贼或近地之赤巾党耳"，最后又证实"实不过难民数十人，过何墟耳"。自然在他们的想象中不是革命军，实际上也没有革命军，当然就根本不存在他们对辛亥革命军的态度问题了。

二、关于鲁迅当时对太平天国革命运动的看法问题。太平天国运动是我国近代史上空前伟大的农民革命运动，但是，一方面由于鲁迅当时还不是一个马克思主义者，另一方面由于他在实践中充分认识到了中国农民及农民运动的局限性，所以一直到"五四"前后，他对中国农民运动的估价仍然是不很充分的，这可以从他当时对义和团、张献忠、刘邦、项羽等的论述中看出来。在《怀旧》的具体描写中，我们也可以清楚地看到，他并没有把太平天国军当作正面的革命军看待，而更多地涉及他们杀掠百姓的行为，这与在《阿长与〈山海经〉》中的态度是大致相同的。鲁迅自然并不把"长毛"当作正面的革命军看待，所以也就无法谈到当地居民对革命的态度问题了。

综上两点，我认为对《怀旧》主题的第二种归纳方法也是不符合鲁迅原意的。

那么，《怀旧》的主题意义究竟何在呢？

为了弄清这个问题，我认为有必要读一读鲁迅《热风》中的两篇随感录：《"来了"》和《"圣武"》。

在《"来了"》一文中，鲁迅针对苏联十月革命后中国反动统治阶级惊叫"过激主义""来了"的事实，异常痛切地指出："过激主义"不会来，因为中国还没有产生"过激主义"的思想基础，即使来了，也会被反动势力和保守势力"抹杀"和"扑灭"。他认为："来的如果是主义"，并不可怕。可痛心的倒是中国人民还不能被世界先进思潮所武装，而只是在盲目愚昧中听任各种不可知的灾难涌来。灾祸"来了"，又不知想法消除它，只是手足无措的东奔西跑。《怀旧》所展现的，就是这不可

论《怀旧》

知的"来了"在当地居民中引起的恐慌。

> 予窥道上,人多于蚁阵,而人人悉函惧意,惘然而行。手多有挟持,或徒其手,王翁语予,盖图逃难者耳。中多何墟人,来奔芜市,而芜市居民,则争走何墟。……

然而,在这普遍的慌乱中,具体情形是绝不相同的:地主阶级乘乱发家,卖身投靠、官来迎官、匪来拜匪,永远得意;封建文人巧滑善变、顺应时世、总能应付。他们无节操、无信仰、唯强权是从,真正受难的则是广大劳苦群众。

金耀宗就是地主阶级的代表人物。他在中国的大灾难、大混乱中发家致富,保持着自己统治压迫的地位。他的父亲"尝遇长毛,伏地乞命,叩额赤肿如鹅,得弗杀,为之治庖侑食,因获殊宠,得多金。逮长毛败,以术逃归,渐为富室"。何墟三大人也是靠"打宝"发家的。蠢笨如猪的金耀宗,虽然"聪慧不如王翁""语及米,则竟曰米,不可别粳糯;语及鱼,则竟曰鱼,不可分鲂鲤",但在"箪食壶浆以迎王师"上却是无师自通的。他一听说"来了",便已想好"备饭飨师"和贴"顺民"字样的迎师之术了。通过对金耀宗的生动刻画,鲁迅有力地表现了中国封建统治阶级就是这样毫无节操地靠钻营献媚而维持着他们的世代冠缨之族的统治地位的。

"秃先生"虽然也有些慌乱,但他却是万无一失的。"人谓遍搜芜市,当以秃先生为第一智者,语良不诬。先生能处任何时世,而使己身无几微之疴,故虽自盘古开辟天地后,代有战争杀伐治乱兴衰,而仰圣先生一家,独不殉难而亡,亦未从贼而死,绵绵至今,犹巍然拥皋比为予顽弟子讲七十而从心所欲不逾矩。若由今日天演家言之,或曰由宗祖之遗传;顾自我言之,则非从读书得来,必不有是。非然,则我与王翁李媪,岂独不受遗传,而思虑之密,不如此也。"鲁迅对"秃先生"的辛辣嘲讽,隐含着鲁迅这么一个深刻的艺术概括:一切封建的伦理道德、一切儒家的典章学术,实际上只不过是为地主阶级在改朝换代之际钻营投机、巧滑善变的法术罢了,封建阶级思想的卫道者们就是靠它"能处任何时世,而使己身无几微之疖"、总能得到强权者垂顾青睐的。

在中国的大灾难、大混乱中,真正遭殃的是劳苦群众。鲁迅在《灯下漫笔》中说:"中国的百姓是中立的,战时连自己也不知道属于那一面,但又属于无论那一面。强盗来了,就属于官,当然该被杀掠;官兵既到,该是自家人了罢,但仍然要被杀掠,仿佛又属于强盗似的。"《怀旧》中的具体艺术描绘,不正是鲁迅这段话的形象说明吗?在他的笔下,王翁、李媪、赵五叔、吴妪、牛四等劳动人民的形象,是与"秃先生"、金耀宗完全不同的,他们善良、单纯、淳朴、憨厚,绝无统治者的无耻卑劣。但是,鲁迅也着力表现了他们的愚昧和涣散。祸患临头,他们并不团结御侮,而是各自逃命,消极躲避。"火从北来便逃向南,刀从前来便退向后,一大堆流水帐簿,只有这一个模型。"(鲁迅:《热风·"圣武"》)逃得快的便幸免于难(如王翁),逃得慢的便遭屠戮(如牛四及王翁的两族兄)。赵五叔是个有义节之气的正直农民,但他的"以身殉义"却包含了农民阶级的更加深沉的悲剧,他并不知为寻求自身的解放而献身,反而为随时准备卖身投靠的地主阶级而尽忠卖命。他们的愚昧涣散还表现在:在暴虐者面前不敢斗争、只好求取饶命(如吴妪),当强者变为弱者时,他们也不是向对手进行正当的反击,不是起来谋求社会的改良,而是为自身小利而去"打宝",在"打宝"中还互相争夺以致彼此倾轧(如牛二棍击王翁头、夺珠而去)。就是在这一片愚昧、盲目、昏乱、涣散中,他们的灾难如故,社会的黑暗如故,国家的落后如故。

鲁迅说:"衰老的国度大概就免不了这类现象。这正如人体一样,年事老了,废料愈积愈多,组织间又沉积下矿质,使组织变硬,易就于灭亡。一面,则原是养卫人体的游走细胞渐次变性,只顾自己,只要组织间有小洞,它便钻,蚕食各组织,使组织耗损,易就于灭亡。"(鲁迅:《华盖集·十四年的"读经"》)我认为,《怀旧》便是鲁迅用艺术形象对苦难的封建落后中国做的艺术概括:麻木、愚昧、涣散的群众就是被封建统治阶级的意识形态这"太多的古习惯教养得硬化了"的组织,金耀宗、"秃先生"及其整个地主阶级,封建卫道文人则是这"蚕食各组织"的变了性的游走细胞。

那么,中国缺少的是什么呢?是"内心有理想的光"的"革新的破

论《怀旧》

坏者"（鲁迅：《坟·再论雷峰塔的倒掉》），是"有主义的人民"：

看看别国，抗拒这"来了"的便是有主义的人民。他们因为所信的主义，牺牲了别的一切，用骨肉碰钝了锋刃，血液浇灭了烟焰。在刀光火色衰微中，看出一种薄明的天色，便是新世纪的曙光。（鲁迅：《热风·"圣武"》）

综上所述，我认为《怀旧》描绘的是封建落后的苦难中国的一个缩影，它无情地鞭挞、辛辣地嘲讽了封建地主阶级及其附庸文人钻营投机、巧滑善变的无耻行为和卑劣灵魂，深刻表现了人民的沉重苦难和他们的愚昧涣散，尖锐地提出了必须用新思想武装群众、根本改变中国落后面貌、根除人民深重苦难的重大社会问题。

由此可见，尽管它对太平天国革命运动的描写是不正确或不全面的，但它的主题思想却是异常深刻的，典型概括的幅度是异常广泛的。在这一点上，它与《狂人日记》有异曲同工之妙。《狂人日记》总结了中国封建社会的整个历史是"吃人"的历史，整个中国是个"吃人的筵宴"，《怀旧》则说明中国历史是劳动人民在愚昧中受苦受难的历史，是统治阶级及其文人钻营投机的历史，整个中国也是演出这样一出悲喜剧的大舞台。二者相得益彰、互相补充，揭示了中国封建社会的腐朽反动本质。

这个主题与晚清谴责小说相比，以它的反封建的彻底性、深刻性和艺术概括的广泛性为其鲜明特色。我们说它是彻底的，是因为它揭露的已不是封建制度的一部分或若干侧面，而是官的整体，特别重要的是，它对封建社会的思想理论基础——儒家学说做了毁灭性的打击，这是晚清谴责小说作家所不可能达到的思想高度，我们说它是深刻的，是因为它集中于从封建社会的本质入手来攫取生活画面、构制具有深刻社会意义的艺术典型，在中国小说史上第一次明确、鲜明地反映了几千年封建历史的本质意义，这种反映现实的深度也是为晚清谴责小说所无法企及的；我们说它的艺术概括意义的广泛性，是说它已经不止于从封建思想的代表人物入手来抨击封建思想，而且注意到了儒家封建思想在社会上的广泛思想影响，并突出地表现了善良的劳苦群众被它束缚、禁锢的广泛社会悲剧，从而把清除封建思想的整个社会影响的任务摆在了文学家注意的中心。由此我认为，即使说中国彻底的、不妥协的反封建文学实自《怀旧》始,也不为过,至少应当认为,它是鲁迅前期彻底地、不妥协地反封建主义文学创作的一支前奏曲。

现实主义文学创作的一个始发站

《怀旧》对我们鲁迅研究之所以重要,还因为它是鲁迅进行现实主义文学创作的一个始发站。

在《怀旧》之前,除了为数不多的旧体诗外,鲁迅尚少有纯属文学创作的作品。但尽管如此,从他1903年译述的《斯巴达之魂》和1907年的文学论文《摩罗诗力说》看来,鲁迅的文学爱好是偏重于积极浪漫主义文学的。鲁迅开始倾向于现实主义,始自1909年翻译《域外小说集》,但作为现实主义文学创作道路的开始,《怀旧》是一个最鲜明的标志。

高尔基说:"对于人和人的生活环境作真实的、不加粉饰的描写的,谓之现实主义。"(高尔基:《谈谈我怎样学习写作》)在《怀旧》中,现实生活的真实画面代替了《斯巴达之魂》的历史题材的理想画面。它不但已经具备了现实主义文学的一般特征,而且鲁迅后来小说作品的几乎所有主要艺术特色,它已经程度不同地具备了。现举出几个主要方面来并予以提纲挈领式的说明:

1. 否定、暴露的现实主义创作方向。鲁迅的全部前期小说,都是沿着否定、暴露的基本方向进行创作的。但它们的否定,较之欧洲批判现实主义作品更带有彻底的革命性质,因为它们否定的是制度本身以及一切不利于对这个制度进行革命性改造的社会因素,从这种否定得出来的结论不是社会改良,而是社会革命。这一些特点,在《怀旧》中便已经充分显示了出来。假若照现在多数同志的观点,把鲁迅的前期小说的创作方法称为革命现实主义的话,那么,我认为《怀旧》便是鲁迅的第一篇革命现实主义小说作品。

2. 日常平凡生活画面的描绘。鲁迅前期小说像俄国契诃夫的作品一样,主要集中于对日常平凡生活画面的描绘,但鲁迅的独立特色在于,他善于在日常平凡画面中撷取巨大历史事变的投影。《药》《头发的故事》《阿Q正传》《风波》都是巧妙地把极平常的日常生活同非常巨大的社会

论《怀旧》

历史变动有机结合起来进行描绘反映的范例。而《怀旧》,则是采用这种艺术方法的第一篇作品。

3. "小人物"的主题。鲁迅前期小说以重视"小人物"的描写为重要特征,其中尤以全面地展示社会广大人民群众的思想精神面貌为其核心内容。《怀旧》中对王翁、李媪、赵五叔、吴妪、牛四等人的描写,显示的正是这一特征。

4. 对农民问题的艺术表现。众所周知,在中国文学史上,鲁迅是第一个作家,把农民的社会解放和思想解放的问题置于了自己艺术表现的首位。但这并不只自《呐喊》始,而实始自《怀旧》。

我认为,仅就以上四点,《怀旧》在中国小说史上便具有划时代的意义。它之未被得到重视,只是因为当时的历史条件还没有给它提供得到广泛关注的可能性,后来又因它是一篇文言小说,新文学史的研究者也很自然地偏重于《呐喊》《彷徨》的研究,而很少注意到《怀旧》的开创性意义。严格说来,中国第一篇自觉地运用现实主义创作方法创作出来的严格的现实主义短篇小说不是《狂人日记》,而是《怀旧》。

值得注意的还有《怀旧》的现实主义典型人物形象的塑造。按照我自己的艺术感受,我觉得它对"吾""秃先生"、金耀宗三个人物典型的塑造都异常成功。这三个人物形象不但就其本身而言是鲜明的,并且在整个鲁迅前期小说中也具有不可重复的独立典型意义,理应被纳入鲁迅前期小说的艺术画廊中去。"吾"是一个天真、可爱、虽受封建教育的禁锢而仍不失其顽皮、活泼天性的儿童形象。鲁迅惟妙惟肖地刻画了他的心理活动,使他有跃然纸上之概。"秃先生"让他对对子,他想不出,便"渐展掌拍吾股使发大声如扑蚊,冀先生知吾苦";他希望获得一点自由活动的机会,便想"秃先生病耳,死尤善";"秃先生"给他讲书,他却仔细端详先生的秃头,看着从中映照出来的自己的面影,还认为"远不如后圃古池之明晰耳";"秃先生"回家后,他便整日"自扑青蝇诱蚁出,践杀之,又舀水灌其穴,以窘蚁禹"……像这样活灵活现的儿童形象,在《呐喊》中也只有少年闰土、双喜等少数少年儿童形象能与之媲美。就儿童的细腻心理刻画而言,似乎《怀旧》更为突出。"秃先生"这个人物形象也颇具特色;他像孔乙己一样可笑,但绝无孔乙己的善良、懦弱；他像四铭一样虚伪，但比四铭更加圆滑世故；他像高老夫子一样心灵肮脏，但没有高老夫子身上的流氓无赖气。在封建知识分子的典型形象中，他是有独立的典型意义的。金耀宗着墨不多，但同样个性鲜明，在《呐喊》《彷徨》中的地主形象中再也没有出现这种类型的形象，因而对地主形象的画廊是一个必要的补充。总之，我们在研究鲁迅前期小说的艺术典型时，不应该忽略这三个典型形象。

中国小说艺术革新的先声

我们论述中国现代小说，一般是以白话小说为限，并且以《狂人日记》为现代短篇小说之始。这种划分当然是必要的，因为只有到了五四新文化运动，现代小说的创作才繁荣发展起来，取得了小说界的霸主地位。这种划分反映了文学发展的历史状况，也比较清晰分明。但是，所有的界限都是相对准确的，它们都无法把新旧两者截然分开。譬如这篇《怀旧》，实际上便是在文言外壳包裹中的现代新式小说。

由文言小说过渡到白话小说，由古代白话小说发展为现代白话小说，这是小说发展史上的一大进步。但是，现代短篇小说与古典短篇小说的根本分界尚不在此。根据我的看法，除了思想内容和创作方法诸方面外，单纯从小说创作艺术上，"五四"小说革新的核心在于情节与结构的革新。概括说来，中国古典短篇小说是以公开矛盾冲突组成的故事为情节主干、以时间先后为情节发展的顺序、以第三人称为唯一的叙述方式、以叙述为主要的艺术手段的"纵断面"情节结构方式，而现代短篇小说则打破了古典短篇小说的形式束缚，更自由灵活地组织情节，并且以"横断面"的情节结构方式为其主要特征。关于这个看法，我与高尔纯同志合写的《试论鲁迅对中国古典短篇小说艺术的革新》一文已经做过较详细的说明，在此便不再具体予以论证了。现在我们重点用这个标准来衡量一下《怀旧》，从而说明它已经完全具备现代小说的主要特征了。

在古典短篇小说中，事件、故事和情节几乎是同一个概念，因为它们的情节便是按照由人与人之间展开的公开矛盾冲突的事件组成的故事进行组织安排的。《杜十娘怒沉百宝箱》的情节紧紧环绕着杜十娘与李甲

论《怀旧》

之间的矛盾冲突层层展开，逐步推进（《警世通言》），《画皮》的情节是以王生与女妖的关系为线索自始至终向前发展（蒲松龄：《聊斋志异》）。《怀旧》的情节特点发生了根本的变化，其中任何两个人之间的矛盾都没有构成贯穿全文的主线，"秃先生"和"吾"的禁锢反禁锢的矛盾不但只是内在的心理冲突，而且绝没有足以形成全文的主导性矛盾。它的基本矛盾斗争是高度概括的广泛社会矛盾，而不是由一两个人体现出来的故事事件。《怀旧》中也有事件或曰故事，那就是两次的"长毛"军在当地居民中引起的骚动和灾难，但小说的情节发展却不是由这个事件和故事的发生、发展、高潮、结局的脉络进行的，而是由两三个场景组成的。事件或故事被撒落在这几个场景描述的各个皱褶里，是由读者自己重新连缀组合而成的，而不是由作者自头至尾向读者叙述出来的。由于古典短篇小说循由故事的发展组织情节，所以情节的时间跨度与故事经历的时间长度是相等的，《白娘子永镇雷峰塔》中的故事由许宣西湖遇白蛇开始，经由反复波折，最后以白蛇被镇雷峰塔止，小说的情节也同样跨越了这漫长的时间进程。《怀旧》却不然，它的前后两个事件相隔近半个世纪（"……时正三十岁。今王翁已越七十，距四十余年矣……"），可小说的情节却只是在一天多的时间中进行的。总之，《怀旧》已经完全冲破了古典短篇小说以故事发展的顺序，按时间先后组织情节的束缚，而开始更灵活地组织情节安排结构了。

由于古典短篇小说循由故事组织情节，所以它的情节是在"纵断面"上向前推进的。《怀旧》则完全不同了，它截取的只是生活之树上的几个"横断面"，亦即两个生活场景（开始的私塾夜课及"秃先生"与金耀宗的对话、后来的树下乘凉时的交谈）。它把这两个生活场景通过"吾"这个人物连接在一起，像叠印在一起的两个平面，又像一出两幕剧。这在古典短篇小说中是没有的。此外，它还运用于第一人称的叙述方法，在开头结尾的方式上，在过渡连接的手段上，在语言的格调口吻上，都显然地与古典短篇小说迥然不同。总之，它已经是一篇标准的现代小说。

《怀旧》不仅与中国古典短篇小说不同，而且与此前鲁迅自己的译述小说也不相同。1903年译述的《斯巴达之魂》大概由于较近于原作的缘故，所以也比较接近现代小说的形式。但在当时，鲁迅显然尚处于对这种形式的不自觉的认识阶段,所以当较自由地处理原作的时候,他便基本上沿用了古典小说的传统形式。同年译述的凡尔纳的《月界旅行》,他完全采用了古典小说的章回体,每回用两个对偶句为题,开头或文中用"却说"引起下文,用"且不表"等进行转折,一章最后用"且听下回分解"收束上回、连接下章,在行文中还常常用诗状情写物,抒情议论,每章结束前在"正是"下用诗句总结全章内容。此后译述的凡尔纳的《地底旅行》,古典形式的因素减少了一些,它不再插入诗句,不再用"且听下回分解",但仍然保留了基本情节结构形式和章回体。据鲁迅《致杨霁云,一九三四年五月十五日》中说,他还翻译过一本《北极探险记》,"叙事用文言,对话用白话",可见他又进一步减少了古典小说的形式因素。1909年翻译的《域外小说集》当然是现代小说形式,但因它是忠实于原文的译作,只可说明他的小说艺术革新与外国文学影响的关系,并不能直接表明鲁迅对中国小说艺术的革新。只有到了《怀旧》,他才完全摆脱了传统的小说形式。因此,《怀旧》应当被认为是中国小说艺术革新的先声。

《怀旧》在鲁迅研究中的重要性

《怀旧》既是鲁迅小说创作的起点,又处在早期文学活动和前期文学活动的交接点,所以它在鲁迅研究尤其是小说研究中具有相当大的重要性。过去我们很少注意对它的分析研究是很不应该的。

由于它的特殊地位,有很多问题能从它得到说明。例如,我们说鲁迅小说的现实主义继承和发扬了中国和外国现实主义文学的优良传统,但两者哪一个对他的影响更大呢?仅就他的白话小说,我们还很难对它做出明确肯定的回答,在有些同志的论述中,似乎也更偏重于强调民族传统。但《怀旧》向我们表明,真正推动鲁迅走上现实主义道路的是俄国、东欧、北欧现实主义文学。因为我们知道,当1907年他写作《摩罗诗力说》的时候,还比较倾向于积极浪漫主义文学。1911年的《怀旧》标志着他已经成为一个严格自觉的现实主义作家了。我们便不难看出,鲁迅在这期间对俄国、东欧、北欧现实主义作品的接触,尤其是《域外

论《怀旧》

小说集》中诸作品的翻译，是推动他走上现实主义创作道路的最直接、最巨大的推动力量。我们还知道，鲁迅前期小说现实主义的一些基本特征，在《怀旧》中已经初步具备了，也就是说，他的现实主义仅就与中外文学遗产的关系而言，是直接承袭着外国近现代现实主义文学传统而形成和发展起来的。我们这样说，似乎大有悖于某些理性教条，但马克思主义的根本要求是以唯物主义的态度对待历史事实，只有在承认历史事实的基础上，我们才会对之进行具体分析从而得出真正马克思主义的正确结论。当然，这也并非说鲁迅的现实主义与中国古典传统没有任何关系，而是说，它在更大程度上是在俄国、东欧、北欧现实主义文学的启发影响下形成的。

鲁迅对中国古典短篇小说艺术的革新，也可以由上述关系中找到它的直接动因。这个问题并不存在异议，故不赘述。

因为《怀旧》是鲁迅的第一篇小说作品，我们还可以通过它研究鲁迅小说艺术的成长和发展情况。

鲁迅小说的精湛艺术不是天然形成的。而是他艰苦实践、不懈探索的结果，所以它也有一个逐渐完善化的历史过程。从整体讲，《怀旧》已经是一篇相当成熟的作品，说明鲁迅在小说创作中的起点便是相当高的，这在我们以上的论述中已经得到证明。但我认为，它与鲁迅后来的作品相比，仍有一些尚欠圆熟之处。现不揣冒昧，把自己的一些看法写出来，与同志们共同研讨。

1. 《怀旧》的结构较之鲁迅后来的小说尚不够绵密。从表现角度上，它由两条线组成，一条是"秃先生"和金耀宗，一条是王翁、李媪等劳动群众；从场面上，前后两个场景分别表现今、昔两种情景。它们各自由"吾"为统一线索贯穿起来，由大致相同的背景衬托着，基本上是严整的。但它们之间仍然有一段焊接层，难以称为天然合璧；前后两部分的主要人物穿插联系较少；给读者一些平行感和并列感；我们可以把它和《药》比较一下，显然后者更加绵密。它也由两条线组成，一条是华老栓为儿子治病，一条是夏瑜英勇就义；人物分为三部分：统治者（康大叔）、不觉悟的群众（华老栓等）、革命者（夏瑜）。但它们之间彼此渗透，相互映照，根根神经都是贯通的。两条线，一明一暗，由明牵暗，以暗衬明，最后由两个老妈妈上坟拢成一股。三部分人物，交互为用，统治者的骄横，带出了革命者的英勇，衬出了不觉悟群众的愚昧无知，其他两部分人物亦然。全文高度集中，绵密严谨，反映着鲁迅结构艺术的更趋完善、精妙。

2. 与第一点相联系，我认为关于书塾夜课的描写多少有游离全文之感。就其本身而言，这段描写相当精彩，简直可称之为生花妙笔。但放在全文中，却觉与小说的中心内容扣得不紧。有些同志把该文作为批判封建教育的小说，固然因为这些同志对全文的整体性内容和大部分篇幅的描写分析不够，但我认为，也由于作者把这一内容写得过于突出有关。像这种情况，在后来的小说中是不会见到的。

3. 在人物塑造上，"吾""秃先生"、金耀宗三个人物都具有不可重复的鲜明个性，但着墨较多的王翁，形象仍然颇觉模糊，从此可以看出文言小说的局限性。王翁形象的塑造，主要需依靠他的个性化语言，鲁迅虽然努力使人物语言符合人物性格，并使用的是浅近的文言，但这些到底不是现实人物实际运用着的现代白话，所以也就难以更好地摹拟出劳动群众的语言特色和个性化特点。这我们可以与《祝福》中的卫老婆子的描写对照一下，她在小说中也只是唠叨了一番祥林嫂离开鲁镇后的经历，但就在她的叙述语言里，却把这个圆滑、取悦豪绅地主、能说会道的庸俗小市民的女性形象刻画得惟妙惟肖、神情毕现，真乃闻其声如见其人。我认为，假若王翁的语言也用白话，肯定会比现在能更好地使他在小说中活起来。

4. 主题思想多少失之于隐晦。与古典小说的主题过于外露相反，《怀旧》的主题思想埋藏得较深，描写也高度客观，这在中国小说发展史上是一大进步。但在《怀旧》中，描写的客观性与主题的明确性尚不如后来的作品结合得更加紧密。《阿Q正传》的含义如此深广，描写也高度客观，但主题的鲜明性却未受到丝毫影响。这也反映出鲁迅小说艺术是在不断完善化的过程之中，而不是凝固化、定型化的。

此外，我觉得它的结尾虽很巧妙、含蓄、颇有韵味，但略觉突兀，情节的推进较之后来的小说也略觉平板。

虽然《怀旧》在写作上也存在一些缺点，但这毫不影响它在当时历

论《怀旧》

史条件下的艺术价值，它的轻妙的幽默、尖锐的讽刺、白描的手法、朴素无华的风格至今仍有为我们所难以企及之处。至于它在鲁迅研究中的重要地位和作用，更不会由于它的某些不完善之处而受到影响，它反而为我们提供了研究鲁迅小说艺术成长发展过程的重要依据。

我希望有更多的同志重视对《怀旧》的研究。

原载西北大学鲁迅研究室编《鲁迅研究年刊》1980年版

关于《狂人日记》的创作方法

《狂人日记》是中国现代文学史上的第一篇反封建主义的白话小说。由于表现形式的特别，从发表之日到现在，对它的创作方法一直存在着不同的看法。1923年10月的《学灯》杂志上，刊载过Y生写的一篇《读〈呐喊〉》，他将《呐喊》中的小说分为两类：一类"多为赤裸裸的写实，活现出社会之真实背影"。一类则"含有不可解说的神秘的理想"。《狂人日记》就被他当作第二类（即神秘主义）小说的"开其端"者。新中国成立后，虽然没有持这种观点的同志了，但仍有革命现实主义和革命浪漫主义的两种理解，在具体分析中，还有的认为其中的环境和人物都只是象征性的安排，其真实性仅仅表现在"狂人"心理描写的一点上，这无疑等于给它罩上了一层象征主义的薄雾。如何理解《狂人日记》的创作方法呢？在其主要倾向上，它是革命现实主义作品呢，还是革命浪漫主义作品呢？怎样才能剥开人们披在它身上的神秘主义、象征主义的纱幕呢？这不仅关涉到对这篇重要作品的理解，而且影响到对鲁迅文艺思想发展的研究。我们有必要对此做进一步的探讨。

一

《狂人日记》是鲁迅文艺思想发展到一定阶段的产物，我们应当在鲁迅文艺思想的辩证发展中把握它，研究它。

关于《狂人日记》的创作方法

鲁迅的文学活动，是从革命浪漫主义起步的。在早期，鲁迅从"文学应该是为人生的"这一基本观点出发，找到了两种样式的文学武器：现实主义和积极浪漫主义。但积极浪漫主义对他的影响，在当时占据了首要的位置。1903年，鲁迅发表了译述小说《斯巴达之魂》，歌颂勇武精神的主题、理想化完美人物的塑造、磅礴悲壮气势的渲染、热情洋溢的语言特色，使这篇作品表现出浓烈的革命浪漫主义色彩。1907年，鲁迅写了《摩罗诗力说》，详细介绍了"立意在反抗，指归在动作"的几个外国积极浪漫主义作家，热情赞扬了拜伦等人"无不函刚健抗拒破坏挑战之声"的积极浪漫主义作品。在谈到俄罗斯19世纪文学的三个奠基人普希金、莱蒙托夫、果戈理的时候说："果戈理以描绘社会人生之黑暗著名，与二人异趣，不属于此焉。"可见鲁迅本义是以积极浪漫主义为严格的取舍标准的。在谈到中国文学时，他所特别注目的则是"放言无惮，为前人所不敢言"的屈原的浪漫主义诗歌。鲁迅当时所以主要倾向于革命浪漫主义，有着一定的社会历史根源和思想认识根源。在《杂忆》一文中，鲁迅说："时当清的末年，在一部分中国青年的心中，革命思潮正盛，凡有叫喊复仇和反抗的，便容易惹起感应。"鲁迅正是从文学为革命服务这一根本目的出发，才选择了革命浪漫主义这件文学武器的。青年鲁迅试图高呼猛进，以唤起人民的革命激情；大声叱咤，以壮革命的声威；奋进高蹈，以促进革命的步伐。这样，他就势必将目光投向那高唱理想、呼唤未来、转战反抗、热情横溢、气势磅礴为其特色的积极浪漫主义作品了。鲁迅在《〈集外集〉序言》中说："但这是当时的风气，要激昂慷慨，顿挫抑扬，才能被称为好文章，我还记得'被发大叫，抱书独行，无泪可挥，大风灭烛'是大家传颂的警句。"可见喜爱具有浪漫主义色彩的文章，是当时多数爱国青年的时尚，也是怀有满腔热血的青年鲁迅的基本倾向。

但是，鲁迅在积极浪漫主义的国土里，并没有盘桓太久。远在他热衷于积极浪漫主义作品的时候，中外现实主义作品同时也给了他深刻的影响，尤其果戈理等人那"以不可见之泪痕悲色，振其邦人"（鲁迅：《摩罗诗力说》）的独特艺术手法，更给他留下了不可磨灭的印象。随着形势的发展和鲁迅思想的变迁，现实主义精神和方法便逐渐在主导倾向上取代了革命浪漫主义，成为鲁迅从事创作时所遵循的主要原则了。

鲁迅从革命浪漫主义者向革命现实主义者的转变，开始于留日后期，完成于辛亥革命之后。这个转变的根本动因则是鲁迅对文学怎样才能更利于革命斗争的看法的转变。在写作《摩罗诗力说》的时候，因为当时"革命思潮正盛"，所以他认为文学的作用主要在于唤起人民心中蕴蓄既久的热情。他说："盖诗人者，撄人心者以。凡人之心，无不有诗，如诗人作诗，诗不为诗人独有……诗人为之语，则握拨一弹，心弦立应，其声澈于灵府，令有情皆举其首，如睹晓日，益为之美伟强力高尚发扬，而污浊之平和，以之将破。平和之破，人道蒸也。"这样"动吭一呼"，便必然会使"闻者兴起"（鲁迅：《摩罗诗力说》）。但是事实并没有像鲁迅当时希望的那样简单，他呼喊一阵之后，不但没有使"闻者兴起"，迅速出现一个革命的热潮，即使"心弦立应"者也属寥寥。"后来想，凡有一人的主张，得了赞和，是促其前进的，得了反对，是促其奋斗的，独有叫喊于生人中，而生人并无反应，既非赞同，也无反对，如置身毫无边际的荒原，无可措手的了""这经验使我反省，看见自己了：就是我绝不是一个振臂一呼应者云集的英雄。"（均见鲁迅：《〈呐喊〉自序》）。

辛亥革命之后，他的思想发生了更大的变化。他曾以那么炽热的心情期待着革命运动的发生，又是那么热情地迎接了这次革命运动的到来。但是，辛亥革命的结果却使鲁迅异常的失望：人民没有觉醒，民族资产阶级妥协投降，封建遗老遗少摇身变成了"民国"的要人，劳动群众陷入了新的深渊。"见过辛亥革命，见过二次革命，见过袁世凯称帝，张勋复辟，看来看去，就看得怀疑起来了，于是失望，颓唐得很了。"（鲁迅：《〈自选集〉自序》）这里的"失望"，是对民族资产阶级的失望，对旧民主主义革命的失望，同时也隐藏着对早期那种激情的文学呼叫的失望。为什么辛亥革命这么大的政治变动却不能撼动旧世界的根柢？为什么群众对他的热情呼叫漠然置之？这些问题不能不引起鲁迅的深沉思索。在当时，鲁迅显然还不可能对这些问题得出彻底明了的答案。但是却使他对现实各阶级的状况有了较前远为深刻的了解，也使他的文学思想发生了较为大的变化。他得出了这样一个结论：要激发广大人民群众的革命热情，首先要提高他们的觉悟，提高他们对现实本质的认识；要提高他

关于《狂人日记》的创作方法

们的觉悟和认识,则要"揭出病苦"。没有这种觉悟,就不会产生革命激情,即使暂时表现出某种形似热情的东西,也不能在革命斗争中得到正确的发挥和运用。在《杂忆》一文中,鲁迅根据自己早期至辛亥革命之后的亲见亲闻,谆谆告诫当时的革命青年说:"可是我根据上述的理由,更进一步而希望于点火的青年的,是对于群众,在引起他们的公愤之余,还须设法注入深沉的勇气,当鼓舞他们的感情的时候,还须竭力启发明白的理性,而且还得偏重于勇气和理性,从此继续地训练许多年。这声音,自然断乎不及大叫宣战杀贼的大而闳,但我以为却是更紧要而更艰难伟大的工作。"在无产阶级文学艺术产生以前,革命的浪漫主义自有它的长处和优点,革命的现实主义自有它的不足和缺陷,但鲁迅为了"注入深沉的勇气"和"启发明白的理性",就不得不在主要倾向上,和革命浪漫主义暂时分手了。当后来又一次谈到他在《摩罗诗力说》中介绍过的几个积极浪漫主义诗人的时候,鲁迅说:"他们的名,先前是怎样地使我激昂呵,民国告成以后,我便将他们忘却了……"(鲁迅:《坟·题记》)1911年鲁迅写了文言小说《怀旧》,从题材、情节、人物和语言都表现出现实主义的倾向,这可以看作是鲁迅由革命浪漫主义向革命现实主义转变的一个标志。

十月社会主义革命的胜利极大地鼓舞了鲁迅,使他产生了"毁坏这铁屋子"的希望;"革命前驱"的斗争也激励了鲁迅,使他重新投入了火热的斗争。但是鲁迅十余年间对现实本质的愈来愈深刻的了解,对文学首先应当"揭出病苦","启示明白的理性"的基本观点,使他不可能再重新使用早期曾用过的革命浪漫主义这个武器了。在《"圣武"》一文中,鲁迅深刻地指出:"新主义宣传者是放火人么,也须别人有精神的燃料,才会着火;是弹琴人么,别人的心上也须有弦索,才会出声;是发声器么,别人也必须是发声器,才会共鸣。"由此可以看出,鲁迅当时的写作,完全是为了制造"精神的燃料",备办了"弦索",安置"发生器"。而要完成这个任务,则必须操起革命现实主义的解剖刀。

综上所述,鲁迅在创作《狂人日记》的时候,文学思想已经发生了一个相当大的变化。这个变化,不是渐进的、自然的变化,而是经过对文学和现实的深沉思索,经过对革命浪漫主义和革命现实主义两种武器的细心掂量，而自觉地、慎重地做出的。所以，在这个时期，鲁迅既不会主要采取革命浪漫主义的创作方法，也不会两种方法交错使用。若把《狂人日记》理解为以革命浪漫主义为基调的作品，是与鲁迅当时的文学思想不相一致的，说它是神秘主义的或象征主义的，那就更谬以千里了。

鲁迅曾多次谈到《呐喊》的写作，值得注意的是，鲁迅一次也未曾将《狂人日记》与其他小说加以区别，这说明它与其后的《孔乙己》《药》《阿Q正传》《故乡》等，虽然题材不同，风格有异，但在基本倾向上都是一致的，都是革命现实主义作品。

二

《狂人日记》的革命现实主义的基色首先表现在主题的选择上。

浪漫主义的基本主题是理想世界的歌颂，美好未来的追求，新、善、美的讴歌。英国积极浪漫主义诗人雪莱认为：诗人的职责就是"在读者心中唤起高贵的情感、追求完美的热望、深刻而强烈的兴趣。"（雪莱：《诗辩》）现实主义者也有理想，但在他们的作品中，理想的追求不是以直接形式表现出来的，而是通过批判旧世界的反光镜折射出来的。在社会主义现实主义产生以前，现实主义作品的基本主题是揭发阴私、剥掉伪装、暴露黑暗、批判丑恶。浪漫主义和现实主义所以会表现出不同的色彩和格调，大都是从这个根本问题上蔓生出来的。

《狂人日记》体现出作者对美好未来的憧憬，喊出了"将来容不得吃人的人，活在世上"的强烈愿望。但是，《狂人日记》的主旨绝不是理想的歌颂，它的主旨是现实本质的披露，基点是旧世界黑暗现实的批判，它的探照灯照射的不是未来的天国，而是封建现实的地狱。鲁迅说："《狂人日记》意在暴露家族制度和礼教的弊害。"（鲁迅：《〈中国新文学大系〉小说二集序》）。正是这种批判精神和暴露的主题，贯穿在《狂人日记》的始终。它无情地撕下了封建统治者笑吟吟的"中庸和平"的假面，指出了他们"话中全是毒，笑中全是刀，他们的牙齿，全是白厉厉的排着，这就是吃人的家伙。"它淋漓尽致地暴露出封建伦理观念的宣扬者的豺狼本性："晓得他讲道理的时候，不但唇边还抹着人油，而且心里满装

关于《狂人日记》的创作方法

着吃人的意思。"而那尽人皆知的对整个封建制度"吃人"本质的批判性揭露，我们便不必引录了。假若说《狂人日记》在对光辉未来的预言上，并没有提供比鲁迅以前的作家更切实、更多的东西，也没有描绘出比空想的"桃花源"更具体的图画的话，那么，在对封建制度的深刻揭露上，在对现实本质的洞察上，鲁迅则远远高踞于他的所有前人之上。直到那时，还没有一个作家对封建现实社会有那么深刻的挖掘和透辟的观察。《狂人日记》就正像一架透视机，照出了封建社会的五脏六腑；又像一座钻探机，一直深入到旧世界的地心。也正在这深刻的暴露和批判的主题上，显示了《狂人日记》的革命现实主义本色。

革命浪漫主义作品也时常无情地鞭挞黑暗现实，但它们偏重的是作者对丑恶现实愤懑感情的抒发，着重的是对读者胸中愤火的点燃，革命现实主义作品则主要通过现实真实的描绘，首先引导读者更明确地认识现实，更深入地理解现实的本质面貌。鲁迅在1918年8月20日致许寿裳的信中说："《狂人日记》实为拙作，……后以偶阅《通鉴》，乃悟中国人尚是食人民族，因此成篇。此种发现，关系亦甚大，而知者尚寥寥也。"鲁迅这段话向我们表明，写作《狂人日记》的意图决不仅是为了抒发他对封建社会的愤怒感情，主要在于把当时"知者尚寥寥"的真理传布出去，提高广大群众对封建制度本质的更深刻的认识。在这一点上，《狂人日记》也具备革命现实主义作品的特征。

《狂人日记》的主题和浪漫主义作品的主题的距离是明显的，但它和革命现实主义作品则紧紧地胶着在一起。在《呐喊》和《彷徨》两个小说集中，《狂人日记》简直可以被看作是一个纲，它的"封建制度、封建礼教吃人"的主题，像一条主线贯穿在这两个小说集的多数作品中。封建社会、封建礼教吃掉了孔乙己、夏瑜、华老栓的儿子、单四嫂子的独生子、阿Q、祥林嫂、魏连殳，吃掉了更多人的理想、幸福和灵魂，从此可以看出，《狂人日记》的主题是革命现实主义的经常性的主题。这种主题又决定着它的艺术表现手法。

三

《狂人日记》的革命现实主义基色还表现在它的典型人物的塑造上。

《狂人日记》塑造了一个坚强的反封建战士的光辉形象——"狂人"。这常被一些同志当作《狂人日记》是革命浪漫主义作品的重要标志。浪漫主义作品确实常常塑造一些正面的英雄人物，来体现作者的理想，宣传作者的思想，但这绝不意味着，凡是塑造了正面英雄形象的都是浪漫主义作品。我国古典小说《水浒传》、车尔尼雪夫斯基的《怎么办》、屠格涅夫的《前夜》，塑造了武松、鲁智深、拉赫美托夫、英沙罗夫这样一些正面英雄形象，但在主要倾向上，他们仍然是现实主义作品。浪漫主义和现实主义作品在英雄人物塑造中，除了如何塑造人物外，人物典型本身也具有各自不同的特征：浪漫主义作品中的正面英雄形象是作者理想中的完美人物，高尔基说浪漫主义思潮的特征是"对现实的极端不满，而显然宁肯弃现实而取幻想与梦想，它企图把个人提高于社会之上，企图证明个人乃是神秘力量的渊源，赋予个人以神奇的能力，依照作者所仅仅认识的民间故事和传说里那些英雄的典型来描写活人。"（高尔基：《俄国文学史》）现实主义作品的典型人物则是现实中存在的或可能存在的人物，是现实生活中一部分人的典型概括，他们虽然可能比实际存在的人物更高、更集中、更典型，但他们的脚跟却紧紧地踏在现实的大地上。

《狂人日记》中的"狂人"属于哪一类典型形象呢？

"狂人"形象绝不是作者主观观念的化身，而是鲁迅站在当时革命民主主义思想的高度，观察、了解了当时无数旧民主主义和新民主主义革命者之后，经过提炼、加工塑造出的一个现实的典型人物形象。鲁迅亲身经历了中国旧民主主义革命，邹容、秋瑾、徐锡麟等人鲁迅都是熟悉的。在这里，我们只举出章太炎一个人来，便足以看到"狂人"在现实人物中的影子。众所周知，前期的章太炎是以大胆的言论、尖锐的攻战文章和勇猛的革命活动，一度被反动派称为"章疯子"的，对此，章太炎不但毫不忌讳，反而引以为荣。1906年，他期满出狱，东渡日本，东京的中国留日学生集会欢迎，在会上他慷慨陈词，意气昂扬地为革命的

关于《狂人日记》的创作方法

"神经病"大唱颂歌。他说:"自从甲午以后,……对着朋友,说这逐渐独立的话,总是摇头,也有说是疯癫的,也有说是叛逆的,也有说是自取杀身之祸的。但兄弟是凭他说个疯癫的,我还守我疯癫的念头。……大凡非常可怪的议论,不是神经病人,断不能想,就是想也不敢说,说了以后,遇着艰难困苦的时候,不是神经病人,断不能百折不回,孤行己意。所以古来有大学问,成大事业的,必得有神经病才能做到。……近来有人传说:某某有神经病,某某也是有神经病,兄弟看来,不怕有神经病,只怕富贵利禄当面现前的时候,那神经病立刻好了,这才是要不得呢!(鼓掌)略高一点的人,富贵利禄的补剂,虽不能治他的神经病,那艰难困苦的毒剂,还是可以治得的。这总是脚跟不稳,不能成就什么气候。兄弟尝这毒剂是最多的,算来自戊戌年以后,已有七次查拿,六次都拿不到,到第七次方才拿到。……但兄弟在这艰难困苦的盘涡里头,并没有一丝一毫的懊悔,凭你什么毒剂,这神经病总治不好(欢呼)。"(鲁迅:《民报》第6号)鲁迅曾师事章太炎,熟谙章太炎的思想、著述和品格。当鲁迅创作《狂人日记》的时候,"章疯子"和其他一些旧民主主义革命战士的形象不很自然地浮现在他的面前吗?同时,除了这些旧民主主义战士更多地构成了"狂人"具体形象的基础外(鲁迅对他们了解更多、更加熟悉),当时围绕在《新青年》周围的一些新民主主义革命战士则赋予"狂人"形象以更高的思想高度,使他成为一个新民主主义反封建战士的先进人物形象。总之,"狂人"形象是有坚实的现实基础的,绝不是一个脱离现实的"超人"。鲁迅说《狂人日记》"也不如尼采的超人的渺茫"(鲁迅:《〈中国新文学大系〉小说二集序》),正是对"狂人"形象现实性的肯定。

"狂人"是现实人物的典型概括,同时又有明确的个性,有着自己独特的斗争道路。他是一个生在封建家庭的知识分子,当时中国的封建制度的极端腐朽没落,已经达到必然从它的内部产生自己的叛逆者的地步,"狂人"便是其中觉悟了的一个。他接受了新思潮的影响,又看到封建统治者残酷地杀害了秋瑾,看到统治者杀害了徐锡麟并炒食了他的心肝,看到封建伦理道德是怎样用无形的手扼死了"妹子"等无数弱小者的生命,这一切使他产生了"封建制度、封建礼教吃人"的本质认识,并开始向旧世界宣战,"把古久先生的陈年流水簿子,踹了一脚"。他的反抗招致暂时强大的封建势力的围攻,人民群众处于不觉醒的状态,孤独的个人主义的反抗也使他不可能到群众中去汲取无尽的力量,强烈的刺激使他神经错乱。但是,神经病并未泯灭了他的对封建社会的本质认识,"封建制度、封建礼教吃人"的概念却带着更强烈的色彩,以夸大的形态和离奇的形式表现出来。作品虽然受到第一人称的限制,不能描绘他的外貌,但通过语言、动作、心理活动把一个直率、大胆、坚定而又有着迫害狂患者的特征(过度敏感、思路混乱、虚妄的幻觉、可笑的健忘等)的人物形象鲜明地展现在读者的眼前。"狂人"形象是一个共性与个性高度统一的、有血有肉的革命现实主义的典型人物形象。

"狂人"形象是高大的,但也不是一个十全十美的完人,作者没有在他头上罩上一层神异的光圈。

四千年时时吃人的地方,今天才明白,我也在其中混了多年;大哥正管着家务,妹子恰恰死了,他未必不和在饭菜里,暗暗给我们吃。

我未必无意之中,不吃了我妹子的几片肉,现在也轮到我自己,……有了四千年吃人履历的我,当初虽然不知道,现在明白,难见真的人!

鲁迅笔下的"狂人",是封建家庭、封建社会逆子贰臣,是旧世界的反叛者,但也在他所由生长的社会、家庭、环境受过浸染,他肩负着因袭的重担,反戈一击,同旧世界展开斗争。鲁迅一方面把他放在时代的高度,同时又把他置于时代之中,加以描绘和表现。所以,"狂人"主要是现实主义的正面典型形象,而不是浪漫主义理想中的英雄。

四

《狂人日记》的革命现实主义基色还表现在环境、人物、细节的真实性描绘上。

关于《狂人日记》的创作方法

第一人称的现实主义文学作品，怎样才能是真实的呢？它必须用作品中的"我"的目光去观察现实世界，用"我"的眼睛去筛选客观现实，用"我"的观点去理解周围事物，用"我"的语言说话。它所反映的现实是客观的，而这个客观现实在"我"头脑中的映象也必须是真实的，只有这样，才算做到了真实地描写客观现实。果戈理的《狂人日记》是用其中的狂人波普里希钦的眼睛摄取周围一切的，契诃夫的《万卡》是用儿童万卡的头脑理解世界的，鲁迅的《狂人日记》也必须以被迫害为精神病的这个坚强的反封建战士"狂人"的眼睛去反映封建社会的真实性画面，不如此，假若如某同志所希望的那样，用一个普通人的眼睛去描写周围的一切，恰恰失去了它的真实性。总括一句话，《狂人日记》真实性描写的突出表现是：客观存在的真实环境、人物、细节在"狂人"头脑中的映象被具体、真实、精确地描绘出来。

封建豪绅地主阶级的代表赵贵翁，封建礼教的宣扬者、家族势力的代表"大哥"，附庸于封建地主阶级的知识分子代表何先生，处于愚昧状态的长工、路人、妇女、小孩，这些人在《狂人日记》中构成了封建社会的一个缩影。就在这个典型环境中，"狂人"的一声反叛的呼喊，使周围的一切感到震惊，以赵贵翁为首的整个封建势力一齐向"狂人"扑来。但是，他们的要吃掉"狂人"，并不是用屠刀，而是用封建的旧风俗、旧习惯这把软刀子，赵贵翁的眼光、路人的喊喊喳喳、"大哥"笑吟吟的脸、何先生的药方，在这平凡的、琐细的、温情脉脉的面幕中，无数弱者被吃掉了，现在又要用无形的口吞噬"狂人"。这个典型环境的细节真实是通过"狂人"耳目所触反映出来的，它的本质的真实又是通过"狂人"独特的心理活动揭示出来的，二者非常巧妙地结合在一起，构成了一幅封建社会的典型图画。

现举二例加以说明：

今天全没月光，我知道不妙。早上小心出门，赵贵翁的眼色便怪：似乎怕我，似乎想害我。还有七八个人，交头接耳的议论我，又怕我看见。一路上的人都是如此。其中最凶的一个人，张着嘴，对我笑了一笑，我便从头直冷到脚跟，晓得他们布置，都已妥当了。

赵贵翁对这个叛逆者原就是憎恨和恐惧的，现在"狂人"患了精神病，他的眼色中自然更增加了恨意和怖意，和平时格外不同；路上的人精神麻木，毫不理解"狂人"的思想，而单纯把他看作一个疯子，在路上窃窃私议，当作趣事，又怕他看见；那个"最凶的人"，大概是与"狂人"目光相遇，又惊怖又尴尬，张开嘴，又说不出话，只皮笑肉不笑地笑了笑。这是多么逼真的一幅街头小景啊！但是鲁迅在这幅似乎平平常常的街头小景后面，却看出封建社会的血淋淋的现实来，这里有封建地主阶级的凶狠的目光，更有不觉悟的群众，旧的传统观念像毒雾一样弥漫着，窒息着一切新的幼芽。封建社会里当然也充满了惊心动魄的残杀和屠戮，但更多的人却被默默地闷死在这平平常常的生活之中，它当然也企图闷死"狂人"这个反封建战士。通过"狂人"的独特心理，鲁迅说出了"晓得他们的布置，都已妥当了"，正一针见血地道出了这种环境的实质内容。

  我大哥引了一老头子，慢慢走来，他满眼凶光，怕我看出，只是低头向着地，从眼睛横边暗暗看我。大哥说，"今天你仿佛很好。"我说"是的。"大哥说，"今天请何先生来，给你诊一诊。"我说"可以！"其实我岂不知道这老头子是刽子手扮的！无非借了看脉这名目，揣一揣肥瘠：因这功劳，也分一片肉吃。我一也不怕；虽然不吃人，胆子却比他们还壮。伸出两个拳头，看他如何下手。老头子坐着，闭了眼睛，摸了好一会，呆了好一会，便张开他鬼眼睛说，"不要乱想。静静的养几天，就好了。"

这里三个人物描绘得栩栩如生，有呼之欲出之感；看病的细节又细腻入微，真切自然。这幅图画的实质意义我们只要想一想鲁迅写的《父亲的病》等文章，也是不难理解的。

总之，《狂人日记》不仅具有本质的真实，同时也具有细节的真实。其中的环境和人物绝不是象征的，也并不神秘。成仿吾同志作为一个浪漫主义文学的批评家的时候，是曾讥评过现实主义小说集《呐喊》的，

关于《狂人日记》的创作方法

他说:"这前期的几篇可以用自然主义这个名称来表出。《狂人日记》为自然派所极主张的纪录……"(成仿吾:《〈呐喊〉的评论》)这可以从浪漫主义的角度证明,《狂人日记》的主调不是革命的浪漫主义,而是革命的现实主义。

《狂人日记》的基色是现实主义,但它是革命的现实主义,它与旧的批判现实主义有着质的区别。鲁迅从明确的文学服务于革命斗争的观点出发,站在革命民主主义思想的最高度,对于现实本质的洞察深度是批判现实主义作家所无可比拟的。又由于鲁迅从改变现实的角度来解剖现实,就必然将未来的光束射进现实的画面,又从现实的解剖中努力寻找未来所以萌生的土壤,这就使《狂人日记》同时又具有革命浪漫主义因素。关于这一点,本文就不做详细分析了。

(注:本篇发表时署名为"黻人")

原载《宝鸡师院学报(哲学社会科学版)》1979年第1期

《狂人日记》细读

《狂人日记》是中国文学史上第一篇现代白话小说,也是鲁迅小说中颇受研究者重视的一篇作品。但是,迄今为止,人们更多地满足于对它的直接告白式的语言的引用及其思想的阐发,细读式的艺术批评尚极少见到。我认为,缺少对它的细致的艺术分析,它的内在的意义结构也是无法触摸到的,因而对它的思想意义的把握也难免停留在小说的表层,无法深入到内部肌理中去。本文的目的是想深入到《狂人日记》的整个艺术结构中去,重新研究它的意义结构及其所包含的思想意义。我想,这或许能提供出一些过去我们都忽略了的重要内容来。

一、"狂人"意象

无论分析《狂人日记》的艺术结构,还是研究它的意义结构,都摆脱不开"狂人"这个整体意象,因为整个小说的目的,便是要创造出这个整体的意象来。

在过去,我们把"狂人"当作一个现实主义的典型形象,并且努力用现实主义的方法把握它的艺术上的完整性和统一性。按照现实主义的观点,文学作品中的人物可以作者这个有重组能力的活的中介而与现实生活中的某一类人直接找到对应关系。他是这类人中的"这一个",但又是他们的代表、他们的典型。他不但在"本质真实"上符合这类人的思

《狂人日记》细读

想精神面貌,而且在"细节真实"上也符合这类人的言谈话语、行为举止乃至服饰穿戴的生活习惯。根据这种种要求,我们的研究文章中出现了下列三种观点:

1. "狂人"是一个精神病患者,不是一个反封建战士。鲁迅只是借他向传统封建文化宣战。
2. "狂人"是一个反封建战士,不是一个精神病患者。
3. "狂人"是一个患了精神分裂症的反封建战士。

这三种意见,都企图为"狂人"形象找到现实生活中的人物根据,但前两种观点分明无法按照现实主义的要求,将本质真实同细节真实统一在一起。在过去,我曾持第三种观点,但在实际上,它在小说文本中也是找不到任何根据的。如若他是一个反封建战士,他病愈后理所当然地会更清醒地投入反封建斗争,但鲁迅明明说他已"赴某地候补矣",去做官僚了,这说明他病前便不是有理智的反封建战士。

现实主义确实是影响深远的一种创作方法,作家用现实主义创作方法为世界文学史创作了无数杰出的文学作品。现实主义小说家努力把自己小说中的任务不但在思想感情上,而且在生活细节上与现实生活中的人物对应起来,使读者可以通过艺术典型直接在想象中与生活中的人物联系在一起,以达到反映现实的目的。但是,世界上并不仅仅存在着现实主义的文学作品,对于普遍的文学作品来说,舍弃创作主体这个具有能动性的中介恰恰是不合理的。我们之所以难以将"狂人"这个艺术形象与现实人物找到完全的契合关系,恰恰因为《狂人日记》并不是一个完全符合现实主义创作方法要求的作品。"狂人"的统一性应当到鲁迅这个创作主体的意识中去寻找,在纯粹的客观现实中是找不到的。"青松"和"英雄"的统一性在哪里?在人们的感受中,而不在客观中。

在"五四"前后,中国少数知识分子的文化价值观念开始发生一种根本性的变化,假若从意识深处的变动来说,鲁迅大概是变动得最剧烈、最深刻的一个了。如果我们深入鲁迅最内在的精神体验中去,我们就会感到,《狂人日记》中的"狂人"便是鲁迅内在意识中另一个自我,是一个在现实生活中无法完全得到表现的自我。

人怎样在一个文化环境中生存并与其他社会成员构成一定的关系？他要以一些最基本的文化价值观念被组织在自己的文化环境中。这种彼此共同的文化观念具体体现在各种形式的语言符号中，人们依靠对这些语言符号的大致相同的破译方法和破译能力，彼此交往并构成特定关系。在这些相同的文化价值观念面前，不论为敌为友，人们都不能提出异议，否则，彼此便像用各不相同又各不理解的两种语言对话一样难以彼此沟通和理解了。正是因为同一文化环境中的人都有基本相同的文化价值观念和价值标准，所以不论敌友，都视对方为一个理智健全的人。但是五四时期的知识分子，特别是鲁迅，所怀疑和否定的恰恰便是中国传统封建文化的一系列最基本的价值观念，他认为正是这些价值观念的荒谬性，才导致了中国的贫穷落后。中国民族要自强，要自立于世界民族之林，就必须树立新的价值观念。由于种种基本价值观念的变化，鲁迅不能不感到内在的自我已经游离开了自己所处的现实文化环境，以及那个失去了与这个文化环境的最起码的协调和适应的关系，而这也恰恰是一个疯子的表现。一个精神叛逆者和一个疯子在与自己的文化环境的难以协调、难以适应上是完全相同的，因而他们在自己的文化环境中所处的地位、所能起到的作用以及所经历的命运也会是相同的。非但如此，一个有理智的精神叛逆者甚至还不如一个疯子更能体现彻底的精神叛逆者的特征。所谓"理智"，就是对旧的文化价值观念还有某种程度的理解，还能依照为自己文化环境中多数人认可的价值标准说话和行动，还能被周围的人视为一个正常的人。而真正的、完全的精神叛逆者，甚至连这些也是难以做到的，因而他的特征便更像一个纯粹的疯子。不难看出，正是在鲁迅的内在意识中，中国传统封建文化的精神叛逆者与精神病患者有了完全相同的性质，但这种相同是"青松"与"英雄"的相同，是"春花"与"美女"的相同，而不是二者客观上的统一性。总之，"狂人"是鲁迅内在意识中另一个"自我"的象征物、一个艺术的意象、一个主观的创造品。在客观现实中，两种"狂人"是不可能完全统一在一起的。

"狂人"是作者的一个主观创造品，但这绝不意味着它没有任何客观的依据。在这里，我们需要用现代精神分析学的观点认识精神病患者。

《狂人日记》细读

现代精神分析学认为，精神病患者是由于精神压抑造成的。一个人有各种不同的本能感觉，因而也有各种源于本能的生活直感，但由于社会文化的关系，有一些本能欲望找不到一定的文化价值标准予以表达，无法升华到意识的层次，受到"超我"和"自我"的束缚和压抑，被沉淀在潜意识的领域。压抑产生精神苦闷，而一旦这种被压抑着的苦闷由于特定原因挣脱了束缚，被解放出来，这个人便陷于精神分裂状态，超我和自我的控制作用失灵了，社会的文化价值观念解体了，从而失去了与自己的文化环境的协调关系。当然，鲁迅当时未必受到弗洛伊德精神分析学说的直接影响，但他显然能够知道，他所感到的中国传统封建文化的精神压抑，中国历代的同类人同样也会感到，只是旧的文化价值观念的压抑使他们没有可能升华到理智的层次，而在精神病患者的疯话中，倒有可能曲折或直接地表达出来。也就是说，"狂人"这一形象应该是有客观基础的，但要直接从现实中找到这一类的精神病患者，仍然是不可能的，并且与现实中的精神叛逆者仍然不是同类的人物。

鲁迅把这个精神病患者设定为"迫害狂"，就使他与精神叛逆者有了更加相同的特征。中国现代知识分子的文化自觉，归根到底来源于对中国传统封建文化的非人性性质的认识。它的非人性性质，使中国现代知识分子深深感到中国人民的生存安全没有起码的保障，人的精神生命更受到无形的扼杀与摧残。这种在中国传统文化面前的恐惧感，恰恰又是与迫害狂患者所感到的恐惧相通的。

"狂人"是鲁迅主观想象的产物，为了区别于现实主义的作品中的人物形象，我特称它为"意象"，而不称为"形象"。

二、《狂人日记》的艺术结构与意义结构

感受到"狂人"意象的统一性，我们才能感受到《狂人日记》艺术结构与意义结构的统一性。

我们很容易发现《狂人日记》的白话文本都是"狂人"在患病期间所写，因为鲁迅在文言短序中已经做了明确的说明。但小说的白话文本是怎样组织起来的？它是不是"狂人"的疯话和疯行的任意堆积？其中

有没有情节的发展过程和思想的发展过程？这些问题较少有人问津。我认为正是因为如此，我们才不得不从它的直接告白中把握它的思想性，而不能深入它的艺术结构中去把握它的整个的意义结构。

实际上，《狂人日记》的白话文本也是有统一性的发展脉络的，也是有变化、有起伏、有结尾的，这个脉络便是"狂人"从发病到病愈以前的整个生病过程，而这个过程在鲁迅看来，也就是中国传统封建文化的精神叛逆者所要经历的思想过程。

首先，疯子的发病与精神叛逆者开始反思中国传统的封建文化是同步的，它们都是与自己的文化环境开始分裂、与自己的文化环境失去了协调关系、换了一种眼光重新审视周围的世界和人生的结果。由于这种分裂，周围的文化环境开始用另一种态度对待他们，而他们又换了另一种眼光感受外界的回应，二者的难以认同，使精神病患者的病情日趋加重，而对于精神叛逆者而言，这无疑是一个急遽地重新认识世界、重新感受人生的过程。外部世界对他的心灵的刺激越大，他的思想便愈向着远离传统封建文化价值观念的方向发展，他便会愈感到这种观念的荒谬性，因而精神病患者病情的发展过程，也正是精神叛逆者思想认识的完善发展的过程。周围环境对一个精神病患者的刺激同一个精神叛逆者的反应都是有限的，当一个精神病患者在自己的精神基础上经历了各种不同形式的刺激，而此后的各种刺激都不过是以前刺激形式的简单重复，这时，他便习惯了这种刺激，他的精神便不再会受到损伤，他的病情也便相对稳定下来，不再向更严重的方向发展了。同样，一个精神叛逆者的思想的变化发展，也是与外部文化环境对他的刺激息息相关的。由于感受生活、评价和认识自己所处的文化环境及其文化价值观念，对于他，他的文化环境对他的任何压迫都等于是这个环境的自我暴露。当他的文化环境对他的招数全部用尽，这个环境的自我暴露也便达到了极致，文化环境的全部本质都展现在了精神叛逆者的面前，但也就在这时，精神叛逆者由于不再有更新的生活刺激，其思想认识也相对固定下来。一个疯子在病情稳定之后，形成相对固定的一套想法而又自信自己的正确性，便会产生寻求周围环境对他的理解和同情的想法，他不愿使自己长期处于与周围环境的严重对立状态。他要保护自己，而又不认为自己是错误的，便要努力使别人相信自己的想法。不难看出，对于一个传统封建文化的精神叛逆者，这便是思想启蒙的过程。鲁迅痛苦地意识到，启蒙者的这种启蒙是注定要失败的。由于启蒙者与周围的文化环境持的是两种根本不同的价值标准，在这两种根本不同的文化价值标准的作用下，彼此的隔阂是根本无法用说理的方式沟通的（说理必须建立在彼此认可的同一种文化价值标准之上）。启蒙是少数人启多数人之蒙，它是以少数启蒙者的"正确"为前提的。在这种立场上，多数群众被视为蒙昧的。但在一个文化环境中，"正确"永远是以多数人的共同认识为判定标准的。站在多数人的立场上，少数启蒙者恰恰是不正确的，是一些"疯子"。也就是说，"启蒙"必须在启蒙者与被启蒙者之间有一种相同的、更根本的文化价值标准，并且被启蒙的人必须把启蒙者当作一个正常的、有理智乃至有更高理智的人的时候才有可能，而这又是与"启蒙"这个概念完全不相符的另一种状况。

在多数人眼里，启蒙者恰恰等同于没有理智、需要医治、不同于多数人的疯子。在小说中，鲁迅表现了"狂人"无法说服群众，无法说服大哥，实际写的也是精神启蒙者根本无法启多数人之蒙。不难看出，疯子之极力寻求别人的理解，正是由于他无法忍耐与周围环境的对立的表现，正是他在内意识中畏惧这种对立，但他又根本无法转移环境，当他转移、改造环境的努力全部失败之后，如若他仍然难耐这种绝对的孤独，害怕这种孤独，他就要从改变自己入手弥合与环境的关系了。与此同时，他的文化价值标准（不论这种标准是什么）的每一固定化，不但离外在环境的现实状况愈远，同时离自己所实际达到的也愈远。在这时，他又一次发现自己仍与别人是相同的，这便在他的内意识中与自己的环境有了认同的基础，所以在狂人绝望地喊了一声"救救孩子"之后，疯病便痊愈了。这个过程与启蒙者的思想过程又有什么两样呢？启蒙者要进行启蒙，无非是为了救民众，无非是为了让民众理解自我，摆脱自己的孤独感，现在民众救不成，自我又不能在这绝对的孤独中长期生活，又不甘白白成为这个文化环境的牺牲品。怎么办呢？只有自己主动向自己的环境认同。这种认同过程往往又是与这样一个思想过程相联系的：他的启蒙，不但提高着对别人的要求，同时也提高着对自己的要求。当他最终发现,自己也是在这种文化环境中成长起来的,自己也难免犯了些这类的错误,他对别人的理解和同情也便加深了。伴随着这种理解和同情的加深,他也就谅解了别人,谅解了自己,对自己的文化环境重新认同,从而被这个环境所异化。鲁迅认为启蒙者的作用仅仅在于可以救救孩子,是不能救出自己的,这也正是他在《我们现在怎样做父亲》中说的"自己背着因袭的重担,肩住了黑暗的闸门,放他们到宽阔光明的地方去,此后幸福的度日,合理的做人"。但在鲁迅这惨烈的呼唤当中,也正隐含着启蒙者难以改造自己的现实环境、救出自己、只有对自己的环境认同的痛苦绝望情绪。

综上所述,我们可以将《狂人日记》的整个结构形式归纳如下:

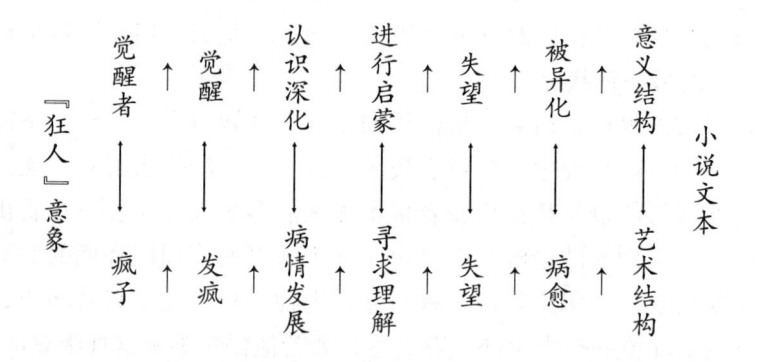

| "狂人"意象 | 觉醒者↕疯子 | 觉醒↕发疯 | 认识深化↕病情发展 | 进行启蒙↕寻求理解 | 失望↕失望 | 被异化↕病愈 | 意义结构↕艺术结构 | 小说文本 |

从《狂人日记》的艺术结构和意义结构的统一性,我们很容易看出,它绝非只是反对中国传统封建文化的一道檄文,它还是一篇小说。这篇小说象征性地表现了中国现代的启蒙者在自己的文化环境中的孤立处境和痛苦命运,表现了他们的思想成长过程和艰难的心灵挣扎。

三 《狂人日记》白话文本细读

循由《狂人日记》的整体艺术结构和意义结构,我们才能更清晰地看清它的各个细部的意义,并进而体验到它的"小说"的性质。

《狂人日记》细读

1. 发疯（觉醒）

小说的第一节写的是"狂人"开始发疯时的表现。

"狂人"内部精神状态的突然变化，首先带来的是周围世界的陌生感："今天晚上，很好的月光"，月亮与平时也大不一样了，似乎格外的亮；"我不见他，已是三十多年"，这样的月亮，与他多年所见到的大不相同，都是由他的主体精神状态发生了巨变带来的。精神病患者，特别是迫害狂患者那种精神亢奋的状态从对外部世界的感受中反映了出来；"精神分外爽快"，则是从自我感受的角度写他这时的精神亢奋。由现在的对世界的特异感受方感到以前感受的模糊，所以他说："才知道以前的三十多年，全是发昏"；从世界的陌生感中，必然产生一种莫名的畏惧感："然而须十分小心"，便是这种莫名畏惧情绪支配下发生的心理反应；畏惧心又生敏感："赵家的狗"看了他两眼，在平时原本是不会介意的，这时也令他有些悚然。这种敏感反过来又证实了他原来的担心："我怕得有理。"

这里写的是精神病患者初发病时的心理状态，但同时也是一个精神叛逆者初步觉醒后的表现。所谓觉醒，就是换了另一种与传统封建观念完全不同的视角重新看待世界。视角一变，一切事物都改变了颜色，多年感到模模糊糊的东西，现在似乎豁然开朗了，今是昨非之感油然而生，同时也由这种陌生化效果而觉得畏惧，不知这将导致何种结果。敏感由畏惧情绪而来，是刚刚觉醒者离开习惯性的传统思想所必然有的心理反应。但正是由于这种敏感，使觉醒者能够感受到平常人所难以感受到的许多东西。

周围世界的陌生感、精神上的轻爽感、今是昨非的新鲜感、莫名的畏惧感和由畏惧情绪产生的敏感多疑，不是一个精神病患者发病初期与精神叛逆者初觉醒时的共同精神特征吗？

2. 病情发展（认识深化）

小说的第二节到第六节写"狂人"的病情发展过程，同时也是精神叛逆者现实认识的深化过程。

何以见得第一节写的是"狂人"初发病时的状况呢？我们从第二节以后的描写便能得到证实。发病是在晚上，故家里人还没有发现他的精神有了异常,第二天早上他还能自由出门。只是到街上人发现了他的精神病变之后,才传到家中,大哥派陈老五把他拉回了家,关了起来。(见第三节的补叙)到第四节,大哥才为他延医诊治。

一旦精神病患者由正常的精神状态陷入精神失常的状态,立即便会发生下列两种根本的变化:主观的变化与客观的变化。一方面,由于精神病患者在主观上已不能像正常人那样以普遍认可的文化价值标准对客观事物做出正常的反应了:客观的事物着上主观的色彩;另一方面,由于精神病患者自己的变化,客观外界的人开始对他采取另一种态度:客观外界的状况随主体自身的变化而相应发生了变化。这两种变化的结果,归结到一点,就是精神病患者与外界的关系发生了变化,这变化给精神病患者以精神的刺激,这刺激又被精神病患者以不同于常人的思考方式所理解、所接受,进一步推动着他的精神状态的变化,而他的精神状态的变化同时又加剧着周围人对他的态度的变化——就是在这二者的纠缠中,精神病患者的病情急剧地恶化。

一个精神叛逆者的情况也是如此。他的思想标准不同了,精神主体整个状况发生了变化,随之客观世界在他的面前的客观面貌也有了不同。与此同时,周围的环境是不可能不对叛逆者施行各种歧视、压制和迫害的手段的。二者的交互作用,推动精神叛逆者不能不重新认识和思考周围的客观世界,完善自己的新的理性认识。

对一个精神病患者的态度的变化,不是一个人、两个人,也不是某一部分的人,而是周围所有的人。"狂人"首先发现的,是外界人态度的变化。在这里面,有像赵贵翁这一类的"上等人",也有"给知县打枷过的""给绅士掌过嘴的""衙役占了他的妻子的""老子娘被债主逼死的"下等人;有大人,也有孩子。继之,他不能不发现,连他的家人对他的态度也有了变化。在这个"迫害狂"患者的眼中,这一切的变化都意味着要对他进行迫害,要吃掉他。后来,他又发现连他的哥哥也同外人一样视他为疯子,也同意外人的意见,亦即也要吃掉他。在这里,他的思路经历了这么一个变化过程:

外界的人吃人→本家的人吃人→整个社会吃人

《狂人日记》细读

现实社会的人吃人，而现实社会的人与历来的人都是相同的，因而"狂人"的思想便不自觉地由现实的概括跨越到历史的概括：

现实社会吃人→中国历史吃人→整个文化传统吃人

显而易见，这个"迫害狂"患者的思维路线，同中国传统封建文化的精神叛逆者的思维路线也是大致相同的。当一个精神叛逆者的文化价值观念发生了根本变化，反对他的将不仅仅是他的仇敌，同时也包括他的亲友；不仅仅是社会的统治者，同时也包括广大的社会群众，甚至还有小孩子们。他在思想上是孤独的，精神上是寂寞的。周围所有的人，尽管目的不同、动机不同，但都不会容忍他的思想的叛逆行为。在这里，"狂人"心目中的"吃人"，实际便是吃掉精神叛逆者的思想和精神，同时也是吃掉整个民族的思想活力和发展机制。一个民族的成员，对自己的文化系统中的任何困难，都在意识上有一种潜在的理解，但对于一个叛离自己文化传统的人，却几乎存在着本能的恐惧，这是对于不理解的事物的恐惧，一种借助想象力无限夸张了的恐惧，而统治者为了维护自己的传统统治地位又总是利用社会群众这种本能的恐惧心理压迫精神叛逆者。鲁迅在《狂人日记》中说那些"给知县打枷过的""给绅士掌过嘴的""衙役占了他的妻子的""老子娘被债主逼死的"人，在自己受到实际的侮辱和损害时的脸色，还不如见到"狂人"时的"这么怕""这么凶"，其原因就在于此。小孩子的价值观念，首先是从前辈人那里简单接受过来的，他们同样不会理解和同情一个精神叛逆者。总之，一个精神叛逆者的孤独，也正像一个疯子在自己的环境中的孤独，只不过疯子对自己的孤独无所感，而精神叛逆者则是有清晰感觉的。

一个精神叛逆者不但是孤独的，同时也像疯子一样受到外界社会的刺激，被人歧视，被人视为异端，思想随时可能被扼杀。正是在他们面前，一种文化所容许的全部凶残和狡诈，才被全部暴露出来。正是在这时，精神叛逆者对自己文化环境的认识才迅速深化发展。这种深化发展的路径也正像《狂人日记》所描写的一样：由个别到一般，由现实联系到历史,最后上升到对整个传统封建文化性质和作用的认识。鲁迅在谈到《狂人日记》的写作时说:"后以偶阅《通鉴》,乃悟中国人尚是食人民族,因成此篇。"①在《狂人日记》中,这个意思被集中表现在我们经常引用的这样一段话中:"我翻开历史一查,这历史没有年代,歪歪斜斜的每页上都写着'仁义道德'几个字。我横竖睡不着,仔细看了半夜,才从字缝里看出字来,满本都写着两个字是'吃人'!"对于疯子,"这历史没有年代"是由于感觉的模糊,对于精神叛逆者,则是由于中国传统文化在性质和主要观念上几千年并未变化。时间观念是由于变化发展造成的,既然它没有发展变化,年代当然对它毫无意义了。在这整个历史中,中国传统封建文化是以不断重复宣扬儒家的仁义道德学说为特征的,所以说它每页上都写着"仁义道德"几个字,而中国封建历史上的各种最凶残的暴行又都是在仁义道德的名义下进行的,因此这里说在仁义道德的字缝里写着满本的"吃人"。但必须指出,这只是"狂人"思想认识的终点,并不代表这篇小说的全部。小说的思想意义,是大大超过了这个理性的结论的。

在这一部分里,出现了"狂人"之外的三个重要的意象:古久先生、大哥、医生。

古久先生和他的陈年流水簿子是中国传统封建文化的象征,这已经没有异议。"大哥",我们也不宜当成一个具体的人物典型看待,因而我们无法判定他的阶级成分和政治立场,他只是中国封建家族制度和礼教制度的象征。鲁迅说"《狂人日记》意在暴露家族制度和礼教制度的弊害",②而具体体现着它们的特征的就是"大哥"。我们从小说中无法判断他在何种程度上敌视"狂人",而在最大的可能上是关心弟弟的病的。但无论如何,家族制度是中国传统封建文化的基础,它的所有观念,都是首先在家族内部灌输并实施;一切背离它的思想倾向和行为,社会也首先交由它予以矫正和扼杀。而在家族制度保证下具体实施的又是上尊下卑的一整套礼教制度。"大哥"对"狂人"的关心,就是治好他的疯病,

---

①鲁迅:《鲁迅全集》第11卷,第353页。
②鲁迅:《〈中国新文学大系〉小说二集序》,载《鲁迅全集》第6卷,第239页。

《狂人日记》细读

在另一个意义上，就是以一切可能的办法，使精神叛逆者放弃自己的思想立场，认同传统封建文化。"医生"是另外一种人物的意象，多年来我们都把他视为鲁迅对中医的否定，但我认为我们并没有真正理解这个意象的核心意义，鲁迅当时的确对中医有些不好的看法，但把"医生"的意义局限在这里，未免太狭窄了。他实际是中国传统封建文化的说客的象征，是像西方的宗教牧师一样做劝导工作的。这种劝导，是以关心体贴被劝导者的面目出现的，但却必以让被劝导者放弃自己的思想立场为根本目的。所以《狂人日记》中说他"满眼凶光"却又低头向着地，从眼镜横边暗暗看人，把自己的目的尽量掩盖起来。

3. 寻求理解（进行启蒙）

疯子的病情相对稳定下来，他对周围事物的特殊感受方式也相对固定下来。他再也不能从众，但又能感受到他与别人的差别和隔膜。因而他便会产生寻求别人理解的愿望。对于精神叛逆者而言，这个过程就是文化启蒙。

在《狂人日记》中，从第七节到第十节写的是这一过程。它集中体现在"狂人"在幻觉中与一个青年人的谈话和说服大哥两个细节中。从文化启蒙的角度，青年和自己的亲人是首要的两个对象。青年受传统文化价值标准的束缚较小而又有了一定的理解能力，亲人是真正关心爱护自己的人，他们较易从情感上与精神叛逆者达成共识，并由此进而理解他的理性判断。但鲁迅的具体描写却显示出，即使对于这两类人，单纯的思想启蒙也是不起作用的。其中的关键在于，他们已经认定你是一个疯子，判定了你的错误和自己的正确，从而也便想不到再去理解你、思考你提出的问题。

第八节"狂人"与自己幻觉中的青年人的对话，实质上表现了为事实牺牲观念还是为观念牺牲事实的两种思维方式的斗争。"狂人"一口咬定的是事实本身，对方则极力抹杀这事实，掩盖事实的本质。他的方法有下列几种：

（1）否定一般性的事实。（狂人问："吃人的事，对吗？"他回答："不是荒年，怎么会吃人？"）

(2) 用毫无意义的话题转移争论的方向，回避矛盾。（"今天天气很好。"）

(3) 用含含糊糊的承认平息争论，但当对方由此引出实质性的结论，便重新否定事实本身。（"不……""没有的事……"）

(4) 在不可否认的具体事实面前，用传统为现实辩护。（"也许有的，这是从来如此……"）

(5) 当对方不承认传统的权威性，对方也就等于犯了不可饶恕的错误，此前所提出的问题便因动机不纯而被否定掉。（"总之你不该说，你说便是你的错！"）

中国传统封建文化，在几千年的历史上，已经形成了以自我为满足的一套价值标准。在传统观念上，只用它们衡量客观事实，而不再用客观事实去衡量它们。这就使这种文化成了对人的异化物。走出这种文化迷雾的方法之一便是重新用客观事实衡量这种文化本身。显而易见，在这两种思维路线面前，是无法找到共同语言的。如果归结到一点，这实际是科学意识（从事实得出结论）和反科学意识、迷信意识（以观念否定事实）的斗争。

在第十节"狂人"与大哥的对话中，鲁迅实际概括地描写了中国现代启蒙思想的主要理论支柱，表现了精神叛逆者与封建传统观念的根本分歧，但也表现了这种分歧是不可能仅靠思想启蒙或说服、动员便能解决的。"狂人"的第一段话体现的是人性进化的观念，它之所以无法感动对方，是因为中国传统的伦理道德是以自身的标准为最高标准的，"天不变道亦不变"，这种标准是不会变化的；"狂人"的第二段话体现的是人道意识，是用这种意识对历史的重新反思。它也没有感动大哥，因为对方的思想基点不是人道意识，为了维护传统伦理道德的信条，一切的牺牲都是合理的，君叫臣死，臣不能不死，父让子亡，子不能不亡，历史上的种种牺牲都是正常的、合理的；第三段话体现的是社会意识，"狂人"用它向大哥晓之以利害，说明文化革新的必要性。但这也没有起到任何作用。明哲保身的观念是传统的根本观念之一，只要自己尚未面临被吃的危险，他们是不会预先走向因反传统封建道德而面临的跟前的危

《狂人日记》细读

险之路的，这里的利害，有着不同的理解，后者正是出于趋利避害的目的，才不会听从启蒙者的劝导。他们趋利避害的方法是远离现实之害，求未来的侥幸。但是，"狂人"的话，也正好触动了他们平日的不安全感，这种不安全感也更加剧了他们对异端思想的畏惧："当初，他只是冷笑，随后眼光便凶狠起来，一说破他们的隐情，那就满脸都变成了青色了。"

综合这两段对话的意思，至少我们能看出精神叛逆者在思想意识上与传统封建观念的几种对立关系：

科学意识——盲目意识
进化意识——保守意识
人道意识——漠视生命
社会意识——明哲保身
个性意识——奴性意识

在这一部分中，作者还通过"狂人"之口指出了两种吃人的人：一种是盲目信从封建传统道德而对它的弊害无知无觉的人；一种是明知其能害人而利用它行私利己的人。但这两种人都会参与吃人，对精神叛逆者的基本态度也是相同的。

"海乙那"是整个小说仅次于"狂人"的一个重要意象，它统领了除"狂人"以外的所有人的精神特征。中国传统封建礼教是以"存天理，灭人欲"为旗帜的。"灭人欲"是对人的强烈的欲望压抑和精神压抑，但这种压抑不可能从根本上消灭人的欲望和精神要求，而是使其不能公开表现出来，转化为一种内在的更强烈的要求。传统封建礼教的另一个重要特征是宣扬对上的绝对顺从，并且它可以利用政权的强制手段和社会舆论的强大压力保障这种顺从。这样，人们被压抑的欲望便极难以在上者、强者面前宣泄，而下者、弱者则成了宣泄的唯一对象。不难想到，周围的每一个人都把自己一生中被压抑着的愤懑情绪向一位弱者发泄，不是非常可怕的事情吗？而这些精神萎靡而又满怀嫉恨情绪、专寻弱者欺负的人就是"吃死肉"的海乙那。实际上，海乙那的意象同狂人意象一样，在《狂人日记》中是贯穿始终的。"似乎怕我,似乎想害我",这是有害人之心而无害人勇气的表现;"老子呀!我要咬你几口才出气!"透露出的是内心的歹毒,但这个女人却不敢直面对手;在没有找到害人的冠冕堂皇的借口之前,为了保护自己,他们是还不想也不敢扯下彬彬有礼的假面具的,所以"狂人"说他们:"话中全是毒,笑中全是刀。他们的牙齿,全是白历历的排着。"而遮掩的方法便是找到害别人的借口,给对方安上一个罪名。由于他们是先有害人之心而又制造害人的借口,所以派人罪名便成了极为随意的事情,欲加之罪,何患无辞?"他们一翻脸,便说人是恶人。"做文章在遣词用字上要些把戏,便是"翻天妙手,与众不同";在给人派罪名的时候,由于没有固定的标准,照例是要讲上一番仁义道德的大道理的,而这大道理也无非是为了给人派上个罪名,所以"狂人"说:"他讲道理的时候,不但唇边还抹着人油,而且心里满装着吃人的意思。"一旦对方有了罪名,不论这个罪名成立不成立,迫害他也便成了光明正大的事情,不但自己无过,还可以获得种种美名,"预备下一个疯子的名目罩上我。将来吃了,不但太平无事,怕还会有人见情"。但即使这样,这些人还是害怕担负罪责,不敢独立出头直接杀害,总是首先"大家联络,布满了罗网,逼我自戕"……《狂人日记》中的这种种描写,都是"海乙那"这一意象的注脚。概括说来,它有三个特点:"狮子似的凶心,兔子的怯弱,狐狸的狡猾",把人害了,身上却不留半点血迹。但是,《狂人日记》也指出了这些人的内心恐惧:"自己想吃人,又怕被别人吃了,都用着疑心极深的眼光,面面相觑。……"

可怕的海乙那!可怜的海乙那!

在海乙那中间生存,"狂人"感到有被吃的畏惧,但面对这些精神萎缩了的海乙那们,他又感到自己充满了义勇和正气。

4. 失望、病愈(失望、被异化)

第十一、十二两节写"狂人"失望后的心理活动,他不再希望能说服别人,这时他只剩下了两项心理内容:

回忆往事

自我忏悔

《狂人日记》细读

　　当他想起妹子的死这个致病的最早心理创伤,他便痊愈了。

　　当一个精神叛逆者绝望于自己的思想启蒙的社会作用,他也便只好转向内心,回忆往事,自我忏悔,其结果必然是认同文化传统;中国传统封建文化的特征,不就是强调脱离整个社会文化的根本改造而专营个人的道德修养吗?

　　"母亲"意象,包括对传统封建文化的极大绝望。母亲之爱是人性中最强烈和稳定的爱,假若连这种爱和自己子女被吃的事实都无法使之认识到传统封建文化的吃人本质,还有什么力量能使广大社会群众理解和同情精神叛逆者的思想愿望呢?

　　第十三节是小说结尾,在《狂人日记》中,它实际是一个思想过程的结束,是精神叛逆者的"临终遗言":"救救孩子!"

四、陌生化效果与高寒风格

　　我认为,通过以上细读,至少可以给人这样一个印象:《狂人日记》并不像我们过去想得那么直露、那么单纯。它在艺术上的成就与它在中国思想史上的地位同样崇高。

　　我们已经能够看到,双关结构是《狂人日记》最鲜明的结构特色。整个小说文本同时可以有两种不同的阐释方式,使小说构成一个庞大的双关语系统,这在中国古代小说史上已是罕见。假若我们能够看到这种双关语系统的复杂性,那么,它在中国小说史上便纯然是一个创造了。如前所述,《狂人日记》中相关的两个阐释方式得出的两个情节,具有彼此的同构性和同义性,但与此同时,它们又有非同构性、差异性乃至反义性,使《狂人日记》的这个双关结构在某种程度上又是反语结构:

　　　　精神病患者:生理的　非理性的　否定的　可笑的　喜剧的
　　　　精神叛逆者:心理的　理性的　　肯定的　悲壮的　悲剧的

　　由于这两条情节线索之间的差异性乃至反义性,鲁迅将它们都陌生化了，便产生了《狂人日记》的独特艺术效果：精神病患者的病理过程将精神叛逆者的思想过程陌生化了、艺术化了，使之不再是思想过程的理想叙述，而带有了具体性和戏剧性，精神叛逆者的思想过程将精神病患者的病理过程陌生化、艺术化了，使之不再是病理过程的机械表达，而具有了严肃的精神内涵和理性意蕴。这样，《狂人日记》便把心理的与生理的、理性的与非理性的、肯定的与否定的、悲壮的与可笑的、悲剧的与喜剧的完全熔为一炉，构成了一个复杂多义的艺术整体。

为了论述方便，我们曾将疯子的病理过程的描写作为小说的艺术结构，把精神叛逆者的思想历程的表现作为小说的意义结构，但当我们已经将这两条线索上的东西看清之后，便应该指出，二者只是现象上的机械划分，而真正的艺术结构和意义结构是一个统一体，凌驾于这两条情节线索之上。《狂人日记》中两个情节过程的同构性与非同构性，也直接影响到小说的章义结构。就它们的同构性而言，精神病患者的病理过程，为读者感受和理解精神叛逆者的思想历程，提供了一个必要模式，是读者与精神叛逆者之间的一个艺术中介；而精神叛逆者的思想历程，又为读者感受和理解精神病患者的病理过程，提供了一个必要的模式，是读者与精神病患者沟通的思想中介。这样，就为读者从不同角度介入小说提供了可能性。但是，这两个过程在某些方面的非同构性，又各自向对方注入了新的意蕴，把对方陌生化了，当把精神叛逆者的思想历程，用精神病患者的病理过程表现的时候，作者实际已把读者从常规的思维模式中牵引出来，使他意识到精神叛逆者的思想言行，是不容以常态的感受方式和思维方式来感受和理解的，因而真正的精神叛逆者，很可能不是读者平时所理解的、所看到的精神叛逆者。与此同时，精神叛逆者不仅仅是理性的，同时也具有非理性的色彩，是建立在特定生活感受的基础之上的。在这种疏离化、陌生化的过程中，作者还使读者与彻底的精神叛逆者在理智上保持着一定的心理距离。在过去，我们往往把"狂人"与鲁迅简单等同起来，这只有部分的合理性。实际上，鲁迅为我们提供的只是一个感受和理解的对象，是鲁迅内心深处的另一个自我，而不是仿效和模仿的对象，不是鲁迅的整体自我。《狂人日记》的描写已经暗示读者，这样一个彻底的精神叛逆者，在中国的现实生活中是没有立足之地的，其启蒙的目的也是根本达不到的，因而他又带有不合理性的色彩，带有值得否定的因素，他的行为也有其可笑性。在这样一种意义上，他确实像一个真正的疯子。总之，精神病患者的病理过程把自己的意义投射在了精神叛逆者的身上，使之有了在普通理解上所不具有的色彩和性质；当把精神病患者的病理过程用精神叛逆者的思想历程体现出来，精神病患者的病理过程也在读者心目中陌生化了，它不再是读者平时观念中的精神病患者。事实上，从发生学的角度，在精神病患者的患病过程中，已经包含着思想解放的意义，思想禁锢和道德压抑是二者发生的共同原因，不过一为非理性的，一为理性的。但也正是因为如此，精神病患者的非理性中也包含着某些理性内涵，至少可以用理性思维认识它、掌握它。它的可笑中包含着并不可笑的内容，它的非正常性言行中包含着正常的意义。也就是说，精神叛逆者的思想过程同样把自己的意义投射到精神病患者的病理过程上，使之有了读者平时所意想不到的新的色彩和性质。

《狂人日记》的陌生化手法还存在于小说的文言短序与白话文本之间：对于文言短序，白话文本有了陌生的色彩；而对于白话文本，文言短序又是陌生的。

在这时，我们已经能够体会到《狂人日记》的艺术结构与其文化思想的整体联系了。中国传统封建文化是吃人的、腐朽没落的文化，但又是被广大社会群众所接受的现实性文化；当时思想启蒙者所提倡的文化是人道的、先进的文化，但却是难以在中国社会站得住脚的文化、难以起到自己应有的启蒙作用的文化。后者的存在使前者具有难以被人接受的可怕的面貌，而前者的存在也同样使后者具有对旧文化的思想超越。鲁迅不同于"狂人"，他是终其一生站在现实的地面上为理想奋斗、身处传统封建文化之中而寻求新的文化出路的文化战士。他是一个内在的狂人和外在的凡人的复合体，是一个"历史中间物"，但这种"历史中间物"意识恰恰是对现实和理想的双重超越。鲁迅在谈到自己的《狂人日记》的时候，公开承认受了尼采《查拉图斯特拉如是说》的影响，但又说"不如尼采的超人渺茫"。也就是说，他肯定了作为理想的超人精神，但又意识到它的非现实性的局限。(鲁迅：《〈中国新文学大系〉小说二集序》。)

《狂人日记》这种既是双关的又是反语式的艺术结构，还与它的整体的高寒风格有着密切关系。它是一出悲剧，是精神叛逆者在现实中找不到出路终于不得不向环境、向传统封建文化妥协的悲剧。但却不再是传统的恩恩怨怨、凄凄惨惨或涕泗交流式的悲剧。它带有少见的峻冷的色彩和高寒风格。这是由它的视点之高造成的。一个精神病患者对于自己的周围环境或一个精神叛逆者对于自己的文化传统，都是一种迥不相同的视点。在这样一种视点上，周围一切事物的色彩和性质都发生了变化，其陌生化的效果是极为强烈的。小说从一开始便把读者的视点推到了这个极高远的所在，使之对于狂人的思想言行感到一种猝不及防的惊异。几乎他的每一个思想判断，都使读者感到惊悟，又使他们有些害怕接受它。这种艺术风格，是对中国传统文学中和风格的一种挑战，同时也是对中国传统中庸思想的一种反叛。在这个意义上，《狂人日记》也是前无古人、后无来者的。至于"狂人"的心理描写，部分的意识流手法运用、日记体的小说形式、第一人称的写法，前人已多有论述，这里便不赘述了。

原载《鲁迅研究年刊（1991—1992）》，王富仁著，中国和平出版社1992年版

关于《药》的主题

对于《药》中夏瑜的牺牲和群众的不觉悟二者之间的因果联系，我们完全可以从两个方面加以理解：以夏瑜为代表的旧民主主义革命者脱离群众导致了群众的不觉悟，群众的不觉悟又使夏瑜白白捐弃了自己的生命。可是鲁迅的表现重点却只是后者。以前我们为了从中得出资产阶级革命者脱离群众的政治性结论，片面强调了夏瑜脱离群众的一面。这分明是与鲁迅的整个艺术构图不相谐和的。鲁迅不是从个人的主观愿望上，不是从个别人的行动上来看待旧民主主义革命的历史错误的，所以他并没有把这个革命的缺陷放在夏瑜的个人品质中。夏瑜身在囹圄，还在向狱卒宣传革命道理，我们有什么理由责备他没有发动群众呢？鲁迅的镜头，主要摄取的是不觉悟群众的艺术画面，他所强调的，是群众不觉悟状况对革命者革命活动的制约作用，亦即社会思想革命对政治革命运动的制约作用。只有在这个整体性的意义上，我们才可以说《药》是对旧民主革命失败教训的总结。

原载《名作欣赏》1985年第3期

《鲁迅前期小说与俄罗斯文学》后记

这本小书，是我在西北大学中文系研究生学习期间陆续写成的。毕业前曾做了一次统一的修改，并补写了一章。它是我的毕业论文，同时也是我的硕士学位论文。

对于这个学生般作文的东西，我只有感到惭惶，又有什么更多的话要说呢？我只想借此出版的机会向引导我走上鲁迅研究道路的薛绥之先生、向在三年研究生学习期间辛勤培育我的单演义先生和其他老师以及热情关怀和支持该书出版的同志们表示诚挚的谢意！

最后，希望读者同志们提出更多的批评意见。

1982年5月23日于西北大学

原载《鲁迅前期小说与俄罗斯文学》，王富仁著，陕西人民出版社1983年版

《中国反封建思想革命的一面镜子：〈呐喊〉〈彷徨〉综论》初版后记

假若说《鲁迅前期小说与俄罗斯文学》是我的第一本学生作文，那么这本书就是我的第二本学生作文。它是我在北京师范大学中文系攻读博士学位期间在导师李何林先生和副导师杨占升先生、郭志刚先生指导下写成的。在他们的具体指导和辛勤培育下，我于1984年10月通过了博士学位论文答辩，并有幸获得了博士学位。该书就是我在博士学位论文的基础上修改而成的。

感谢中国社会科学院文学研究所唐弢先生、鲁迅博物馆王士菁先生、北京大学中文系严家炎先生和我校（北京师范大学）钟敬文先生、郭预衡先生，他们在百忙中审阅了我的论文，并参加了我的答辩会。在答辩会上，这些我所尊敬的学术老前辈，对我这个后辈学子，进行了热情的鼓励，并提出了很多宝贵的意见。

在我这本书的写作中，给我很大帮助的还有中国社会科学院文学研究所樊骏同志、《文学评论》编辑部王信同志、鲁迅博物馆王德厚同志，他们都曾为我阅读了全部或部分博士学位论文的原稿，提出了很多具体的修改意见。还在我于西北大学中文系攻读硕士学位的时候，他们都已给了我多方面的关怀和帮助，这是我难以忘怀的。

在导师李何林先生和上述诸位学术前辈提出了批评意见之后，我又对全书做了较大的增补修改，有些地方改正了以前的错误和缺点，但又有可能在另外一些地方产生了新的甚至更多的错误，对于这一些，我应当自己负责。

我的导师李何林先生亲自为本书作了序，我是感到很荣幸的。不过有一点，还需要我自己做一点说明。李先生在序中录引了专家们为我的毕业论文写的评语，其中多有赞词，作为对一个研究生的鼓励，或无不可，但作为对现在正式出版的学术著作的评价，就不尽适合了。不过它可以作为学术前辈们对后学的殷殷之情、拳拳之意的证明，它将永远留在我的心中，并鞭策我不断前进。

最后，还应感谢北京师范大学出版社的同志，有赖他们的帮助，这本书才得以与广大读者见面。

谨以此书纪念中国现代最伟大的思想家、文学家鲁迅逝世五十周年！

1985年10月22日于北京师范大学

原载《中国反封建思想革命的一面镜子：〈呐喊〉〈彷徨〉综论》，王富仁著，北京师范大学出版社1986年版

《中国反封建思想革命的一面镜子：〈呐喊〉〈彷徨〉综论》再版后记

我出的第一本书是《鲁迅前期小说与俄罗斯文学》，是我在西北大学中文系攻读硕士学位期间写的硕士学位论文，修改之后由陕西人民出版社于1983年出版。在写作那本书的过程中，我便接触到在当时看来一个十分重要的问题，即鲁迅的前期小说没有直接涉及"反帝"的内容，而更多的是"反封建"的主题。这个问题，对于当代青年，似乎已经不是一个问题，但在我们那个时代，却是一个大问题。中国的鲁迅研究者，自从20世纪20年代末开始，就主要着眼于中国的政治革命，鲁迅作品的价值和意义是从其与中国现代政治革命的紧密联系得到高度的肯定和热情的赞扬的。毛泽东将中国共产党领导的新民主主义革命的任务归纳为"反帝""反封建"两大任务，这在1949年之后的大陆鲁迅研究界，更成了一个不言而喻的指导纲领。当我感到鲁迅前期小说没有更多直接涉及"反帝"的内容时，这无疑是一个需要认真分析说明的大问题。当时的中国社会刚刚从"文化大革命"的废墟中走出来，连当时的政治领袖人物也大力倡导反对封建思想，这无疑也是支持我将自己的想法写出来的重要原因。通过硕士学位论文答辩之后，樊骏先生代表《中国现代文学研究丛刊》向我约稿，我就将这样一个想法写成了一篇文章，题目就叫《中国反封建思想革命的一面镜子：〈呐喊〉〈彷徨〉综论》。

《中国反封建思想革命的一面镜子：〈呐喊〉〈彷徨〉综论》作为单篇

论文在《中国现代文学研究丛刊》发表之后，颇得一些前辈学者的好评，那时我已经考取了北京师范大学中文系中国现代文学专业的博士研究生，受教于李何林先生，在考虑博士学位论文选题的时候，就决定以此为基点重新考量鲁迅《呐喊》和《彷徨》的思想意义和艺术特征。那时的意思，只是它可以做成一个博士学位论文，像我的硕士学位论文一样，还不至于人云亦云，没有新意，在导师和答辩老师面前也能说得过去，力争答辩能够顺利通过，完全是学生的想法。至于后来人们给予它的美誉与恶谥，都是连想也没有想过的。从我当时意识到的内容来说，主要有三点：其一，将中国政治革命与中国思想革命区别开来，用思想革命的标准研究鲁迅作品，不用政治革命的标准直接衡量鲁迅文学创作的思想价值和意义；其二，回到鲁迅作品的本身去，首先理解鲁迅的创作意图，不用我们自己的主观意图强行要求鲁迅的文学创作；其三，尽量将鲁迅作品思想意义的分析与其艺术上的创新结合起来，而不是仅就思想谈思想。时至今日，这三点已经没有什么值得大惊小怪的地方。但在当时，却并不是所有的学者都能够认同的。

1984年，我通过了博士学位论文答辩。答辩委员会主席是北京师范大学中文系钟敬文教授，答辩委员有中国社会科学院文学研究所唐弢研究员、北京大学中文系严家炎教授、北京师范大学中文系郭预衡教授、北京鲁迅博物馆王士菁研究员，我的博士生导师李何林教授、副导师杨占升教授（当时为副教授）当然也参加了答辩会。我之所以在这里将他们的名字一一列举出来，是因为在这本书时经二十余年再一次得到出版的机会的时候，不能不想到他们当时给予我的宽容和鼓励。至于我的导师李何林先生给我的精神上的影响和学术上的指导、我的副导师杨占升先生给予我的思想上的影响和生活上的关怀更是我无法忘怀的。钟敬文先生、李何林先生、唐弢先生和杨占升先生都已经过世，愿他们在九泉之下能够听到我对他们的衷心的感谢和祝福。

该书是在我的博士学位论文的基础上修改而成的，1988年于北京师范大学出版社出版。此前还曾写过一个四万多字的博士学位论文摘要，题为《〈呐喊〉〈彷徨〉综论》，连载于1986年《文学评论》第三、四两期。在当时，大概读过我这篇博士学位论文摘要的读者比读过这本书的

《中国反封建思想革命的一面镜子:〈呐喊〉〈彷徨〉综论》再版后记

读者要多得多。与我的年龄相仿的人都还记得,在当时,大概主要因为这篇博士学位论文的关系,曾引起过鲁迅研究界的一场不大但也不小的争论。关于这次争论,我已经没有太多的话要说,因为当时正是中国学术文化的一个转型期,人们的视线还没有真正转移到对研究对象本身的认识上来,而仍然主要关注研究者本人坚持的是不是马克思主义的立场、观点和方法。当时的反对者说我否定了马克思主义的鲁迅研究,支持我的人则认为我的研究虽然不是十全十美的,但还是有一定意义和价值的。我当时曾写过一篇《关于马克思主义方法论的几个问题》,发表在《鲁迅研究月刊》上,算是我对自己的反对者的批评的批评。时至今日,连当时我的反对者也大都从马克思主义战线上撤下军来,倒是在当时被作为反对马克思主义鲁迅研究的我,还常常想到从社会弱势群体的立场上感受和理解现实社会的矛盾和斗争并为弱势群体的前途和命运做点力所能及的思想上的努力。想到这一点,我心里常常有一种说不出来的悲哀。

该书出版之后,一方面有中国鲁迅研究事业的坚实的发展和持续的进步,但另一方面也有五四新文化在各个不同文化领域的败退,甚至连我们的鲁迅研究界和中国现代文学研究界,都程度不同地参与了颠覆五四文化革命原则的工作,有些知名学者甚至将20世纪初的五四新文化运动视为20世纪中后期的"文化大革命"的直接原因,不但鲁迅越来越多地承担了"五四"反对传统文化的罪责,即使胡适首先倡导的白话文革新也受到了越来越严重的质疑。好像20世纪中国社会所取得的所有伟大成就都只是中国传统文化的功劳,而20世纪中国社会所遇到的所有严重灾难都应当由五四新文化运动负责。至少在我看来,弥漫于中国当代社会的这种文化观念,实在有点莫名其妙,甚至到了连点起码的历史事实都不顾的程度。这样一些观念首先在那些英美留学生中产生出来,更是令人费解的。几乎在本书出版后不久,作为20世纪中国文化关键词之一的"反封建"就在当代中国文化中无声无息地消失了,以致当代的中国青年知识分子对这个概念已经感到十分的陌生。我曾经想写一篇《中国封建论》,自觉很难引起中国当代青年的同情和理解,至今没有勇气写出来。现在该书就要再版,该书的名字中就有"反封建思想"的字眼,我不甘心因为当代文化思潮的变化连这个书名都改了,在这里,我不得不扼要地说说我对这个问题的看法。

中国古代的封建社会和封建思想是否等同于西方的封建社会和封建思想是一回事，中国古代社会及其思想可不可以称为封建社会和封建思想又是另外一回事。我们知道，在中国，周初实行的是分封制，孔子创立的儒家文化传统就产生于由周初的分封制所建立起来的社会上，是适应着这样一种社会形态而创立起来的。秦始皇统一中国之后，虽然逐渐用郡县制代替了分封制，但通过"罢黜百家，独尊儒术"而确立下来的社会思想却是在郡县制基础上建立起来的儒家文化传统。那么，为什么在郡县制基础上建构起来的中国社会仍然可以以儒家的伦理道德作为自己的思想纲领呢？在这里，我们不能不注意到，此后的郡县制并没有从根本上改变在分封制基础上建构起来的中国社会的基本结构形式，这种结构形式就是家国同构的结构形式。中国儒家文化的特征是以家庭伦理附会政治伦理，又用政治伦理规定家庭伦理。在家的家长制与在国的君主制是基本相同的结构形态，因而也用基本相同的伦理形式进行维系。也就是说，不论中国古代社会及其社会思想与西方古代社会及其思想有什么巨大的差异，但用封建社会和封建思想指代中国从春秋到晚清的社会及其思想都没有根本性的错误。

与此同时，中国古代这种家国同构的社会形式以及以忠孝为核心的儒家伦理道德形式不但与西方社会及其伦理道德观念有着根本性的不同（在其原则上，这种不同我们是可以忽略不计的），更重要的是，它们也与辛亥革命以后的中国现实社会有了根本的不同（这种不同，我们则是不能忽略的）。"五四"那代知识分子，虽然仍然是从封建家庭中走出来的，但他们离开家庭之后进入的却不是国家的政治结构，而是进入了中国的社会并成为这个社会的独立的一员。实际上，中国社会从那时至今都在不断发生着从传统的家国同构的社会形态向社会化的形态的转变，在下的家长制和在上的君主制不断受到这种社会化转变的冲击。在现代社会上人与人的关系不是在家长制和君主制的上下尊卑的等级关系中被确定下来的，而是在人与人的平等关系中建立起来的，这一方面需要人与人之间的人道主义的理解和同情，另一方面也需要承认每个人的自由权利。对于我们这个"地大物博、人口众多"的中华民族，这种转变当

《中国反封建思想革命的一面镜子：〈呐喊〉〈彷徨〉综论》再版后记

然不是一朝一夕可以完成的，因而中国传统文化仍然作为这种转变的基础在中国社会发生着不可轻视的维系作用，但这种转变却也是一个不争的事实，一个无法阻止的潮流。我认为，这就是五四反封建革命的巨大价值和意义之所在。"反封建"不是五四新文化运动的罪责，而是它的不可磨灭的巨大历史功绩。

感谢中国人民大学出版社，再一次给了我发言的机会，使我能够重申二十余年前曾经提出并一直坚持着的对于鲁迅《呐喊》和《彷徨》的认识和理解，也感谢刘汀先生在该书的再版过程中所付出的努力和劳动。

2009年10月26日于汕头大学文学院

原载《中国反封建思想革命的一面镜子：〈呐喊〉〈彷徨〉综论》，王富仁著，中国人民大学出版社2010年版

《中国鲁迅研究的历史与现状》初版后记

　　这本小册子是在前年去韩国参加韩国的中国现代文学研究会年会时开始动笔写的，我想作为一个中国的鲁迅研究者向韩国的学术同行介绍一下中国鲁迅研究的情况是很有必要的。那时只想写成一篇二三万字的文章，但一写，才知道这个问题并不容易讲清。要把它的来龙去脉说清楚，是件很麻烦的事情。时间已是非常紧迫，紧赶慢赶，去韩国前才完成了本书的第一章，不得已，只有在前面加了一个全书的内容提要。从韩国回来后，《鲁迅研究月刊》就把这一章和全书的内容提要给发了出来，但这一来，后面的也就不能不写了，结果是随发随写，连载了十一期方才发完。由于这个原因，这本小册子就成了现在这个非驴非马的样子。说史，它不像史，说论，它又不是论。什么都有点，但什么都不完整。就全书而言，第一、二章更近史，第三、四章更近论。"论"实际是一种取巧的办法，第三、四章之所以空论多了起来，一是因为每月必交出一部分，已经来不及阅读大量的原始材料，二是因为我不想陷到具体的观点论争中去。这两个时期的作者大都还在世，他们又都是在一种非常的情况下从事鲁迅研究的，直至现在，人们对我们的不同观点还不能以超然的态度对待，所以我觉得空一些比实一些更有利。我的目的不是在鲁迅研究界论功行赏，并且我也没有这样的资格，而是与大家一起思考我们所处的境遇，这个境遇是历史造成的，但必须由我们现在的鲁迅研究者来承担，因为只有如此，我们才能为自己开拓出仅仅属于我们的

《中国鲁迅研究的历史与现状》初版后记

研究空间来。

　　对于这段鲁迅研究史的叙述，我与别人有不尽相同的地方。其一是看历史的方法，其二是看个人的方法。看历史可以倒着看，也可以顺着看。倒着看是以今观古，用现在的观念观察过去的人和过去的事；顺着看是沿着过去的人和过去的事的轨迹一步步走到现在来。这两种办法都不失为一种办法，但当一种办法多了起来，它的弊病也显豁了起来。我认为，现在中国知识分子更多地使用倒着看的办法，这样看得多了，就自觉不自觉地骄傲起来，觉得历史上的人都有些蠢，我们很明白的事情他们却都不甚明白。对自己的价值有充分的认识是很好的，但在自己进行现实的选择的时候，却往往不敢拿主意，因为自己以自己的观念评判过去的人和过去的事，在自己选择的时候，也就必须考虑到我们的后人怎样评判自己，而这个问题又是极难解决的。未来的人怎么想，我们是很难揣测的，我们只能按照我们现在的需要选择我们自己的道路，我们是为自己选择，而不是为未来的人选择，我们之前的人又何尝不是如此呢？我们的现在就是他们的未来，让他们按我们的意愿进行选择难道是合理的吗？自然他们是在他们的时代为自己做出选择，我们就不应当依我们现在的观念来评论他们、要求他们。我这本小册子就是力图顺着看历史的，亦即首先理解历史上的人为什么会那样想而不这样想，他们的想法反映了他们的什么意愿，以及我们从中可以受到什么启发。这种方法自有它的弱点，但我认为，它也有它存在的理由，特别是在人们不大这样看待我们的历史的时候。

　　在对待人上，也有两种方式。一是以派观人，一是以人观派。我们过去通常用的是以派观人的方式，这个人是右派，那个人是左派。右派是不好的，所以这个人也是不好的，左派是好的，所以那个人是好人。其实，这种对待人的方式，弊病很大，因为它只能概略地了解一个人，而无法精确地判断一个人。当我们说屠格涅夫是俄国人的时候，我们只是非常粗略地知道了他，但他不是尼古拉二世，也不是列宁，甚至也不是普希金、果戈理和肖洛霍夫。我现在用的是以人观派的方式，即通过对一个有突出特点的人的分析，了解一派人的特点。而只要知道它反映的是一派人的看法，你就应当知道，他体现的是一种历史的可能性，仅仅将这个人臭骂一通是无济于事的，仅仅通过消灭个人的方式是无法消灭一种观点的。政治斗争可以通过消灭个人而取得胜利，但思想斗争不行。人们会感到，我在本书中的派别划分是极其模糊的，越到后来越模糊，因为我认为，人的派别归属原本是极其模糊的，所有明确的标志都无法改变它的模糊性。蔡元培是共产党还是国民党？胡风是左派作家还是右派作家？可能有人认为这些问题很容易回答，但我认为它们是极难极难回答的问题。

对于这个小册子的出版，我首先应当感谢韩国中国现代文学研究会，特别是金时俊会长、朴宰雨秘书长的邀请。没有那次会和他们的邀请，这本小册子是不会面世的。在韩国期间，朴宰雨、金宜镇、垒钟贤、林春城等诸位韩国学者对我多有照顾，在此一并致谢。

其次应当感谢的是《鲁迅研究月刊》编辑部，特别是王世家先生为本书的发表所做出的努力，没有他们的督促，这个小册子也是不可能完成的。每到一个月的下旬，电话里就响起了王世家先生那爽朗而亲切的声音，我知道又到了交稿子的时间，同时也感到有些不好意思起来。我是一个懒散而又马虎的人，时间在我的脑海里只是一团乱麻，是王世家先生的电话铃声为我这本小册子分了章节。如果不避谬托知己之嫌的话，王世家先生是我最早与之有联系的鲁研界的朋友。那时他在编辑《读点鲁迅丛刊》，经薛绥之先生的介绍而有了通信联系，并在他的刊物上发表了我的第二篇有关鲁迅作品的文章。后来我们相继来到北京，大概由于我是个有忘恩负义倾向的人，与他一直没有更多的私人交往，但一当提起他的名字，我是一直感到分外的亲切的。

第三个应当感谢的是为我这本小册子作序的王得后先生。当我在西北大学中文系读硕士的时候，我是通过四个人与北京学术界建立起联系的。其一是《文学评论》编辑部的王信先生，其二是文学研究所的樊骏先生，其三就是王得后先生，其四是我的博士生副导师杨占升先生。他们四人对我一生的影响，是怎么估计也不为过的。我这个人不大相信个人的才能，并且我的父母也未曾对我实行过胎教，对于人的固定的合运，我也将信将疑。我相信的还是我们农民常说的，他遇到了好人了，或者说命里有好人相助。我之现在还能在文学评论界混碗饭吃，这四位先生

《中国鲁迅研究的历史与现状》初版后记

是起了关键性作用的。

最后应当竭诚感谢的,是浙江人民出版社,特别是黄育海先生。有赖于他的帮助,这本小册子才得以与读者见面。

1995年7月5日于北京师范大学中文系

原载《中国鲁迅研究的历史与现状》,王富仁著,浙江人民出版社1999年版

《中国鲁迅研究的历史与现状》再版后记

这是1999年出版的一部旧的著作。鲁迅博物馆王世家先生和鲁博书屋萧振鸣先生说至今还有人提起也劝我再版一次。两位先生为我联系了福建教育出版社，想不到福建教育出版社的诸位先生竟然也肯为我这本小书花钱费力。这给了我很大的勇气，使我敢于将这本已经有点老态龙钟的书呈现在读者面前。

在开始我想根据现在的"时局"再对全书做一点改动，将原来无法明说的话再说得明确一些，将原来没有加进去的一些资料再适当加进去一些，但后来放弃了这种想法。原因是最近几年发表的新的鲁迅研究著作读得太少，"时局"变化得又太快，思想有些跟不上点，要改就得从头做起，工程太庞大。

为了表明我对当前中国鲁迅研究所遇到的一些问题的看法，我将最近写的几篇文章作为附录收在本书里。实际上，这些问题在过去的鲁迅研究史上也是存在的，只不过在20世纪90年代，中国的鲁迅研究者在对鲁迅及其作品的认识上还是相对统一的，处境也比较困难，原书采取的基本是"上天言好事"的写法，将鲁迅研究界本身的弱点尽量略去，而主要从成绩入手。但到了现在，大多数鲁迅研究者也变得乖巧聪明起来，有的高升，有的退隐，虽然鲁迅研究的困难依然如旧甚至变得更加困难，但作为一个个鲁迅研究者本人的处境却大都有了明显的改善。事实证明，我们中国的鲁迅研究者，即使在随波逐流的本领上，也是小让于其他学

《中国鲁迅研究的历史与现状》再版后记

科的学者和专家们的。退隐的,是不会说错话的,不用我来为他们掩饰;当官的,即使说错了也没有多大关系,也不用我为他们拐弯抹角。鲁迅,到底是一笔可观的"遗产",奚落鲁迅几句,若明若暗地揭发鲁迅的几条阴私,就可以赢得国人的一片掌声,有时还可以作为学术成果换个官做。在这种情况下,我也就不必为我们这些同行专家的个人命运操心了,就可以把话说得更明白一点了。

恭喜发财!万事如意!

2006年5月9日于汕头大学文学院
原载《鲁迅研究月刊》2006年第9期

《中国文化的守夜人——鲁迅》自序

鲁迅的生前和死后,都有各种不同的人给他做出过各种不同的评价。有赞之上天的,也有贬之入地的;有奉为圣贤导师的,也有斥为魑魅魍魉的。我认为,所有这些评价,大概都不是一点道理也没有的。人与人原本就是不同的,不同的人眼里的鲁迅当然也就各不相同。我有我眼里的鲁迅,你有你眼里的鲁迅,非说我眼里的鲁迅才是真的鲁迅,而你眼里的鲁迅就不是一个真的鲁迅,或者反过来,非说你眼里的鲁迅才是一个真的鲁迅,而我眼里的鲁迅就不是一个真的鲁迅,恐怕人类还没有发明出能够最终证明这一点的理论来。所以,我在这本小书里说的还是我眼里的鲁迅,别人眼里的鲁迅是什么样子的,与我的相同还是不相同,我是没有权力干涉的。

对鲁迅,我过去也用过别人的现成的评价,但现在想起来,都并不完全符合我心目中的鲁迅的样子。鲁迅到底是一个什么样的人呢?当我要给这本小书起书名的时候,我才突然感到,似乎说鲁迅是"中国文化的守夜人"更能符合我心目中鲁迅的样子。我这一生,与其说是在中国的现实生活里过来的,不如说是从中国文化中走过来的。我不善于交际,在现实的人际关系中总是感到有些不自在,并且一个乡巴佬进了城,现实生活是城市的,生活习惯是农村的,自己也感到自己傻乎乎的,活泼不起来,潇洒不起来,所以从很小的时候就躲到了书里来。父母因此认为我学习很用功,学校的领导和老师因此认为我很傲慢、思想不进步,

《中国文化的守夜人——鲁迅》自序

有资产阶级成名成家的思想。其实都不是，只是有些孤独，想逃避到书本中来寻求一时的心灵平静罢了。但是，到真的把文化的世界当成了自己生活的世界，心里就亮堂了吗？也不是！那时读的外国的书比较多，也喜欢读。但那到底是外国的玩意儿，与中国文化是两股道上跑的车。越是读外国的书，对中国的文化就越是糊涂。中国的书我也读过一些，有的也喜欢，但总觉着像踩在棉花包上一样，绵软软的，虚烘烘的。中国古代文人写过很多好作品，但他们写的到底与我的实际生活和实际感受有了很大的距离；中国现代文人也有很多好的作品，但他们大都是善变的，读得越多，心里越没有底，有点抓摸不着东西的感觉。当然，鲁迅也没有使我聪明起来。中国当代文化的风云变幻仍然使我像在茫茫暗夜中走路，不知自己的脚将踩在什么上。但鲁迅的书却给了我一点踏实的感觉。记得小时和母亲住在农村一座黑乎乎的土屋中，睡梦中醒来，见母亲还坐在我的身边，心里就感到很踏实，很安全，若是发现身边也有一个醒着的人，心里马上就恐怖起来。别人的感觉我不知道，反正在我的感觉里，鲁迅是一个醒着的人。感到中国还有一个醒着的人，我心里多少感到踏实些，即使对现实的世界仍然是迷蒙的，但到底少了一些恐怖感。中国现当代文人说的多是梦话。梦话也有文学价值，但对我这样一个胆小的人，说梦话的人甚至比不说梦话的人更加可怕。鲁迅之所以在我的心灵中占了一个特殊的位置，大概这是一个主要的原因。由这种感觉，我认为称鲁迅是"中国文化的守夜人"更为合适。

有了这么一种想法，才发现鲁迅自己好像也是把自己视为一个守夜人的。他曾经说他是徘徊于明暗之间的，这就是说他认为他处的是个文化的暗夜了，在夜间而能够知道自己是在夜间，说明他还没有像大多数人那样昏睡过去，他自己还是醒着的。醒着做什么呢？开始的时候，他是想"呐喊"几声把人都喊醒的。但后来的事实证明，他的声音不但并不委婉，而且有如怪枭，难听得近于刺耳，醒了的人非但不以自己的昏睡为可怖，反而厌恶了鲁迅的声音，愤恨于他之扰乱了他们的清梦。鲁迅于是就"彷徨"起来了。在夜里"彷徨"，别的作用是起不了的，不论鲁迅自觉还是不自觉，他都起了为中国文化守夜的作用。

在夜里，人们是看不清自己面前的路的，有人把鲁迅说成是圣贤，是导师，我有点不信，在留日时期他没有说他以后得参加五四新文化运动，在五四时期也没有预见到他后来会参加左翼作家联盟，这说明他是摸索着往前走的，是在夜里走路的，他不像在白天走路那样一眼就能看到他走的路的尽头。他连自己的前途都看不清楚，怎么能够当别人的导师呢？怎么能称为"圣人"呢？但是，他还是醒着的，不醒着，是无法走路的，是连"彷徨"也"彷徨"不起来的。他醒着，且"彷徨"着。他是一个夜行者。

按理说，夜行者不会是一个好的行者。夜行者走不了多少路，并且曲曲折折，没有一个确定的方向。后来人把他当一个体育运动员来看待，好像他就是那个时代的竞走冠军，致使有些人愤愤不平起来，丈量来丈量去，发现他没有走出多远的路。实际上，他确实也没有走了多远的路。在那个时候，有的人走到外国去了，有的人走到中国的远古去了，有的人走到了资本主义，有的人走到了共产主义，而他转来转去，还是在一个半殖民地、半封建的中国，还是在中国的二三十年代。他关心的是中国那个时候的事，"研究"的是那个时代的中国人，说的是中国那个时代的话，老是在原地打转子，怎么称得上是一个竞走冠军呢？但是，守夜人有守夜人的价值，守夜人的价值是不能用走路的多少来衡量的。在夜里，大家都睡着，他醒着，总算中国文化还没有都睡去。中国还有文化，文化还在中国。我认为，仅此一点，我们就得承认他的价值。当然，在夜里，醒着的也不仅仅是他一个人，还有其他一些人。但在夜里，别人都睡了，正是偷东西的好时机。小偷就多了起来。小偷才是夜里最清醒的人，他们比守夜人还要清醒得多，不但睁大着眼睛，而且调动着自己的精明。但这一切都是为了一己的私利。在白天，别人都醒着，要把别人的钱物弄到手，就得强取豪夺，就得当强盗。小偷是没有当强盗的勇气的，他得等到夜里，趁别人昏睡的时候，悄悄地跑到人家家里，把人家的钱或财物取了来。既不用花费与这些钱物相当的劳力，也不必像强盗那样冒太大的危险，就把钱物据为己有了。乱世出英雄，暗夜出盗贼。对于现代社会，中国大多数的人还不知道是怎么一回事，只有少数的知识分子明白了一点世界大势。只要他们不管别人的死活，不管整个中国的前途，要点小聪明，施点小诡计，就能捞摸到不少的好东西。鲁迅原

《中国文化的守夜人——鲁迅》自序

本也是有条件趁机捞一把的，但他非但没有捞，反而把中国知识分子的那些小聪明、小把戏，戳破了不少，记录了不少。我常想，要不是有鲁迅的存在，中国的知识分子还不知道要把中国的历史描绘成一个什么样子的，还不知道怎样把黑的说成白的，把臭的说成香的。有了鲁迅的存在，他们再想任意地涂抹历史就有些困难了。这实际就是一个守夜人所能起到的作用。到中国人都从睡梦中醒过来，知道了中国现代社会到底是怎样的一回事，人们至少还可以从这个守夜人的作品里，知道那时候的中国到底发生了一些什么事情。

把牛皮吹得大一点，我可以说我是研究鲁迅的。鲁迅原本就是一个特殊的人，是和别的中国人都不一样的。所以一个研究鲁迅的，不论写什么题目，都实际是在阐述一种观念，一种与鲁迅的思想有某种联系的观念。本书里的《中国现代短篇小说发展的历史轨迹》《悲剧意识与悲剧精神》，从题目上看，似乎不属于鲁迅研究。但我自己认为，它们实际是比《鲁迅与中国文化》和《鲁迅小说的叙事艺术》更贴近鲁迅的。如果说后两篇文章还是用别人的思想、别人的方法看鲁迅的，前两篇文章则是以鲁迅的思想看别人、看历史的。所以，我把这两篇文章附录于本书，并不全是为了凑篇幅。

人民文学出版社是我从爱好文学的那一天起就熟悉、喜爱乃至景仰的出版社。50年代该社出版的《鲁迅全集》和中国现代作家选集丛书使我最早接触了鲁迅和中国现代文学。现在我这本小书能够在该社出版，我是感到十分荣幸的。王培元是我的师弟，他为该书的出版所做的工作我就不必表示感谢了。

2001年7月3日于北京师范大学中文系

原载《中国文化的守夜人——鲁迅》，王富仁著，人民文学出版社2002年版附录：

鲁迅研究与我的使命
——王富仁教授访谈

○富仁兄，今天想请你聊一聊你的学术师承、治学道路与经验以及你的学术成果等问题。

●关于学术师承，我们这一代人很难说。在古代有很严格的学派，学派的师承关系，无论在研究对象上，还是在方法论上，都是很清楚的。但到了我们这一代人，特别是到了我的身上，这个东西就冲淡了。原因有两个：一个是1949年以后，学术思想、社会思想的转换，对我们这代人影响还是很大的，这就使我们在搞学问、在关注文学的时候，并没有一个师承关系。另外，我们成长的时期主流文化是马克思主义。因此，我们从整体上接受的是马克思主义，但能够结束"文革"，从而开始新时期的文化所借助的东西，又不完全是马克思主义的。这样就造成了我们在文化思想上没有确定无疑的师承关系。假如有人问我，你的方法论是哪一家的，或者你的社会思想是哪一家的，你的追求是从哪里来的，恐怕很难回答。

○但许多人都觉得你的研究很有特点，你的文章即使不署名，也不会和别人的混淆起来。我想知道这种特点是从哪里来的。

●和别人比较，我的弱点很多，例如我没有严谨扎实的学问功底，

附录：鲁迅研究与我的使命

我不是在大学中文系受过严格学术训练的，对外国文学了解多些，对中国古典文学的了解甚至可以说很浅薄。但在这弱点当中，也有一些可以说说的东西。比如，我对文学的爱好并不是从要搞文学研究的意图出发的，我直接接触的是文学作品本身。从一开始，我就是一个文学爱好者，不是一个学问家。我爱好文学比较早，从初中二年级开始就喜欢读文学作品。在阅读文学作品的时候，我没有先入之见。当时读陀思妥耶夫斯基，我既不知道他属于一个什么流派，也不知道应该怎样评价他的思想。读他的作品，哪个地方感动了我，我的印象就很深。当我后来搞研究的时候，我想到的首先是文学作品，不是哪个理论、哪个学者的一个什么观点。

○就是说，你的观点是从你的感受中总结出来。

●对。这种总结也可能受到某一种方法论的影响，但它不是哪一种方法论，如叙事学、历史学派或是社会学派的方法论的折射。

○有人曾经说你的方法是反映论的。

●实际上我不是反映论，在写《中国反封建思想革命的一面镜子》一书时也不是反映论。因为我探讨的是作者，是我所感受到的文学作品的本体。从这个本体当中，我提炼出鲁迅在那个时代要做什么，他所做的事情的意义在什么地方，从我的角度、从我们这个时代，应该怎样把握他的意义。我并不是说在任何人眼里的现实都像鲁迅小说所描写的那样，而是说在鲁迅的感觉中现实社会就是这样的。因此我的文章，是建立在与作者的情感的、理性的等各个方面的联系当中的，这个联系也就在一个感受当中吧。它既包含着情感的东西、情绪的东西，也包含着理性的东西。所以用古代文论的话来说，我认为我和我的研究对象不是"隔"的。

○如果你自觉地运用某种方法来评论作品的话，情况会怎么样呢？

●那可能造成一种"隔"的感觉。如果你用现实主义理论来研究鲁迅小说，你可能是用鲁迅小说来证明现实主义理论的正确性，而不是在探讨鲁迅的小说；你用叙事学讲的是叙事学理论，也不是鲁迅小说。那么我呢，不管用叙事学或是别的什么，我都是在说我感受中的鲁迅，或感受中的老舍、沈从文。在鲁迅小说的研究中，对我影响最大是陈涌的

《论鲁迅小说的现实主义》，它写得很好，很有高度，但后来觉得，它和鲁迅小说还是有些"隔"。我觉得那个时候，他是在理解毛泽东，不全是在理解鲁迅。当他把毛泽东的标准、《中国社会各阶级的分析》的框架用到鲁迅小说研究中的时候，就使人分不清他是在用鲁迅来证明毛泽东，还是在用毛泽东来证明鲁迅了。所以，我谈鲁迅小说的时候，不愿让人关心我的方法，而是让人关心我对鲁迅的认识和感受。这个感受是我的感受，你可能不同意，但我讲的是鲁迅小说，只是对他的一种理解和感受。因此重要的是你怎样感受鲁迅，你从鲁迅作品当中能不能感受出这些东西来。

其次，从文学观念来讲，我更多地是从西方文学作品当中来建立自己的文学观念的。因此，假如可以说我的"师承"的话，一个是鲁迅，一个是从19世纪到20世纪初的西方文学。

○上面你已谈到你在初中时就开始读文学作品，其中也包括鲁迅的作品吧！

●是的。我父亲有一套人民文学出版社1958年版的《鲁迅全集》，我初中二年级就开始读。鲁迅的文化价值取向，使我发生了一个转折。尤其是那篇《青年必读书》，给我的印象很深。刚开始读大多是中国的书。像孙犁的《风云初记》、秦兆阳的《农村散记》、李克、李微含的《地道战》、巴金的《家》《春》《秋》等，以后就开始读外国小说、外国诗歌、外国戏剧。那是20世纪50年代后半期吧，外国文学作品还是比较全的。我读书有三个来源：一个是我们聊城三中的图书馆，一个是我父亲的单位干部疗养院的小图书馆，第三个是自己买的书。到高中毕业时，西方文学史上一些有名的作品，我基本都读过。朱生豪译的《莎士比亚全集》、傅雷与高名凯译的巴尔扎克小说，我都找来读。而且读一个作家的某部作品，往往就努力搜集他的所有作品来读。屠格涅夫这样读过，陀思妥耶夫斯基也这样读过。有的不太有名的作品，如《小癞子》《瘸腿魔鬼》，我都读过。假如说我现在搞文学还有点底子的话，是那个时期打下的基础。

○有这样的阅读量，对你以后的文学研究一定有很大的帮助。

●我不敢跟搞外国文学研究的人相比，但在搞中国现代文学的人当

附录：鲁迅研究与我的使命

中，我读的外国文学作品可能是比较多的。并且我不是从教科书当中，从别人的评价当中，而是从一种亲身的体验当中，建立起关于文学的观念的。作为一个学者，我的知识储备是很差的，但对于我的文学阅读储备、文学欣赏储备，我自己感到还是可以的。我这个人有点别扭，是吧，有时候你想改变我的观点很难，就是因为我对自己的文学感受是很执着的。不论我写出来的论文是多么理性化，但是对于作者，比如老舍，我绝对说的是我感受中的老舍，你要想通过一种评价，来改变我从作品中感受出来的那个老舍，很难。对于这一点，我的自信力是很强的。

○我记得你还说过，那时候你对哲学也有兴趣。

●是，那个时候我也喜欢哲学。我父亲那时订了两份刊物，一份是《哲学研究》，一份是《历史研究》。我自己则订了一份《文学研究》，就是今天的《文学评论》。《历史研究》我读得少，《哲学研究》读得多，最多的当然是《文学研究》。在哲学当中，马克思主义哲学之外的材料读得很少，当时看不到，读过的也就是尼采的《查拉图斯特拉如是说》，进大学后读到了一些关于异化方面的理论。马克思主义哲学著作读得还是比较多的，而且还很崇拜。最早读的是华岗的《辩证唯物论大纲》，后来是杨献珍的《什么是唯物主义》、艾思奇的《大众哲学》，后来就读《马克思恩格斯选集》了。其中就有《共产党宣言》《反杜林论》。

○那么，马克思主义哲学给了你什么影响呢？

●现在回想起来，马克思主义哲学对我的影响，是作为方法论的影响，具体说就是它的整体观，而不是它的阶级斗争学说。我在给研究生讲课的时候曾讲到，你在研究文学的时候，脑子里必须有一个文学地图，而且要使它立体化，把世界文化也纳入进来。你是研究现代文学的，但你得知道古代有诗、有词、有散曲，你得知道一个时代文学的大体脉络，往这边走可以走到陶渊明，往那边走可以走到杜甫，向另一边走可以走到柳永，再向那边走可以走到八股文。在思想上，有入世的孔子，有出世的老子，还有佛家文化、道家文化等等。这个地图某个地方的详细情况，你不研究的时候可能不去看它，但你必须知道它的大体位置。假如我找不到这个地图的边缘，当我看到任何一个新的东西的时候，我不敢去评论它。就是评论，我也不孤立地评论它，我必须在这个地图中谈它。

这就从哲学上建构起一种严密性。这种严密性跟事实的严密性不同。

○能否详细谈谈它的不同之处？

●我是研究鲁迅的，但我从来不提鲁迅哪一年哪一天做了什么事，哪一次和冯雪峰谈了什么话。我主要是掌握鲁迅的一个基本思想。有些事实我可能搞不清楚，但是，我知道鲁迅这个人，他往左能到哪个地方，往右又能到哪个地方。生活中他要是很随便，自由的时候自由到什么边沿，严谨的时候严谨到什么地方，只要在这个范围内就是可以理解的。你超过了这个范围，你说鲁迅去逛妓院去了，或者说鲁迅去巴结哪一个大官去了，你就是搞出了再多的证据，我不信。我这个人很别扭吧？因为我不研究这个。比如说，鲁迅到了日本跟谁谈了恋爱啊，我觉得这个跟我没有关系，谈不谈恋爱都是鲁迅。我关注的是整体性的东西。

○这里是不是有一个思维的科学性问题？

●是的。在当前的研究中，有些观点不尊重思维的严密性和逻辑性，从一个简单的事实一下子跳到一个结论。比如，说鲁迅没有参加辛亥革命，没有去搞暗杀，他就是个胆小鬼；或者说鲁迅没带钥匙去参加杨杏佛的追悼会，就多么勇敢，多么不怕死。这种结论我不接受。中国的学者太容易把一个事实和一个最高的结论结合起来。这不是科学的态度。你这样搞得多了，很容易就一下子翻个儿。为什么过去的鲁迅研究把鲁迅研究成圣人，现在有的人又把鲁迅说成是小人？就是因为他们把一个事实和一个最高的结论连在一起。这个连接是不合理的，没有说服力的。你永远必须注意它的度。这就是哲学教给我的。

○记得你对我讲过，在中学时你就很关注当时的每一次哲学论争。

●双方的文章我都跟着看。像朱光潜、李泽厚、蔡仪、吕荧关于美学的论争，以及后来哲学上思维和存在的同一性的讨论，一分为二、合二而一的讨论，关于"桌子的哲学"的讨论，《红楼梦》的讨论，现实主义的讨论，都是这样。读谁的文章，我就去理解谁，也不说谁是绝对错的，谁是绝对对的。我思考的是他想说的是什么问题，为什么会这样说，另一个人为什么会那样想，那样说。对双方都达到了一种理解之后，我就有了自己的观点。假如我还不能理解他为什么会这样说，而不是那样说，他为什么不能够被别人所说服，我就没有权利来批评他。这是我的

附录：鲁迅研究与我的使命

一个原则。在这方面，中国人有个最大的弊病，有些人批判的总是自己所不懂的。我相信我自己的理解和判断。后来有人觉得我有点"叛逆"，就是说我从来没有在思想上向极左的东西屈服过。有人似乎认为我是接受了哪种理论，才左起来或右起来，其实都不是这样。任何理论都没法证明你自己，关键是你是不是用自己的心灵来感受一种理论、一个人、一部作品。

〇一个学者、评论家，如果不是这样，就随时可能屈服于权势，或者盲从于潮流。

●中国知识分子的一个最大的毛病，就是脱离开自己的感受，去追寻一种理论和一种教条以及对事物的一种判断。中国人又恰恰很容易对事物下判断，而且认为自己的判断是唯一正确的。对于我来说，别人的观点只要有道理，我也不会否定它。但是它也不能否定我的观点。如果你的研究和我不一样了，你自然有你的价值，但要说你的方法论出来以后，我的研究就没有价值了，那我是不同意的。我从来不认为谁比谁就先进，先进、落后都是相对的。不能说我在你的后边，你就先进；而且你先进了，就代替我了。我不这样看。当然我也不能代替你。

〇中国人往往认为新的就是先进的、正确的。你不是谈过这种"慕外崇新"的心态吗？

●是啊。最重要的是你的感受、你的认识，你的认识必须是完整的，框架必须是科学的。

〇该谈谈你的大学时代了。

●大学我上的是俄语系。俄、苏文学比较起来，还是俄罗斯文学读得多，苏联文学读得少，而且读过的一些苏联文学作品，连不成片，感动我的东西，也不是一个整体。那时考虑将来要有个职业，得找一个研究对象，就选择了契诃夫。有关他的中文方面的资料我收集得也比较全，包括莫斯科艺术剧院的斯坦尼斯拉夫斯基和丹钦科的一些资料。在文学研究方面对我影响比较深的，除了杜勃罗留波夫的《黑暗王国的一线光明》，还有叶尔米洛夫的《契诃夫传》《论契诃夫的戏剧创作》《陀思妥耶夫斯基论》。叶尔米洛夫对契诃夫的作品、尤其是戏剧的分析，给我的印象比较深，他的《论契诃夫的戏剧创作》，我读得比较熟。后来，又接触到赫拉普钦科的《论作家的创作个性和文学的发展》。还有一个小册子，列宾的《论情节的典型化和提炼》，写得也比较好。我读高中时就看过人民文学出版社出的"外国古典文艺理论译丛"，到了大学又看了"外国现代文艺理论译丛"。这是我那时接触的西方文艺理论。

○那你的契诃夫研究没有搞下去吧？

●大学还没有毕业，"文革"就开始了，我就去当了中学教师，契诃夫研究可以说是"胎死腹中"。现在回想起来，从初中一直到大学，始终没有放掉的，就是鲁迅。为什么喜欢他？他好在哪儿？我不知道。但一翻开鲁迅作品，他实在让我入迷，尤其是它那个语言，那种魅力，在别人的作品中是没法获得的。鲁迅的杂文好像很简单，但是你一接触它的语言，就觉得跟别人不一样。它唤起你心里的一种东西，你的心里确实是有感受的。不仅仅是你知道它好，而且是你感到它好。我喜欢它那种语言以及它传达的东西。那种东西我觉得是说不出来的。比如说，我也喜欢朱自清的散文，它的好处我能说出好多来，给学生可以分析得头头是道，但我从朱自清的散文中感受不到从鲁迅杂文中感受到的那种东西。所以，鲁迅杂文我一直读下来，始终没有放弃。"文革"结束后，涉及到我要做下边的学问，考了研究生，因为我喜欢鲁迅小说和俄罗斯文学，就做鲁迅小说与俄罗斯文学关系的硕士论文，那以后的情况你就知道了。

○我知道，从那以后，你在研究鲁迅的道路上，做了很多工作，并收获了一系列的成果，你能否谈谈今天你对鲁迅的总体评价。

●说实话，真正读懂鲁迅是"文革"结束后的事，而且是从《狂人日记》开始的。《狂人日记》好在哪里，我现在还是说不清楚；说我读懂了《狂人日记》，也就是说它进入了我的心灵。它的重要性，它的好处，甚至超过《阿Q正传》。比起《狂人日记》，中国人更容易接受《阿Q正传》，就因为《狂人日记》比《阿Q正传》更好、更了不起、更伟大，它的内涵更丰富。

我觉得读懂了《狂人日记》，鲁迅的其他小说我也就读懂了。鲁迅的小说、包括《故事新编》中的一些小说，是别人写不出来的。你可能写得好像是比鲁迅好，但是你写不到这个份儿。读懂了鲁迅小说之后，再回到中国现代文学之中，就发生了一个转换。在"文革"之前，我重视

附录：鲁迅研究与我的使命

外国小说，超过对鲁迅小说的重视。那时候我绝对不会认为，鲁迅比高尔基伟大，比果戈理伟大，比屠格涅夫还伟大。现在我认为，至少鲁迅不逊色于任何一个外国作家。鲁迅的伟大，是现在世界的语言还无法表达的。我确实从心里感觉到，鲁迅对于中国文化、世界文化。都是一个贡献。鲁迅确实超过果戈理、屠格涅夫、契诃夫，甚至超过列夫·托尔斯泰。鲁迅思想上、精神上比普希金、列夫·托尔斯泰都成熟，都了不起，并且他绝对不落于世界文学的一种窠臼。巴尔扎克、列夫·托尔斯泰都是伟大的作家、道德家，尤其是列夫·托尔斯泰是一个人道主义者，是一个很有正义感的人，但是就思想的深度来说，他没有达到鲁迅这种程度。他对世界、对人生的透视，达不到鲁迅的深度。鲁迅和陀思妥耶夫斯基怎样比，我还感觉不出来。我还是很崇拜陀思妥耶夫斯基。他对人的内在心理和精神上的深刻把握，达到了一种无法超越的程度，而鲁迅的风格跟他不一样，不能够用陀思妥耶夫斯基来否定鲁迅。这就是我的一种变化。

〇我们已经谈了很多你对鲁迅的理解及其研究他的过程，我很想知道，今后你在鲁迅研究中有什么目标？还要做哪些工作？

●应该说还有许多工作要做。冯友兰写现代哲学史，把熊十力这些人都作为哲学家写进去了，独独没有鲁迅。1949年以前，包括"文化大革命"以前，虽然把鲁迅捧得很高，但是从来不把他放到中国现代思想史里边。整个中国现代史讲的，主要是孙中山、毛泽东、胡适一些人，鲁迅只占了一个很狭小的陪衬的位置。在中国哲学史上，没有人重视他。在文艺思想史上，马克思主义这一派还把他作为一个左翼的文艺思想家，但是他们更重视瞿秋白、毛泽东文艺思想的价值，不大重视鲁迅的文艺思想的价值。那么另一派，就更不把鲁迅当作一个重要的文艺思想家了。这些问题在鲁迅研究中还远远没有解决。因此，我的最高目标，就是要让鲁迅在学院派中的地位逐渐高起来，让鲁迅在中国哲学史上、思想史上，在中国历史上地位逐渐高起来。我觉得，作为一个历史人物，鲁迅也是中国现代史上少数几个人物之一；在思想史上，更是少数人物之一；他在哲学史上、文学史上的地位，我都很重视。只有把鲁迅作为一个独立的人物在学院派当中确定下来，才能从根本上改变中国的学院派、改造中国的学术。中国的学术就是中国的学问，它跟黑格尔、康德、马克思、杜威乃至萨特的学问，都是不一样的。

○这种学问似乎跟现实的社会、人生没有关系。

●它是社会人生之外的一个资料库，学术只是在这个资料库里整理资料，跟现实没有什么大关系，中国的文学研究，无论是古代文学研究，还是外国文学研究，都想和现实的人生感受、艺术感受、人生追求脱离开，把思想与学术分离开，这是中国学术造成极大浪费的原因。

○这确实是一个很大的问题。

●在中国，为什么做学问？做学问的目标是什么？我认为可以从更深入地阐释鲁迅中寻找到答案，通过这种阐释，不仅仅叫人们意识到鲁迅的伟大，更主要的是能够体验到鲁迅存在的价值是怎样产生的，这样做能从根本上改造中国的学院派。实际上中国的学院派不是中国文化的有机组成部分，它对中国社会——不是说对国计民生，而是说对中国的精神历史——没有起到一种应有的作用。中国的学院派只是在消耗文化。为什么这样说呢？你在这里研究这么一点，别人再想研究、再找，题目越找越小，问题越研究越细，离生气勃勃的现实也就越来越远。只有那种创造性的文化，才不会这样。一个文化人，要从文化当中获得一种力量，他要通过反叛以前的文化建立起一种新的文化来，这种新文化本身也就成为人们思考和感受的对象，丰富了人们对人生、对社会、对宇宙的认识，从而构成了一种文化发展的良性机制。西方文化跟中国文化相比，一个最大的区别就是，它是在不断地反叛旧文化的过程中建立起一种新文化的，这种新文化是在与现实的文化的对话中产生的。

○从创造新文化的角度我理解了你说的《狂人日记》为什么那么伟大，就因为它里边的张力非常大，它内部承载的压力也大到无法承受的程度。

●对。所以说鲁迅的价值在什么地方呢？假如说俄罗斯文化是由普希金、果戈理、屠格涅夫、列夫·托尔斯泰、陀思妥耶夫斯基和契诃夫这些人共同承担的话，那么中国现代的新文化实际上是由鲁迅等少数几个人承担的。鲁迅的伟大在于他承担了一个更沉重的东西。就是说鲁迅反抗的是一个非常沉重的整体的文化。别人反抗的可能是任何一个人都

附录：鲁迅研究与我的使命

可以解决的问题，你这一代人不解决，下代人也会去解决。这样的问题，你却把它当作一个最最重要的问题，那样的话，文化就畸形化了。多数都畸形化，那个真正创造了一种新文化的人，反而成了一个不正常的人，这就形成了中国文化的一种悖论。在我们看来，鲁迅也是个悖论，但这个悖论很好解释。一个人的力量是从他承担了多少东西来衡量的，就好比一个举重运动员举起的东西越重，他的价值就越高。仅从他举的那个重量来说，那是非常沉重的；但当他举起来的时候，他自身的内在力量是很大的。这种情况形式上是个悖论，实际上是正常的。

○鲁迅的思想和文学创作，都可以在这种悖论中，这种他个人与中国传统文化的力量对比中，进行解释和说明。

●由此，我们可以看到人的价值和文化创造的价值。有些东西你是可以不看的，比如在生活当中有些东西你可以不去理会，但是有的东西是绝对不能缺少的。可以这样说，"文革"结束以后，文化已经翻了几番了。假如一个人、一个知识分子没有一点自主意识，没有一点像鲁迅的那种精神，这几番就把你翻完了。所以，对我们来说，真正地去认识鲁迅、理解鲁迅，继承和弘扬鲁迅的精神，是非常重要的。

○恐怕也正是基于这样一种坚定不移的认识，二十年来，你的学术研究始终是以鲁迅为基础的。你写了近十部专著和论文集，还有些没收入集子的论文，以及三本散文随笔集。不管是否直接研究了鲁迅、写了鲁迅，我都感到，在你的学术研究的坐标中，鲁迅处于一个特别重要的、不可或缺的位置。你提出的中国近现代文化不断运演中的两种平衡、三类心态的问题、中国近现代文化与西方近现代文化发展的不同规律的问题、五四新文化的思想旗帜问题，以及有关曹禺的戏剧、冯雪峰的文艺思想、郭沫若的诗歌、茅盾和郁达夫的小说等等作家作品的研究论文，在我看来，都是这样的。

●是的，确实如此。我愿意与真正关心中华民族的实际命运和中国文化、文学发展的中国知识分子一起，切切实实地思考一些问题，做一点自己力所能及的事情。

原载《学术月刊》2001第11期